DIETER KREUTZKAMP

MITTEN DURCH
DEUTSCHLAND

W0048781

DIETER KREUTZKAMP

MITTEN DURCH DEUTSCHLAND

Auf dem ehemaligen Grenzweg
von der Ostsee bis nach Bayern

Unter Mitarbeit von Rupert Heigl

Mit 31 Schwarzweiß-, 27 Farbfotos
und einer Karte

Mehr über unsere Autoren und Bücher:
www.malik.de

Der Autor dankt allen, die am Gelingen dieses Buches beteiligt waren. Besonderer Dank gilt den Beiträgern Thomas Münzberger (Kapitel 18 und 38) sowie André Rothe (Kapitel 39).

Bibliografische Information der Deutschen Bibliothek
Die Deutsche Nationalbibliothek verzeichnet diese Publikation in der Deutschen Nationalbibliografie; detaillierte bibliografische Daten sind im Internet über http://dnb.d-nb.de abrufbar.

NATIONAL GEOGRAPHIC ADVENTURE PRESS
Reisen · Menschen · Abenteuer
Die Taschenbuch-Reihe von
Malik und National Geographic

Originalausgabe
April 2009
© der deutschsprachigen Ausgabe:
Piper Verlag GmbH, München 2009
Redaktion: Ulrich Mayer, München
Umschlaggestaltung: Dorkenwald Grafik-Design, München
Umschlagfotos: H. & D. Zielske/LOOK (oben),
Dieter Kreutzkamp (unten und hinten)
Fotos: Dieter Kreutzkamp, mit Ausnahme von: S. 20, S. 114, S. 253, S. 274, S. 338, S. 352, Tafel 11 unten (Rupert Heigl, Archiv); Tafel 14/15 (Klaus Finn); S. 289, Tafel 9 (Thomas Münzberger); S. 239 (Heinz Sielmann Stiftung); S. 183 (Bundesstelle für Stasi-Unterlagen)
Kartografie: cartomedia, Karlsruhe
Satz: Sieveking GmbH, München
Papier: Naturoffset ECF
Druck und Bindung: CPI – Clausen & Bosse, Leck
Printed in Germany   ISBN 978-3-492-40353-5

Das Papier wurde aus chlorfrei gebleichtem Zellstoff hergestellt.

Sobald ich diese geheimnisvolle Straße vor meinem Haus sah, ...
wusste ich, dass ich ihr würde folgen müssen.

JAMES A. MICHENER

Inhalt

Grenzmuseen am Grünen Band

Travemünde Priwall

Lübeck ○ ▣1 ▣2
Schlutup

▣3 ○ Schlagsdorf

○ Hamburg

Lauenburg ○

Lüneburg ○ Elbe Rüterberg ○

○ Bremen

Dannenberg ○ ▣4

DEUTSCHLAND

Schnackenburg ○ ○ ▣5

Schnega ○ ▣6
○ Salzwedel

▣7
Celle ○

Brome ○

Wolfsburg ○ ▣8 ○ Böckwitz

Hannover ○

Braunschweig ○ Helmstedt ○ ▣9
Salzgitter ○ ▣10 ○ Marienborn

Hildesheim ○

Mattierzoll ○ Magdeburg
Hornburg ○ ▣11 ○ Hötensleben
▣13 ▣12

▣14
Stapelburg ○

Sorge ○ ▣15
Bad Sachsa ○

Göttingen ○ Duderstadt ○ ▣16
Halle ○

▣17 ○ Teistungen

Kassel ○ Leipzig ○

▣18
Bad Sooden-
Allendorf ○ ▣19
Wanfried ○

Erfurt ○

Gera ○

Philippsthal ○ ▣20
Rasdorf ○ ○ Geisa
▣21 ▣22 ▣23
Tann ○

Suhl ○ Probstzella ○
Plauen ○ Morgenröthe-
▣27 ▣28 Rautenkranz ○
Heinersdorf ○ Lehesten
Töpen-
▣24 Ludwigs- ▣29 ○ Mödlareuth
Bad Königshofen ○ ○ ▣26 stadt
Billmuthausen ○ ○ ▣25 Neustadt Sonneberg Hof
b. Coburg
Schweinfurt ○ TSCHECHIEN

Rostock ○

Wismar ○

Schwerin ○

1   »… die Freiheit zum Greifen nah!«

Den knisternden Kurzwellenempfänger fest an mein Ohr gedrückt, stand ich mehr als 10 000 Kilometer von Berlin entfernt am Chimney Rock in Nebraska im Südwesten der USA. Tief in den kargen Prärieboden vor mir eingegraben die Spuren Tausender von Ochsen gezogener Planwagen, die 140 Jahre zuvor hier auf dem Oregon Trail in das »verheißungsvolle Land« im Westen – nach Kalifornien und Oregon – gerollt waren. Fast alles, was die Pioniere besaßen, führten sie mit sich: ihre Familie und ihre Tiere. Auf dem Oregon Trail war Chimney Rock ein Orientierungspunkt, eine unübersehbare, markante Felsspitze, die aus einem erodierten Bergstumpf wie ein Stachel in den Himmel ragt. Mehr als jeder andere Fels auf dem 3200 Kilometer langen Pfad beflügelte er mit seiner außergewöhnlichen Form die Hoffnung der Emigranten. Hier war die Freiheit des Westens schon zum Greifen nah!

Eisiger Wind fegte an diesem Spätherbsttag über die baumlose Prärie. Schutz suchend kroch ich in den Windschatten meines Pickup-Campers und lauschte ungläubig den Nachrichten der Deutschen Welle über das, was im fernen Berlin geschah: den Mauerfall!

Später schrieb ich mit vor Kälte und Freude zitternden Fingern unter dem 9. November 1989 in mein Tagebuch: »Deutschland steht Kopf! Die Grenze ist offen, welch unglaubliches Ereignis!«

Zwei Jahrzehnte sind seit jener Reise vergangen. Seitdem durchstreifte ich auch andere Teile der Welt, erlebte Abenteuer in Australien, Osteuropa, Afrika und Alaska und begegnete Menschen aller Hautfarben und Kulturen.

Aber die ehemalige innerdeutsche Grenze ließ mich nicht mehr los. Ich reduzierte meine Habseligkeiten für die Dauer eines Sommers aufs Notwendigste und machte mich auf, um zu Fuß, per Mountainbike und streckenweise auch mit meinem VW-Bulli jenen »Todesstreifen« zu erkunden, der sich inzwischen zum längsten Biotopverbund Deutschlands, zu einem artenreichen grünen Band voller Leben gewandelt hat.

2 Stürmischer Auftakt

Ausgangspunkt Travemünde. Erste Träume vom Grünen Band.

Düstere Wolken huschten über den Himmel, schwere Regentropfen klatschten auf Asphalt. Wind jagte über die Trave, auf der Wasserfontänen Pirouetten drehten. Auf den Feldern gleich nebenan in Mecklenburg schwammen Schwäne auf großen Pfützen. Graureiher verharrten wie in Stein gemeißelt am Rand. An den Erlen und Weiden am Ufer der Bäche spross erstes Grün. Der Frühling stand vor der Tür.

Die Silbermöwen über dem Priwall kreischten schrill. Die Viermastbark *Passat* dümpelte von allem unberührt im Wasser, obschon der Wind wütend an ihren Masten rüttelte. Am Westufer der Trave erhob sich das *Hotel Maritim* als architektonisch phantasieloser Klotz.

Die schwarzen Wolken drifteten von jenseits der Flussmündung über die Travemünder Altstadt, die sich eng um den spitzen Turm der St.-Lorenz-Kirche drängt, ganz so, als suche sie Schutz vor dem peitschenden Regen. Nur ein junges Paar in dicken Anoraks trotzte dem Wetter und schob einen Kinderwagen über den Anleger.

Hier, bei Travemünde an der Ostsee, beginnt meine 1393 Kilometer lange Reise entlang der ehemaligen deutsch-deutschen Grenze. Der Pfad folgt dem Lauf der Elbe, steigt über den Harz, schmiegt sich an die Werra, berührt Thüringer Wald und Fichtelgebirge und endet unweit von Hof in Bayern bei Prex an der tschechischen Grenze.

Die einstige Grenze birgt Erinnerungen an Mauerbau und Menschenrechtsverletzungen, an die völlige Hilfosigkeit eines staatlichen Systems, dem die Bürger davonliefen. Um der Fluchtbewegung einen Riegel vorzuschieben, richtete die DDR diesen Überwachungsstreifen ein. Die Betonstraße im Sperrgebiet, von dem aus die »Staatsgrenze West« abgeschottet und lückenlos überwacht wurde, erhielt Bezeichnungen wie »Plattenweg« oder »Kolonnenweg«.

Aus Sicht der Naturfreunde, Mountainbiker und Wanderer ist ihre Existenz heute ein Glücksfall. Ihre Teilstücke entwickelten sich zu einem Wanderweg, einem Trail durch einige der stillsten, schönsten und an Naturvielfalt reichsten Regionen Deutschlands.

Am weiten Strand des Priwall traf ich auf meinen Reisegefährten Rupert Heigl, der mich – neben meiner Frau Juliana – auf der Reise mitten durch Deutschland ein gutes Stück begleiten würde.

Ein Abenteuer im eigenen Land, das Anlass zur Rückbesinnung bietet: Bereits zu Beginn der 1990er-Jahre hatten wir den einstigen Grenzpfad abgewandert, mit den Menschen rechts und links gesprochen, einen Fernsehfilm darüber gedreht und ein Buch geschrieben.

Genau hier, an dieser Stelle war es gewesen, wo wir damals eine Gruppe junger Amerikaner getroffen hatten, Studenten der Penn State University in Pennsylvania, allesamt Geschichtsstudenten. Wie wir waren sie gekommen, um den Ausgangspunkt des ehemaligen Eisernen Vorhanges innerhalb Deutschlands zu sehen. Als wir ihnen von unserem Plan erzählten, dem Kolonnenweg bis zur tschechischen Grenze zu folgen, sprachen die ausgezeichnet informierten Amerikaner ganz unbekümmert vom *heritage trail,* also – frei übersetzt – vom »Weg auf den Spuren des historischen Erbes«. Ein Begriff, der wunderbar zu dem Weg entlang der Grenze passt und die Zukunft des ehemaligen Grenzstreifens vorwegnahm.

Schon bald nach dem Fall der Berliner Mauer hatten sich Naturfreunde für den Erhalt dieses »Grenz-Biotops« eingesetzt, das 40 Jahre im Schatten von Wachtürmen, Zäunen, Hundelaufanlagen und Selbstschusseinrichtungen unberührt geblieben war. Schnell bürgerte sich für den ehemaligen Todesstreifen der Begriff »Grünes Band« ein.

Es war höchste Zeit für Naturschutzmaßnahmen, denn in der Freude über die Wiedervereinigung waren nicht nur Wachtürme und nutzlose Sperranlagen geschleift worden, Landwirte hatten so manch gutes Stück »Grenzland« umgepflügt, das vor der Enteignung durch die DDR ihnen gehört hatte.

Erste Naturschutzprojekte entstanden entlang der ehemaligen Demarkationslinie: die Schaalsee-Landschaft in Mecklenburg-Vorpommern, der Naturpark Drömling in Sachsen-Anhalt, ebenso das Biosphärenreservat Rhön. Fördermittel von Bund, Ländern und der Europäischen Kommission flossen. Doch es blieb bei Einzelprojekten. Das Grüne Band wies große Lücken auf. Es drohte zu zerreißen …

Mit dem Umweltschützer Jürgen Starck (links) am Grünen Band.

Visionäre Ideen entwickelten nach der Wende auch manche Politiker. Bereits 1990 wollte der damalige Bundesumweltminister und spätere UN-Umweltdirektor Klaus Töpfer den naturbelassenen Streifen – das »Tafelsilber der Deutschen Einheit« – entlang der ehemaligen Grenze als Biotop schützen. Doch die politischen Akteure bewegten wenig, es hieß: »Das Projekt wird totkonferiert.«

Es war wie ein Fanfarenstoß, als der frühere sowjetische Präsident Michail Gorbatschow die Schirmherrschaft über das Grüne Band übernahm. Das war 2002.

Privatinitiativen hatten sich längst für einen behutsamen Umgang mit diesem knapp 1400 Kilometer langen Grünstreifen stark gemacht. Das Bundesamt für Naturschutz hatte 2002 feststellt, dass hier bundesweit mehr als 600 Tier- und Pflanzenarten der Roten Liste, also gefährdete Arten, heimisch sind. Am Plattenweg waren inzwischen 150 Naturschutzgebiete eingerichtet worden.

Langsam kam Bewegung in die Sache.

»Was ist 1393 Kilometer lang, ›liegt rum‹ – wie kleine Kinder sagen würden – und ist die meiste Zeit grün? Die Antwort auf meine Frage liegt nahe: Es ist das Grüne Band« – so begann eine SPD-Abgeordnete in der Bundestagssitzung vom 17. Dezember 2004 ihre Rede. Und sie fuhr fort: »Wir kennen es (Anm.: das Grüne Band) noch als den unmenschlichen Grenzstreifen zwischen Ost und West, den Todesstreifen, der lebensgefährlich war und deutsche Familien und Freunde trennte. Es ist Teil unserer deutschen Geschichte; schon deshalb gebührt ihm eine besondere Beachtung ... Es muss erhalten werden als Mahnmal; das ist das eine. Aber es sollte auch erhalten werden, weil es eine einmalige, unwiederbringliche Chance für den Natur- und Artenschutz in Deutschland bietet.«

Den Schlussakkord setzte der Koalitionsvertrag der CDU, CSU, SPD vom 11. November 2005, in dem es heißt: »Unser Land verfügt über ein reichhaltiges Naturerbe. Dieses wollen wir für zukünftige Generationen bewahren.« Damit ist das Areal entlang der deutsch-deutschen Grenze als »Nationales Naturerbe« anerkannt.

Es scheint, als wäre die Idee jener Studenten aus Pennsylvania Realität geworden ...

3 Erste Schritte auf dem Grünen Band

Halbinsel Priwall. Grenzkuriosität: Seezeichen 1/8-013.
Unter Segeln: Kapitän Klaus Grope auf der Passat.

Wie eine ausgestreckte Hand ragt der Priwall in den Mündungstrichter der Trave. 40 Jahre gehörte die Halbinsel, deren Hinterland durch einen Zaun begrenzt war, zur Bundesrepublik, und über vier Jahrzehnte war sie nur mithilfe einer Fähre zugänglich.

Der Priwall ist ein Wohngebiet, aber auch ein Ausflugsziel, das vorwiegend in den Sommermonaten genutzt wird. Eine Seemannsschule, eine Seniorenresidenz und eine Landesberufsschule für Augenoptiker, Boots- und Jachthäfen gibt es hier. Fast alle Häuser sind aus rotem Backstein.

Schnurgerade führt die Mecklenburger Landstraße zweieinhalb Kilometer über die Halbinsel. Früher endete sie gleich nach dem Campingplatz, heute steht dort ein Schild »Mecklenburg-Vorpommern« und ein Gedenkstein mit der Aufschrift »Nie wieder geteilt – 3. Februar 1990«. Direkt vor dem Stein verlief früher der Grenzweg zum Strand. Heute heißt er Waldweg. Nomen est omen, die Grenze verschwand, und die einzigartige Dünenflora des Grenzgeländes wurde in einem Naturpark konserviert.

Wir wählen den Seeweg, der durch eine Wochenendhaussiedlung zunächst parallel zum Meer führt. Gleich links steht eine Kneipe, der *Priwall-Treff*. Sie kommt uns gerade recht.

»Gute 70 Jahre hat unser Restaurant auf dem Buckel«, plaudert Wirtin Andrea Grobe, als sie uns zum Tisch geleitet. Sie selbst betreibt das Lokal seit 17 Jahren.

Besonders in den Sommermonaten, wenn Feriengäste aus ganz Deutschland, vor allem aus dem Ruhrgebiet, nach Travemünde kommen, um die frische, salzige Ostseeluft zu schnuppern, geht es im *Priwall-Treff* rund. Zu den Gästen zählen natürlich auch die vom unmittelbar angrenzenden FKK-Strand. Und seit 20 Jahren sind hier endlich wieder Mecklenburger zu Gast; die Landesgrenze ist gerade mal 250 Meter entfernt.

Der Duft von gebratenem Fisch steigt uns in die Nase.

Andrea Grobe reicht uns die Speisekarte. Einem Hungrigen genügt diese Auswahl: gebratener Fisch, wahlweise Hering, Scholle oder Seelachs, alternativ Schnitzel mit Pommes. Essen und Trinken hält bekanntlich Leib und Seele zusammen, und wer eine lange Reise antritt, sollte sich noch einmal ausgiebig stärken. Natürlich entscheiden wir uns für Fisch.

Wir kommen mit Mutter Gudrun Grobe ins Gespräch. Ihr ganzes Leben verbrachte sie auf dem Priwall; geboren kurz vor Gründung der DDR, erlebte sie, wie die anfangs durchlässige Demarkationslinie zum »Antifaschistischen Schutzwall« wurde.

Mit all den menschlichen Tragödien, wie sich Gudrun Grobe erinnert: »Es war vor 40 Jahren, aber mir ist, als wär's gestern gewesen: Eine Familie – Vater, Mutter, Kind – flüchtet von Mecklenburg aus durch die Pötenitzer Wiek Richtung Westen. Als der Frau und dem Kind die Kräfte schwinden, hält der Mann die beiden über Wasser und schiebt sie mit letzter Kraft vor sich her. Mutter und Kind werden gerettet, dem Ehemann und Vater versagen in letzter Minute die Kräfte. Er ertrinkt ... Erst 14 Tage später wird seine Leiche angespült ...«

Von der Decke des rustikalen Lokals mit dem maritimen Ambiente baumeln Fischernetze, an der Wand hängt ein rot-weißer Rettungsring. Ein kleiner Leuchtturm steht abseits am Ende des hölzernen Tresens. Das Meer ist überall präsent.

»Bei Hochzeiten und anderen festlichen Anlässen nebenan auf dem ehemaligen Windjammer *Passat* bewirten wir dort schon mal

200 Gäste«, verrät die Wirtin und serviert die frisch in der Pfanne gebratenen Schollen.

Während wir es uns schmecken lassen, peitscht draußen der Wind mit unveränderter Kraft, rüttelt an dem dekorativen alten Ruderboot neben dem Eingang, in dem Andrea Grobe erste gelbe und blaue Frühlingsblumen gepflanzt hat. Eine Fahne knattert wild am Mast.

Später am Strand plaudern wir mit einem älteren Kurgast. »Die Nackten am FKK-Strand waren schon immer hier, auch zu DDR-Zeiten«, erzählt er uns mit einem Schmunzeln. »Die Grenzer auf

Eine Kette markierte die Grenzlinie bis hinein in die Ostsee.

dem Turm haben sie oft beobachtet. Manchmal pfiffen sie sogar anerkennend.«

Von dem Beobachtungsturm, der in den freudigen Tagen der Grenzöffnung zum Schnellimbiss umfunktioniert worden war, sind heute alle Spuren verschwunden. Auch der Plattenweg ist hier restlos abgetragen, genauso wie jene Kette des Bundesgrenzschutzes, die bis in die Ostsee führte. Ehedem eine letzte Warnung, die DDR nicht versehentlich zu betreten! Wo die Trennungslinie verlief, ist nur noch zu ahnen.

Ganz und gar abgebaut ist auch das absurde »Grenzwahrzeichen« auf dem Priwall: das Seezeichen 1/8-013. Es bestand aus zwei Richtbaken, die den Schiffen auf See den Grenzverlauf im Binnenland und auf See anzeigen sollten.

Als großes Problem stellte sich jedoch die Instandhaltung der Baken heraus. Denn ostdeutsche Maler und Schreiner durften nicht auf westdeutsches Gebiet, und Handwerker aus der Bundesrepublik waren auf Ostgebiet unerwünscht. Nach langen Verhandlungen erzielte man einen Kompromiss. Danach war es DDR-Arbeitskräften erlaubt, einen fünf Meter breiten Grenzstreifen zur Pflege des Grenzzeichens zu betreten. Die Arbeiter kamen aus dem Osten, das Material aus dem Westen. Ordnungsgemäß mussten Farbe und eventuell benötigte Beplankung über den Grenzübergang Lübeck-Schlutup »einreisen«, um nach 50 Kilometern Umweg zwei Meter östlich des Grenzzeichens anzukommen. Nach Abschluss der Arbeiten ging das Restmaterial auf demselben Weg zurück, und die ganze Aktion wurde von beiden Seiten protokolliert.

Wie schade, dass nichts von jener Richtbake übrig geblieben ist. Sie könnte Geschichten erzählen …

Wir sind mit Klaus Grope auf der unweit der einstigen Grenzlinie vor Anker liegenden Viermastbark *Passat* verabredet. Auf diesem

Kapitän Klaus Grope fuhr vor über 50 Jahren als Seekadett auf der Passat.

stolzen Segelschiff, das zu den letzten Großseglern unserer Zeit gehörte, hatte der heute 72-Jährige vor mehr als einem halben Jahrhundert Dienst getan.

»Das war zwischen 1955 und 1957 ...«, erinnert er sich. Auch die nächsten 38 Jahre schipperte der Seemann über die Weltmeere, bald schon als Kapitän auf Passagierschiffen, Tankern und Containerschiffen. Er kennt praktisch jeden großen Hafen der Welt. Damals auf der *Passat* war das noch anders, denn die verkehrte nur auf der Südamerikaroute. »Unsere Zielhäfen waren Buenos Aires, Montevideo oder Rio de Janeiro.«

Fast ein Menschenleben später führt Grope heute Besucher über die *Passat,* die seit 1960 am Priwallufer als Museumsschiff vor Anker liegt; schwimmfähig, wie er sagt, aber nicht mehr fahrtauglich.

Am Heiligabend 1911 brach die *Passat* unter 4000 Quadratmetern Segelfläche zur Jungfernfahrt von Hamburg rund um Kap Hoorn nach Südamerika auf.

»Seefahrtromantik ...«, sagt Klaus Grope, »erlebt man hauptsächlich in Filmen. Für uns Kadetten war's ein verdammt harter Job, den wir dennoch begeistert erledigten. Schließlich waren wir jung, sportlich und wollten vorankommen.«

Bis 1955 hatte Grope die Schiffsjungenschule, die »Mosesfabrik«, auf dem Priwall besucht. Danach stellte ihn die Reederei Hapag Lloyd ein, und das Leben auf See wurde für ihn Alltag: Segel flicken, Taue auswechseln. »Von morgens acht bis nachmittags um fünf ...«, erinnert er sich. »Bei Schlechtwetter standen wir oft bis zur Brust im Wasser, um die Segel zu bergen, denn die Segel sind das Kapital eines Schiffes. An Gefahr dachten wir dabei nicht.« Dabei war das Schwesterschiff der *Passat,* die *Pamir,* am 21.9.1957 südwestlich der Azoren im Orkan *Carrie* gesunken. 80 Mann waren umgekommen, nur sechs wurden gerettet. Und mit dem Untergang der *Pamir* hatte in Deutschland die Ära der Frachtsegelschiffe ein Ende gefunden.

Während wir uns unterhalten, stehen wir auf der Back der *Passat* und schauen nach Travemünde: auf den Kreuzschiffterminal, den Jachtclub und den historischen Leuchtturm.

Gedankenverloren blickt der alte Kapitän in Richtung Ostsee. »Es war mir immer unheimlich, wenn ich bei Nacht an der Travemündung vorbeifuhr und sah, wie die Suchscheinwerfer der DDR-Grenztruppen die Küste und das Meer in taghelles Licht tauchten. Trotz alledem schaffte es ein bekannter DDR-Schwimmer, die Grenzhindernisse zu durchschwimmen. Ein Schiff meiner Reederei rettete ihn.

Später war ich oft in Leningrad, dem heutigen St. Petersburg. Von den sowjetischen Behörden wurden wir hervorragend, geradezu zu-

vorkommend behandelt, doch stets wurden wir auch gelenkt, überwacht. Immer wenn ich aus den sowjetischen Hoheitsgewässern
raus war, ging ich an Deck und atmete erst mal tief durch. Nichts
geht über die Freiheit!«, sagt der alte Kapitän nachdenklich. Wir folgen ihm weiter über die *Passat*.

»An Sonntagen saßen wir Matrosen manchmal hier an Luke 4
und lauschten klassischer Musik, Haydn oder Mozart. Dazu knat-
terten die Segelenden, und wir hörten das leise Rauschen des
Wassers ... Und über uns stand die riesige Segelpyramide. Momente, wie sie mir später die bedeutendsten Opernhäuser der Welt
nicht wieder bieten konnten.«

Im Verlauf unseres Besuchs nimmt der Wind noch zu. Er pfeift
in der Takelage. Lachmöwen kreischen. Und dort, wo damals die
rot-weiße Kette des westdeutschen Bundesgrenzschutzes unbe-
kümmerte Besucher vor dem Überschreiten der innerdeutschen
Grenze warnte, ballen sich ein paar düstere Wolken. Wir verabschieden uns von Klaus Grope und steigen die Gangway hinunter.

4   Wie ein von der Zeit vergessenes Land

Am Trave-Mündungstrichter entlang zum Dassower See.
Erinnerungen im Grenzbereich von Skipper Manfred Quandt.

Von der Küste aus sieht man einen alten Wachturm, eine »Führungsstelle«. Früher wurde von hier die Grenze entlang der Pötenitzer Wiek beobachtet, die viele Windsurfer als Revier nutzten. Als einer der wenigen Türme überlebte er die Wende. Gleich danach nahmen ihn die Amateurfunker von Grevesmühlen in Beschlag, die ihn fast noch besser schützten als die Grenztruppen einst: mit Zäunen und Blenden für die Fenster, damit niemand das Glas zerbrach. »Drei Birken« hatten die Funker den Turm getauft, vor der Wendezeit trug er nur eine Nummer. Verlassen steht er heute im Naturschutzgebiet – eines von vielen Mahnmalen an unserer Route durch die Mitte Deutschlands.

Viel Sand gibt es hier in Mecklenburg-Vorpommern, und weil auf längeren Wegabschnitten die Betonplatten fehlen, ist selbst das Mountainbike mit seinen breiten Reifen nicht das richtige Verkehrsmittel. Doch zu Fuß kommen wir zügig voran. Abschnittsweise ist der Kolonnenweg noch gut erkennbar. Er führt in unzähligen Windungen am Trave-Mündungstrichter entlang, durch wunderbar frische Landschaft mit einem nun zwei Jahrzehnte alten Bewuchs, der auf der geschundenen Erde entstand.

In der Luft liegt ein sonores Brummen. Über uns kreist die Junkers JU 52 der Deutschen Lufthansa, die sich gerade zu Rundflügen im Bereich Lübeck befindet. Grenzflüge sind eine Attraktion der alten »Tante Ju« mit dem Kennzeichen D-AQUI. Denn nur von oben lässt sich der Grenzverlauf heute noch recht genau feststellen.

In Dassow führt der Grenzweg ganz nahe an die Bundesstraße 105 heran. Das gesamte Seeufer ist hier Naturschutzgebiet. Nur über schmale Straßen sind die Orte am Rande der Wiek erreichbar: Volkstorf und Johannstorf. Abgeschnitten lagen sie 40 Jahre im 500 Meter breiten Sperrgürtel der Grenze. Heute genießen sie nicht nur die salzhaltige, fast zum Anfassen dichte Luft der Ostsee, sondern auch die Bewegungsfreiheit in alle Himmelsrichtungen.

Das Südufer des Dassower Sees erinnert an ein von der Zeit vergessenes Land. Dabei ist die Großstadt Lübeck nur ein paar Kilometer entfernt. Der See selbst gehört zu Lübeck, seine Ufer und Dörfer wie Teschow hingegen liegen in Mecklenburg-Vorpommern. Jeder Eigenwilligkeit der Uferlinie folgten einst Grenze und Kolonnenweg.

»Zu DDR-Zeiten lag das gesamte Seeufer im Grenzgebiet, und eine hohe Betonmauer hinderte die Menschen daran, auch nur einen Blick auf den Dassower See zu werfen«, erinnert sich ein alter Bauer, der gerade seine Felder inspiziert. »An den See kam praktisch keiner ran, denn hier und entlang der Trave war Sperrgebiet, in das man nur mit Passierschein kam. ›Unzuverlässige Elemente‹ hatte man bereits 1952 in der ›Aktion Ungeziefer‹ und 1961 in der ›Aktion Kornblume‹ bei Nacht und Nebel aus der Sperrzone rausgeholt und umgesiedelt. Auch aus Bardowiek ...!«, sagt er, und es klingt bitter. »Was der Dreißigjährige Krieg und alle Kriege danach nicht schafften, gelang Ulbricht, Honecker und Co. binnen weniger Jahre ...!«

Bereits vor mehr als 700 Jahren war das Dörfchen Bardowiek im sogenannten Ratzeburger Hufenregister als bäuerliche Besitzung erfasst worden. Doch sein Ende nahte, als nach 1960 alle Bauernhöfe der Region unter die Fuchtel der Landwirtschaftlichen Produktionsgenossenschaft (LPG) Palingen kamen. »Niemand interessierte sich für Bardowiek, das zudem in den Augen der Genossen zu dicht an der Grenze lag. Der Ort verfiel. 1977 wurde alles dem Erdboden gleichgemacht, auch der 200 Jahre alte Kuhlmannsche Hof.«

Und so wurde es sehr still auf dem Landzipfel zwischen Dassower See und Trave. Die Natur profitiert: Das Naturschutzgebiet Dassower See gilt dank der langen Abgeschiedenheit als eins der bedeutendsten deutschen Vogelschutzgebiete, in dem sich wegen der geringen Wassertiefe insbesondere Tauchenten wohlfühlen. Die dichten Röhrichtbestände machen es zum idealen Rast- und Überwinterungsgebiet zahlloser nordischer Wasservögel.

Wie kaum ein anderer kennt der gebürtige Rostocker Manfred Quandt den Dassower See. Bereits seit Anfang der 1970er-Jahre durfte er bei öffentlichen Anlässen mit seinem Fahrgastschiff von Lübeck aus Besucher, meistens Politiker, hierher begleiten.

»Spannend war's, wenn ich in Begleitung von BGS-Booten den Schleswig-Holsteinischen Ministerpräsidenten Stoltenberg oder Bundeskanzler Helmut Kohl auf den Dassower See brachte, die sich hier gern ein Bild von der aktuellen Grenzsituation machten.«

»Aber wieso konnte ein Ostdeutscher bereits damals Fahrgäste von Lübeck aus auf diesen westdeutschen See bringen?«, fragen wir.

»Weil ich bereits 1954 von drüben getürmt bin.«

Quandts in Rostock tief verwurzelte Familie war immer mit dem Wasser verbunden gewesen. Kein Wunder, dass der junge Manfred mit seiner 1951 beendeten Boots- und Schiffbauerlehre die Familientradition fortsetzte.

»Danach arbeitete ich in der Schiffsbergung und verdiente sehr gutes Geld ... Eines Abends stieg ich nach der Arbeit in mein Segelboot und segelte von Rostock aus raus auf die Ostsee, bis eine Böe mein Boot umwarf. Nirgendwo war Hilfe, keine Kutterbesatzung hörte mein Rufen. Nach vier Stunden im eisigen Wasser fischten mich die Männer eines Grenzpolizeiboots raus. Wegen der Unfallfolgen musste ich den schweren Beruf in der Schiffsbergung aufgeben und fing 1954 als Schiffsführer beim Rostocker Zoll an.«

Quandts Probleme mit dem DDR-System begannen, als man ab Juni 1954 versuchte, ihn mit Politunterricht systemkonform zu trimmen. »Ohne mich! Zweimal wurde ich vergattert, meinen gesellschaftlichen Verpflichtungen nachzukommen. Das hielt ich nicht aus, ich wollte abhauen und meine Frau mit unserem kleinen Sohn Raimund nachholen.«

Er hält inne. »Genau fünf Minuten vor acht fuhr der Zug aus dem Rostocker Bahnhof raus Richtung Westen. Fünf vor acht – das vergisst du nie. Der Zug war voller Menschen, die rauswollten, so wie ich. Und deswegen hatte ich ein Leben lang Zorn auf das DDR-System und seine Handlanger.«

Ab 1964 beförderte Manfred Quandt Fahrgäste auf dem Flüsschen Wakenitz zwischen Lübeck und Ratzeburger See – zu DDR-Zeiten eine Grenzreise, denn das Ostufer der Wakenitz war der Eiserne Vorhang. Später übernahm Sohn Raimund diese Route.

»1967 fuhr ich mit etwa hundert Passagieren nach Ratzeburg, als ich am Ostufer Rufe vernahm. Plötzlich teilte sich das Gebüsch, zwei DDR-Soldaten sprangen ins Wasser, hielten genau auf mein Boot zu, die Verfolger hinter ihnen. Ich stoppte die Maschine und zog beide an Steuerbord hoch. Die Verfolger brachten zwar ihre Kalaschnikows in Anschlag, doch es fiel kein Schuss. Die beiden Flüchtlinge waren gerettet!«

Der Skipper schmunzelt. »Nach der Wende hatte ich eine eigenartige Begegnung. Ein mir völlig unbekannter Stasi-Oberstleutnant begrüßte mich mit Namen und stellte sich als Horst K. vor: ›Ich bin einer von jenen Stasi-Männern, Herr Quandt, die sie am liebsten aufgeknüpft hätten ...‹ Und er erzählte, wie seine Schnüffler meine Gäste und mich jahrelang auf Wakenitz, Trave und Dassower See mit verborgenen Richtmikrofonen belauscht hatten. Die hatten damals schon einiges zu hören gekriegt. Aus meinem Herzen habe ich in Bezug auf diese Leute nie eine Mördergrube gemacht ...!«

5   Als wäre alles nur ein Spuk gewesen

Wie schottischer Whisky Einfluss auf den Grenzverlauf nahm.
Der turbulente Tag am Grenzübergang Lübeck-Schlutup.

Das Foto ist eine herbstliche Farbsinfonie aus Rotbraun und Gelb,
dazwischen verblasstes Grün. Wie eine Trennlinie durchschneidet
die geradlinige Mecklenburger Straße das aus der Luft aufgenom-
mene Bild. Bunten Perlen gleich reihen sich auf der Straße grüne,
weiße, gelbe, graue und blaue Tupfer aneinander: Hunderte Trabbis,
Stoßstange an Stoßstange, die den nördlichsten innerdeutschen
Grenzübergang Schlutup passieren. Es ist Freitag, der 10. November 1989.

»Aus unserer Garage kamen wir nicht mehr raus«, erzählt Christa
Gieseler und zeigt auf das Foto an der Museumswand. »Überall
knuffige Trabbis, und in der Luft kringelten sich die bläulichen
Wölkchen der kleinen Stinker.«

Wir waren vom Dassower See kommend dem Trave-Ufer gefolgt
und hatten uns im ehemaligen Grenzgebäude Schlutup mit ihr getroffen.

»Bei meiner Freundin hatte früh am Morgen nach der Grenzöffnung ein Wildfremder im Blaumann geklingelt und gefragt, ob sie
für ihn mal 50 Pfennige hätte, er wolle sich in der Bäckerei nebenan
eine *Bildzeitung* kaufen. ›Ich will meinen Leuten zu Hause zeigen,
ich war im Westen!‹ Natürlich gab sie ihm die Groschen. Stolz kletterte er mit seiner *Bild* unterm Arm ins Auto, winkte und knatterte
davon.«

Die Nacht der Grenzöffnung war in Lübeck-Schlutup ruhig gewesen. Es war die Ruhe vor dem Sturm! Der brach am Freitag los …!

»Auf solch einen Andrang war keiner vorbereitet. Und natürlich gab es nicht ausreichend öffentliche Toiletten. Also waren Tankstellen, Restaurants und Gaststätten die Anlaufziele, auch das Speiserestaurant, das mein Mann und ich seit mehr als 30 Jahren betreiben. Die Gäste hatten noch keine D-Mark in der Tasche und konnten sich nichts zu essen kaufen, also haben wir von Freitag bis Sonntag alles verschenkt. Abends kam unser Koch mit sorgenvoller Miene aus der Küche und sagte: ›Wenn der Chef morgen nicht einkauft, brauchen wir gar nicht erst aufzumachen! Wir haben nichts mehr!‹«

»Eine ganze Stadt im Freudentaumel« lautete die Überschrift der *Lübecker Nachrichten* am Sonntag, dem 12. November. Und weiter: »Eine Nation umarmt sich. – Lübeck feierte gestern bis spät in die Nacht ein gesamtdeutsches Altstadtfest. Und heute wird es weitergehen. Eine Grenzstadt im Freudentaumel.«

Christa Gieseler lächelt. »Unsere Gäste aus Mecklenburg vergaßen das nicht. Weihnachten 1989 erhielt ich aus der damals noch existierenden DDR als Dankeschön unzählige Handarbeiten und Blumen.« Ein weiterer Motivationsschub für das, was sie auch in der Folgezeit anpackte.

Über den Grenzübergang Schlutup, nur wenige Kilometer nordöstlich von Lübecks Zentrum gelegen, ging auch der Transitverkehr in Richtung Rostock und Rügen. »Aber auch nach ›drüben‹ zur Sondermülldeponie Schönberg, die heute Deponie Ihlenberg heißt ...«, sagt sie. »Tagtäglich dröhnten 100 bis 150 Laster, also jährlich mehr als 40 000 Großcontainer-Lkw, aus ganz Europa durch Schlutup über die Grenze, um ihren meist hochgiftigen Müll drüben abzuladen. Niemand von uns wusste, was in den Mülllastern steckte. Aber dass da etwas Ekliges und undefinierbar Stinkendes aus den Lkw rauslief, sahen wir alle. Die Müllfahrzeuge kamen aus Ost- und Westeuropa, viele Lkw trugen Kennzeichen aus Holland, Belgien und Italien. Es stank zum Himmel!«

Christa Gieseler lebt seit ihrer Eheschließung vor mehr als 50 Jahren in Schlutup. Sie sah, wie die Grenze dichtgemacht wurde und wie sie fiel. Sie war auch Mitglied in der Lübecker Bürgerschaft. »Aber in erster Linie bin ich Schlutuperin und muss mich dafür einsetzen, dass der nördlichste innerdeutsche Grenzübergang nicht vergessen wird«, sagt sie nach wie vor kämpferisch. Ein mühsamer Weg, bei dem sie mit Gleichgesinnten mehr als einmal »mit dem Bettelnapf« über Land zog, um Politik und Wirtschaft für ihr Projekt eines Grenzmuseums zu gewinnen. »Das Fest der deutschen Einheit feiern sie in Lübeck. Aber sie vergessen dabei, dass sowohl der Grenzübertritt als auch die ersten menschlichen Begegnungen nach dem Mauerfall hier bei uns stattfanden.«

Die zähe alte Dame und ihre Stellvertreterin Ingrid Schatz ließen nicht locker, und so wurde das ehemalige Grenzgebäude vom Bund erworben.

»Vor der Eröffnung des Grenzmuseums am 9. November 2004 baten wir die Bevölkerung in Zeitungsaufrufen um Exponate aus der Zeit der Trennung. Und die Menschen kamen: ›Ich hab da noch was auf dem Boden stehen ... Wollt ihr das haben?‹ ›Aber klar doch‹, sagten wir.«

Zum 20. Jahrestag des Mauerfalls wird ein Stück Mauer mit Kolonnenweg und Grenzzaun wiedererstehen. »Für unsere Jugend, die kaum noch eine Ahnung davon hat, wie das noch vor zwei Jahrzehnten hier war. Übrigens entwickelten wir die Idee eines Museums gemeinsam mit unseren mecklenburgischen Nachbarn aus Selmsdorf, gleich hinter der Grenze. Ich befürchtete zunächst, dass sie als ehemalige DDR-Bürger sagen würden: ›Davon wollen wir nichts mehr wissen ...!‹ Das Gegenteil war der Fall.«

»Eine Reise von 1000 Meilen beginnt mit dem ersten Schritt«, erkannte vor gut zweieinhalbtausend Jahren der chinesische Philosoph

Laotse. Dass die ersten Schritte hier am Grenzübergang Schlutup erfolgreich waren, beweisen Fülle und Vielfalt der ausgestellten Zeitdokumente im von Christa Gieseler mitinitiierten Grenzmuseum. Neben Schildern, Uniformen und Dokumenten lächelt Filmstar Hardy Krüger von einem hier 1986 aufgenommenen Foto.

Als wir vom Grenzhaus Schlutup auf die Mecklenburger Straße treten, werden uns die Veränderungen bewusst: Hier ist nichts mehr so wie auf dem herbstlichen Foto vom 10. November 1989!

Ein Stück weiter passieren wir das »Weiße Haus«. »Es war wirklich das letzte Haus vor Grenze«, erzählt uns wenig später der frühere BGS-Mann Peter Matera.

Dieses Gebäude hatten Lübecker Zimmerleute 1907 auf dem westlichsten Zipfel mecklenburgischen Gebiets errichtet. Sie wollten zwar dicht an Lübeck dran sein, um gute Geschäfte mit der Hansestadt zu machen, aber sie wollten nicht die hohen Lübecker Steuern zahlen.

Nach 1945 bezog die britische Militärkommandantur das Haus, und der britische Generalmajor Barber legte hier mit dem sowjetischen Armeegeneral Lyaschenkow den örtlichen Grenzverlauf fest. Man vermutete später, dass der Scotch doch besser als der Wodka gewesen war ... Denn nach dem Ende der Besprechung verlief die Grenze nicht wie zuvor westlich, sondern ein Stück östlich um das Haus herum. Womit die Briten bleiben konnten und das Haus, obschon eigentlich in Mecklenburg, laut Definition der Generäle zu Lübeck gehörte.

»Irritierend für den Eigentümer, der sich mit Gebäude-Investitionen zurückhielt«, sagte uns Matera. »Das damals noch graue Haus drohte zu verfallen. Erst die Arbeit der Grenzkommission nach 1972 brachte Rechtssicherheit, da der Bau endgültig Lübeck zugeschlagen wurde. Und jetzt durfte der Eigentümer auch Steuern zahlen ...!

Aber das Ergebnis ließ ihn ruhig schlafen. Das Gebäude, das bald schon einen hellen Anstrich trug, heißt seitdem das ›Weiße Haus‹.«

Viel hat sich an diesem einst so stark frequentierten Nadelöhr zwischen Ost und West getan: Der Verkehr ist heute gering, Beleuchtungs- und Beobachtungstürme wurden demontiert, und die auf dem Herbstfoto im Hintergrund erkennbare monströse DDR–Grenzabfertigungsanlage Selmsdorf, von der aus sich der Trabbikonvoi am 10. November 1989 gen Westen schob, verschwand genauso spurlos wie die Grenzbarriere. Als wäre alles nur ein Spuk gewesen …

6 Der Spion, der aus dem Tunnel kam …

Grenzverschiebung »nach Schlutuper Art«. Von Ehrenbezeugungen und »RVGs«. Geschichten über ein absurdes Grenztheater.

Für Peter Matera gehörte die ehemalige innerdeutsche Grenze zum Berufsalltag. Der Erste Polizeihauptkommissar, heute verantwortlich für die Öffentlichkeitsarbeit der Bundespolizeiakademie in Lübeck, erinnert sich noch bestens »an jeden Meter Grenze« zwischen Priwall und Ratzeburger See.

»Für diesen 45-Kilometer-Abschnitt war ich der Bundesgrenzschutz-Sachbearbeiter für Grenzangelegenheiten. Als sogenannter Meldekopf war ich auch zuständig für die Zusammenarbeit mit anderen Diensten und für die Betreuung von Flüchtlingen«, sagt Matera. »Tödliche Fluchtversuche gab es in meinem Zuständigkeitsbereich zum Glück nicht.«

Doch er erzählt von zwei durch Minen verletzten Männern. Das war zu Beginn der 8oer-Jahre, bevor Franz Josef Strauß bei Honecker intervenierte und einen Milliardenkredit versprach, damit die Minen verschwanden. Die Verletzten waren allerdings keine DDR-Flüchtlinge, sondern Bundesbürger, die östlich von Lübeck betrunken über den Zaun geklettert waren. Sie zahlten einen hohen Preis, die Minen zerfetzten ihnen je ein Bein.

»Im Sommer war auch auf den Priwall-Zeltplätzen immer der Bär los«, erinnert sich Peter Matera. »So auch in einem anderen Fall 1983: Ein junger Mann kam nach zu viel Alkohol plötzlich auf die verrückte Idee, auf DDR-Gebiet gegen die schwarz-rot-goldene Hoheitssäule mit DDR-Emblem zu pinkeln – aus Sicht der DDR-Grenztruppen eine Grenzverletzung. Er wurde gefasst, wehrte sich, bis man ihm ins Bein schoss. Viel später kam er zu mir und erzählte, dass er sechs Monate wegen seiner Beinamputation im Rostocker Krankenhaus gelegen und das anschließende Jahr ›drüben‹ im Gefängnis gesessen hatte.«

Wir unterhalten uns mit Peter Matera im Gebäude der Geschichtlichen Sammlung der Bundespolizeiakademie in Lübeck. Auf geschichtsträchtigem Boden, denn hier in der Hansestadt waren 1951 bundesweit die ersten Bundesgrenzschutzeinheiten ausgebildet worden. Zum 50. Geburtstag des BGS initiierte Peter Matera eine Ausstellung. Er kramte in Archiven, Garagen, oft auf Dachböden und in muffigen Kellerräumen. Er fand verstaubte Ausrüstung, Hinweisschilder, Uniformen, Motorräder und alte Streifenwagen. Ein kompletter Hubschrauber des Typs Alouette II wurde zum Blickfang der Sammlung.

»Nach der Grenzöffnung sammelte ich auch DDR-Exponate: Originaluniformen, Selbstschussanlagen, Streckzaunteile und Gerät-

Die innerdeutsche Grenze bestimmte Peter Materas Berufsleben.

schaften, mit denen Flüchtlinge versucht hatten, den mörderischen Grenzzaun zu überwinden.«

Anstatt für die Bundeswehr hatte sich Peter Matera zum 1. April 1969 für zwei Dienstjahre beim BGS entschieden. Im privaten Leben des jungen Mannes aus Nordhessen (»... aus einer kleinen Gemeinde, ›letztes Haus bei Grenze‹ diesseits des thüringischen Grenzabschnitts ...«) hatte die innerdeutsche Grenze bis dahin keine sonderlich prägende Rolle gespielt, denn die Familie stammte aus Westdeutschland.

Aus den geplanten 24 BGS-Monaten in Bad Hersfeld wurde ein Berufsleben von 40 Jahren. Seit 1976 arbeitet er in Lübeck beim BGS, der 2005 in Bundespolizei umbenannt wurde.

»Ich erinnere mich gut, wie ich als junger Streifenführer bei Herleshausen am Kielforst stand und auf die Wartburg schaute. Sie war zum Greifen nah. Da wünschte ich mir, dort einmal hinzukommen ...« Doch das sollte dauern ...

Jahrelang gehörte Matera zur Deutsch-Deutschen Grenzkommission: »Der DDR lag sehr viel an einer exakten Grenzvermessung. Vom Priwall bis runter nach Prex in Bayern setzte sie fast 30000 Grenzmarkierungen.«

Er hält inne, schmunzelt und erzählt uns eine unglaubliche, aber wahre Geschichte: »Am Grenzübergang Lübeck-Schlutup reichten etwa 40 Westgrundstücke unmittelbar an die Grenze heran. Was problematisch war, da wir für Einsätze bei Grenzzwischenfällen einen schmalen Korridor benötigten. Also mussten die Anlieger einen Meter Land von ihren Grundstücken abtreten, und wir legten 1972 den Grenzpfad an. So weit, so gut. Bis 15 Jahre später eine DDR-Grenzkommission dahinterkam, dass unser Grenzpfad auf 170 Metern Länge über DDR-Gebiet führte. Es hagelte Protestnoten an die Bundesregierung, dass ›bewaffnete Organe der BRD seit 1972 DDR-Hoheitsgebiet verletzt‹ hätten. Die Sache war rätselhaft. Ich ermittelte bei den betroffenen Anliegern, aber plötzlich sprach von denen keiner mehr Hochdeutsch. Alle konnten nur noch Platt. Und da musste ich als Hesse passen. Die Sache kam mir spanisch vor … Ein alteingesessener Lübecker Kollege half mir, und nach und nach kamen wir den Anwohnern auf die Schliche.

Tage später, beim gemeinsamen Kaffeetrinken, packten sie aus: ›Eure Jungs vom BGS – prima Jungs übrigens –, denen haben wir damals immer mal 'ne Kiste Bier hingestellt und 'ne Flasche Korn … Was sie tagsüber bauten, haben wir bei Nacht und Nebel gen Osten verrückt, so mussten wir keinen Zentimeter von unseren Grundstücken abgeben. Hat doch keiner gemerkt …!‹

Das Ende vom Lied war, dass im Sommer 1987 westdeutsche Arbeiter in Zivil auf fünf Metern Breite DDR-Gebiet betreten durften, um Zaun und Grenzpfad zurückzubauen.«

Die Schlutuper lachen noch heute über diesen Schelmenstreich.

Ansonsten ignorierte man sich an der Grenze oder fotografierte sich wortlos aus drei Metern Distanz.

»Ab 1986 versuchten wir über die Grenzkommission zu erreichen, dass man sich wenigstens den Tagesgruß zurief. Nach langen Verhandlungen lehnte die DDR diesen Vorschlag mit folgender Argumentation ab: Es handle sich dort um Soldaten, deren Gruß müsse ein militärischer Gruß sein, und der sei eine Ehrenbezeugung. Dem Klassenfeind gegenüber eine Ehrenbezeugung abzugeben sei unmöglich. Damit war das Thema vom Tisch.

Man spürte im offiziellen Miteinander, in welch unterschiedliche Richtungen man dachte, auch sprachlich. Kühe zum Beispiel waren im Slang der Ost-Grenzer ›RVGs‹.« Wir versuchen erfolglos, die Abkürzung zu entschlüsseln. »Eine ›RVG‹ war eine ›Raufutter verzehrende Großvieheinheit‹! Und unser schöner Weihnachtsengel wurde dort zur ›Jahresendfigur mit Flügeln‹.«

Und dann erzählt Matera uns noch die Geschichte vom »Spion, der aus dem Tunnel kam«: »1982 bauten die DDR-Grenzeinheiten klammheimlich einen Tunnel, dessen westliches Ende bei Lübeck lag. Der Osten betrieb ja kräftig Wirtschaftsspionage, und die Gefahr, dass verdeckte Agenten beim Passieren der offiziellen Grenzübergänge aufflogen, war den Grenzern zu groß. Wir ahnten, dass da was im Gange war, Details fanden wir aber nicht heraus, denn Tunneleingang und -ausgang lagen bestens getarnt in Kiefernwäldern.

Erst nach der Wende kam alles ans Licht: Ein Redakteur der *Lübecker Nachrichten* hatte 17 Jahre lang unter dem Tarnnamen Willis für die Staatssicherheit der DDR spioniert. Er ging beim BGS, bei Polizei und Zoll ein und aus. Als Lokaljournalist besaß er einen Ausweis, der ihn sogar zum Befahren von Wegen berechtigte, auf die sonst nur wir durften. Und er war immer präsent: bei Behördenveranstaltungen, Empfängen, Bällen. Er nutzte die Eitelkeit der Entscheidungsträger, um Informationen aus ihnen herauszukitzeln. Sein 4000 Seiten langes Stasi-Dossier enttarnte ihn später als hochdekorierten ›Held der Arbeit‹, der jedes Jahr mindestens viermal durch den ›Stasi-Tunnel‹ geschleust worden war. Und dafür kassierte er rund 150 000 D-Mark Agentenlohn.

Ein Beweisstück aus dem Agentenprozess überließ die Staatsanwaltschaft später meiner Sammlung: ein präparierter Baumstumpf, in dem der Spion ein Sprechfunkgerät versteckt hatte.«

James Bond lässt grüßen ...!

Langeweile wird bei Peter Matera auch im demnächst anstehenden Ruhestand nicht aufkommen. Seine historische Sammlung wird ihn noch lange auf Trab halten. Und dann will er mit einem Freund auf dem Kolonnenweg vom Priwall bis zum Ratzeburger See wandern.

»40 Jahre Grenze ...«, sagt Peter Matera und zuckt die Achseln, »... lassen einen nicht los.«

7   Auf dem »Amazonas des Nordens«

Mit dem Schiff auf der Wakenitz von Lübeck nach Ratzeburg.
Skurrile »Eisarsch-Regatta«. Vogelwelt und Flussromantik.

Neun Uhr früh an der Moltkebrücke in Lübeck. Hier, am Anleger für das Motorschiff *Melanie,* sind wir mit Kapitän Raimund Quandt zu einer zweistündigen Fahrt auf der Wakenitz zum Ratzeburger See verabredet.

Bereits seit mehr als 30 Jahren schippert Raimund Quandt im Kielwasser seines Vaters Manfred auf dem »Amazonas des Nordens«. Diesen Begriff hatte vor Jahren ein Lübecker Journalist geprägt.

»Seitdem«, sagt unser Kapitän, »sitzt der Name.« Ganz so mächtig wie der südamerikanische Strom sei die knapp 15 Kilometer lange Wakenitz natürlich nicht, räumt er schmunzelnd ein, doch die Artenvielfalt könne sich auch hier sehen lassen.

Und dann gebe es mit der »Eisarsch-Regatta« auf der Wakenitz ein Highlight, um das jeder Amazonas-Anwohner den kleinen norddeutschen »Quasi-Namensvetter« beneiden müsse.

Die Segelgaudi in winzigen Einhandjollen wurde von der »Eisarsch-Gilde« des Lübecker Jachtclubs ins Leben gerufen. Sie findet immer am ersten Sonntag im Dezember statt, weshalb man sich dafür eigentlich dick einmummeln sollte … Andererseits wieder nicht, denn vor Rennbeginn wird das anfallende Startgeld auf einer Waage ermittelt: 20 Cent pro Kilo Lebendgewicht. Da zieht der eine oder andere schon mal alles bis auf die Badehose aus, um das so gesparte Geld später in heißen Punsch umzusetzen. Bikinis sucht man vergebens, denn laut Clubstatuten ist die »Eisarsch-Regatta« das letzte Rückzugsgebiet für echte Männer.

9.30 Uhr. Das Ausflugsschiff *Melanie* legt ab. Unsere Reise führt entlang dichten Schilfgürteln. »Am Ostufer verlief bis 1989 die innerdeutsche Grenze«, sagt Raimund Quandt und schwärmt im gleichen Atemzug von blühenden Seerosenfeldern.

»Gerade weil dort unzugängliches Sumpf- und Grenzland war, entwickelte sich ein einmaliges Biotop.«

Als natürlicher Abfluss des im Süden gelegenen Ratzeburger Sees floss die Wakenitz einst bei Lübeck in die Trave. Ihr Wasser ist klar und sauber. Bis ins 19. Jahrhundert bezogen die Lübecker sogar das Trinkwasser aus ihr. Schon die Bierbrauer des Mittelalters schätzten das gute Wakenitzwasser. Da die Lübecker durstig waren und die Brauherren ihren Wasserbedarf nicht allein aus den Stadtbrunnen decken konnten, bauten sie ein von der Strömung angetriebenes Schöpfrad und ließen sich das Wasser frei Haus liefern. So verhalf der Fluss dem Lübecker Bier früh zu seinem guten Ruf.

Überhaupt ist die Wakenitz ein von Menschenhand über 1000 Jahre immer wieder neu modellierter Wasserlauf. In der Neuzeit staute man den kleinen Fluss durch einen Damm und entwässerte ihn über eine Rohrleitung, einen Düker, in die Trave. »Seinem Reiz war das eher zuträglich«, behauptet Raimund Quandt. Wir sind gespannt.

Unsere Reise führt zunächst entlang stattlichen Kaufmanns- und Senatorenvillen, Kleingärten, Wiesen, vorbei an Bäumen und Sträuchern. Seerosen bedecken den Fluss, Schilf wiegt sich im Wind.

»Schilf und Röhricht sind hier eigentlich nicht heimisch, doch da im Laufe der Zeit die Ufer durch Ausschwemmung flacher wurden, befestigte man sie damit. Die Fischer ärgerte das, denn früher hielten sich gern Schleie in den seichten Uferpartien auf, und ein Fischer zog schon mal in einer Nacht 100 Pfund dieser Karpfenartigen an Land.«

Beim Restaurant *Absalonshorst* legen wir an. Ein paar Gäste verlassen das Schiff, andere steigen zu.

»Früher sah man auf der gegenüberliegenden Seite Schilder mit der Aufschrift ›Halt! Hier Grenze‹. Dort stand auch ein schwarz-rotgoldener Betonpfahl mit DDR-Emblem.« Die Grenze entlang der Wakenitz war eine flexible Grenze: Sie führte am Ostufer entlang, der aktuelle Wasserstand markierte den genauen Verlauf. »Auf dem Fluss selbst konnten wir uns frei bewegen. Es gab allerdings immer mal den einen oder anderen vorwitzigen Paddler, der meinte, ›drüben‹ ein Päuschen einlegen zu können. Mancher wachte dann am nächsten Morgen in einem DDR-Gefängnis auf, wo er bei einer sechswöchigen ›Kartoffelschäl-Kur‹ über die ›Grenzverletzung‹ nachdenken konnte.«

Schmal, lauschig und romantisch wird es jetzt; Korb- und Trauerweiden säumen die Ufer, Schwarzerlenzweige hängen übers Wasser. Graugänse brüten in den unzugänglichen Uferpartien. Ein versteinert wirkender Graureiher wartet geduldig auf einen leichtsinnigen Frosch. Mit schnarrendem Keck-keck-keck erhebt sich ein Haubentaucher.

Raimund Quandt berichtet von Eisvögeln, Schwänen, Zwergtauchern, Löffelenten, Neuntötern, dem Wachtelkönig und dem Fischadlerpaar hier. Auch drei Fischotter sind am Fluss wieder zu Hause. Kein Wunder, dass es beim Bau der Ostseeautobahn A 20 über die Wakenitz seitens der Naturschützer Proteste hagelte. Doch Moderne und Flussromantik gehen heute scheinbar Hand in Hand. Von der über den Fluss führenden Brücke dringt nur ein leises Summen. Die Wakenitz ist jetzt so schmal, dass die Erlenkronen sie wie ein Baldachin beschirmen.

»Sagte ich's nicht ...« – der Käpten blickt stolz über »seinen« Fluss, »... wie auf dem Amazonas ...!«

Aufgereiht wie Perlen einer Kette ziehen sich nun Mechower See, Lankower See, Golden- und Schaalsee von Ratzeburg bis nach Zarrentin. Die Grenze verlief hier jeweils entlang den westlichen Ufern, die Seen gehörten also zum DDR-Hoheitsgebiet. Um das Terrain optimal überwachen zu können, installierte das Grenzregime am Ostufer Zaun und Kolonnenweg. Heute ist die 20 Kilometer lange Seenkette als Biosphärenreservat Schaalsee ein Naturjuwel, dessen Lebensräume und Arten sich durch die völlige Abschottung ungestört entwickeln konnten.

Seite an Seite liegen Mechower und Lankower See, nur getrennt durch eine schmale Landbrücke, über die früher die Grenze verlief. Vereinzelte Betonplatten blieben in dieser Region erhalten. Sie führen uns über eine hügelige, von der Eiszeit geprägte Endmoränenlandschaft in Richtung Süden. Hier endeten die enormen Gletscher, die mit ungeheurer Kraft Vertiefungen für die jetzigen Seen ausfrästen.

Wo einst die Straße von Ratzeburg nach Schönberg die Grenze querte, stand ein Wachturm. Er wurde, so wie man es im Mittelalter mit eingenommenen Festungen machte, bis auf die Grundmauern geschleift. Nur efeuumrankte Fundamente blieben.

Wer hierherkommt, sollte Zeit mitbringen. In einer Stunde sehen wir mehr Hasen, Füchse, Rehe als andernorts in Jahren. Die größte Attraktion der Schaalseelandschaft jedoch sind vier Seeadlerpaare: Den größten europäischen Greifvogel mit seinen 2,4 Metern Spannweite im Flug zu beobachten, sein Aufsteigen mithilfe kleinster thermischer Ablösungen, sein blitzschnelles Herunterstoßen und Packen der Beute – ein einmaliges Erlebnis. Hin und wieder kann man dieses seltene Naturschauspiel auch über dem Mechower See und dem Schaalsee verfolgen. Die Parkranger allerdings beschützen die Seeadlerbrutplätze wie einen Goldschatz, denn skrupellose Tierhändler haben längst ein zweifelhaftes Geschäft entdeckt: 100 000 Euro und mehr zahlen neureiche Ölscheichs am Persischen Golf für einen jungen Seeadler!

8 Blaue Diamanten in Mecklenburg

Von Schlagsdorf nach Stintenburg. Sterben und Wiedergeburt ganzer Dörfer an der Seenkette im »Grenzgebiet«.

Entlang wie Zinnsoldaten strammstehender Bäume führt die Dorfstraße zu der malerisch auf einem Hügel gelegenen Kirche von Schlagsdorf. Es ist, als wäre das Dorf im einstigen Sperrgebiet vom Dornröschenschlaf wach geküsst worden. Die gotische Backsteinkirche, umgeben von einer mächtigen Natursteinmauer, wird gerade aufwendig restauriert. Leider ist die Kirchentür verschlossen.

»Sie können sich den Kirchenschlüssel nebenan bei der Pastorin holen«, sagt eine ältere Frau, die extra unseretwegen von ihrem Fahrrad steigt.

Die Stiefmütterchen auf den Gräbern neben der Kirche lassen bereits die Köpfe hängen, umso kräftiger leuchtet das pralle Gelb der Narzissen. An dem mächtigen Stamm der uralten Gerichtslinde lehnen zwei aus Eisen geschmiedete Grabkreuze.

Ein Schimmel, der beim Kirchenbau im 12. Jahrhundert Steine herbeikarrte, starb hier vor Erschöpfung, verrät uns eine Informationstafel. Man begrub das Pferd an Ort und Stelle und pflanzte eine Linde auf sein Grab. Als Herzog Magnus am 7. Oktober 1518 hier ein Landgericht abhielt, war jene kleine Linde bereits zu einem mächtigen Baum geworden, den jeder seither als »Gerichtslinde« bezeichnet. Ein Ort mit uralter Geschichte also, der gesichtslos wurde, nicht mehr zu existieren schien, als der Sicherheitsgürtel im innersten Grenzbereich immer dichter wurde.

Und so, wie es sich für ein altes Dorf gehört, steht unweit der Kirche die alte Dorfschule. Inzwischen ist das Schulgebäude zum

»Grenzhus« umfunktioniert worden, einem Museum zur Erinnerung an das Leben vor 1989.

Wir folgen der Dorfstraße durch die 1100-Einwohner-Gemeinde zu den Außenanlagen des Museums, in denen die Grenze mit Beobachtungsturm, Bunker, Kfz-Sperrgraben und Kontrollhäuschen für Besucher rekonstruiert wurde. Dass der Metallgitterzaun nach der Wende bei den Schlagsdorfern plötzlich beliebt wurde, verraten uns hier und dort die Gartenzäune.

Mit einem Dorfbewohner kommen wir kurz ins Gespräch: »... mit der Wende kamen auch jede Menge Westler rüber und wollten mir für 100 D-Mark ein Schwein abkaufen. Für 100 Mark! Na, denen hab' ich's aber gezeigt!«

Kühler Wind streicht über die Felder, über denen sich das Brummen der Traktoren mit dem Jubilieren von Lerchen mischt. Vom Wind zerzauste Bäume säumen die schmalen, oft mit Kopfstein gepflasterten Wege und Straßen. Rapsfelder betören mit leuchtendem Gelb. Wie Scherenschnitte heben sich die ausladenden Linden und Eichen auf den Feldern gegen den blauen Himmel ab, über den kleine Wolkenschiffchen segeln.

Am Nordufer des Lankower Sees lag Lankow. Auch dieses 800 Jahre alte Dorf machten Pioniere der Nationalen Volksarmee (NVA) in den 1970er-Jahren dem Erdboden gleich. Die Bewohner wurden aus ihrer jahrhundertealten Heimat zwangsausgesiedelt. Der Grund auch hier: Lankow lag zu dicht an der Grenze und hätte sich nicht lückenlos überwachen lassen. Nichts blieb von dem Dorf übrig. Bis auf die Reste ehemaliger Bauerngärten, in denen im Mai oder Juni noch Pfingstrosen und farbige Gartenlupinen blühen.

Am Lankower See markiert das West- beziehungsweise Südufer die mecklenburgisch-schleswig-holsteinische Grenze, der Kontrollweg verlief jedoch am Ostufer. Der Grenzzaun führte direkt durch den See hindurch und schnitt den größten Seitenarm ab. Bis zu 40 Meter tief ist die Bucht am Fuße des 51 Meter hohen Baarsberges.

»Nicht einmal die Fische kamen da durch«, erzählt ein Bauer aus Wietingsbek, der ersten Ortschaft, die sich westlich davon auf dem Gebiet der alten Bundesrepublik befand. Heute klingt es grotesk, dass ein Zaun bis zum Grund des Sees gereicht haben soll, damals war es eine todernste Sache.

Der Lankower See gehörte einst zu den wenigen Klarwasserseen Mecklenburgs. Ein blauer Diamant im Norden. Zu DDR-Zeiten verschlechterte sich allerdings die Wasserqualität durch die Massentierhaltung in den Landwirtschaftlichen Produktionsgenossenschaften. Vor allem Jauche und von den Feldern geschwemmter Dünger führten zu einer explosionsartigen Algenbildung im See. Mittlerweile ist durch eine extensive Tierhaltung und die Sensibilisierung der Landwirte für dieses Problem eine Verbesserung der Wasserqualität eingetreten. Doch bis das Gewässer wieder jener »Blaue Diamant« von damals ist, werden noch Jahre vergehen.

Wir fahren an Grammsee, Culpiner See, Goldensee und Dutzower See entlang, die wie blaue Tupfer auf den nächsten wenigen Kilometern beiderseits des ehemaligen Kolonnenwegs liegen. Der Dutzower See ist der nördlichste Abschnitt des insgesamt 24 Quadratkilometer großen Schaalsees – im Herbst und Winter ein wichtiges Rast- und Schlafgewässer für nordische Gänse. Hier tummeln sich schon mal bis zu 20 000 Saat- und Blässgänse gleichzeitig. Reiherenten, zu erkennen am markanten Federschopf, leben ganzjährig hier. Am Dutzower See gehören sie zu der bevorzugten Beute des Seeadlers.

Entlang dem Ostufer des Schaalsees zieht sich nun der Trail. Bei Lassahn führt ein Zubringer hoch ins Dorf, das bis 1945 zum Herzogtum Lauenburg gehörte. Danach fiel es im Rahmen einer englisch-russischen Grenzbegradigung an die Sowjetische Besatzungszone. Eine dramatische Evakuierungsaktion folgte: 1700 Menschen zogen fort, nur 14 Familien blieben in Lassahn, heute ein stiller, wunderschön gelegener Ort.

Gleich am Ortseingang führt ein kleiner Abstecher zum Fischereihof Lassahn. Den Fisch holt Hausherr Werner Stoß direkt aus der Räucherkammer, noch warm und mit einem Geschmack, den man lange nicht vergisst. Dazu »schnackt« man mit Werner, der mit seinem blauen Seemannspullover und der Prinz-Heinrich-Mütze einen Mecklenburger abgibt, wie er im Buche steht.

Die schönste Aussicht über den Schaalsee ist die vom Kirchhof in Lassahn. Oder jene vom *Hotel Seeblick,* wo man im Gartenrestaurant der Stille lauschen kann, während das Auge über die flimmernde Oberfläche des Sees schweift.

Mit 72 Metern ist er der tiefste See in der Norddeutschen Tiefebene. Vorgelagert, auf einer Halbinsel, liegt die Stintenburg. Dahinter breitet sich mit dem Kampenwerder die größte Insel des Sees aus. Vom Stint, einer Fischart im Schaalsee, rührt der Name des Gutshauses her, das bis 1989 im absoluten Sperrgebiet lag und nur durch ein Eisentor zugänglich war. Das Schloss der Grafen von Bernstorff (im April 1945 war Albrecht Graf von Bernstorff wegen Widerstandes gegen Hitler von der SS ermordet worden) wurde später zweckentfremdet und für die Schulung der DDR-Grenzaufklärer verwandt, einer Stasi-Elitetruppe der Einsatzkompanie Grenze, die vor dem Zaun lag und mit Kameras und langen Teleobjektiven »lauschte«.

Noch immer führt eine schmale, von riesigen Bäumen gesäumte Kopfsteinpflaster-Straße hinüber nach Stintenburg. Wer mit mehr als 20 Stundenkilometer unterwegs ist, gefährdet seine Ölwanne.

Für den normalen Verkehr endet der Weg am früheren Grenzzaun. Der Kolonnenweg fungiert nun als Parkplatz, der Weg dahinter ist nur für Anlieger frei. Man sollte den Wagen stehen lassen, um beim Fischer von Stintenburg, Jens Ritter, im *Gasthof Brückenhaus* frischen Fisch, Räucherfisch oder sauer eingelegten Fisch zu kaufen. Anlieger ist seit mehreren Jahren auch wieder die Familie von Bernstorff. Bei der Abgeltung der Restitutionsansprüche erhielt sie neben dem Herrensitz auch die komplette Insel Kampenwerder zurück.

9   Zarrentin – wieder mittendrin

Erinnerungen des Stadtchronisten: an Beschränkungen,
Zusammenhalt und den Alltag im abgeriegelten Grenzort.

Es gab eine Zeit, da nannte man das Städtchen Zarrentin am Südufer des Schaalsees keck den »Vorort von Hamburg«. Das war zu seiner Blüte als Luftkurort in den 1930er-Jahren, als die Gäste in Scharen aus der Hansestadt an der Elbe anreisten.

Es gab auch Zeiten, da hörte man nichts von Zarrentin. Das war zwischen 1952 und 1989, als der Ort im Sperrgürtel lag und eine Kette gleißender 2000-Watt-Lampen Zarrentins Hinterland nachts in schmerzhaft grelles Licht tauchte, als der Eiserne Vorhang uralte Verbindungswege zum benachbarten Mölln, Ratzeburg und Lauenburg unterbrach und Reisende bei der mechanisch kalten Abfertigung am Grenzübergang Gudow-Zarrentin auf der nahe gelegenen Transitautobahn Hamburg–Berlin eisiges Schaudern überkam.

Heute ist das wieder hübsch herausgeputzte Zarrentin, dessen historischer Stadtkern sich wie Schutz suchend an die gotische Pfarrkirche aus dem 12. Jahrhundert schmiegt, das Sprungbrett in das Biosphärenreservat Schaalsee.

Christoph Prösch, promovierter Stadtchronist und zuvor 42 Jahre lang Fachlehrer für Biologie und Chemie an der Polytechnischen Oberschule in Zarrentin, hat die Entwicklung des Ortes während der letzten Jahrzehnte hautnah miterlebt. 1927 geboren, kam er im Alter von zehn Jahren nach Zarrentin und wohnt seither in dem Ort, der heute 4500 Einwohner zählt.

»Zarrentin am Schaalsee war noch in den 30er-Jahren des 20. Jahrhunderts ein Luftkurort und Freizeitzentrum«, erinnert er sich. »Es gab Hotels, Gaststätten, Liegewiesen, und auf dem Schaalsee verkehrten Paddel-, Segel- und Kajütboote. Die nahe gelegene Halbinsel Strangen war das touristische Zentrum. Doch der Eigentümer der Ferienanlage wurde nach 1945 von der DDR zwangsenteignet, seine Gebäude fanden als Entenfarm Verwendung, bis man sie 1975 im Zuge der ›Grenzsicherung‹ abriss.«

Die Natur nutzte diese Gelegenheit zur Entfaltung: Heute gehört die Halbinsel Strangen zum engeren Schutzbereich des Biosphärenreservats Schaalsee.

Der Kolonnenweg ist hier weitgehend verschwunden. Nach einigem Suchen waren wir den letzten verbliebenen Abschnitten entlang dem Gudower und Marienstedter Grenzgraben bis zum Rand des Schaalsees gefolgt, wo wir uns mit Christoph Prösch im Heimatmuseum neben dem einstigen Zisterzienser-Nonnenkloster von Zarrentin verabredet hatten.

»Zarrentin ist heute ringsum von Naturschutzgebieten umgeben«, sagt der Stadtchronist, »was wir ausdrücklich begrüßen. Aber zum Wohle der hier lebenden Menschen muss auch das touristische Potenzial behutsam entwickelt werden. Und das geschieht aufgrund der Lage am Nationalpark nur bedingt.«

Der nördliche Seeteil gehöre zu Schleswig-Holstein, der südliche zu Mecklenburg-Vorpommern, und beide Bundesländer hätten Zugang und Nutzung dermaßen reglementiert, dass praktisch keine Chance mehr bestehe, so wie früher mit dem eigenen Boot auf den See hinauszufahren, sagt Prösch. Früher … – womit er die Jahre bis 1945 meint …

Zu DDR-Zeiten habe man den Zugang auch verwehrt, wenngleich aus völlig anderen Motiven. Christoph Prösch beugt sich über ein Modell von Zarrentin mit einer detaillierten, plastischen Darstellung der Grenzanlagen: »Ein Anschauungsobjekt für Grenzsoldaten«, sagt er und erzählt, dass jeder Bürger, der Zarrentin besuchen oder verlassen wollte, einen Passierschein oder einen Sonderstempel im Personalausweis benötigte. Er, wie auch die anderen Zarrentiner, kam weder an den Boizer Grenzbach noch an den Kolonnenweg ran.

Zwar wurde der 500 Meter breite Schutzstreifen entlang der Grenze landwirtschaftlich genutzt, doch auch die Bewirtschaftung der Flächen unterlag erheblichen Einschränkungen. So war Feldarbeit etwa nur unter Bewachung durch Grenzsoldaten erlaubt. Von ihnen erfuhren die Landwirte natürlich einiges über die Ereignisse an der Grenze, von Grenzverletzungen zum Beispiel. Anders als Normalbürger, denen allenfalls Gerüchte zu Ohren kamen. Wurde der bisherige Kompaniechef durch einen neuen ersetzt, war das ein Indiz, dass an der Grenze etwas geschehen war …!

»Die Grenztruppen waren hier Teil des Gemeinschaftslebens«, erinnert sich Christoph Prösch. »Sie hatten Patenschaftsverträge mit Schulen und Kindergärten, und Vertreter der Grenztruppen saßen im Stadtparlament. Man lebte miteinander, und die bei der Ein- und Ausreise ins hoch gesicherte Zarrentin geforderten Formalien empfanden die meisten Bürger nicht als starke Einschränkung. Wir hatten uns daran gewöhnt. Doch dass Freunde, Verwandte und andere DDR-Bürger nur mit einem lange im Voraus zu beantragenden Passierschein einreisen durften und dass der Besucherverkehr drastisch eingeschränkt war, dass Familien praktisch auseinandergerissen wurden, war ebenso schmerzlich wie die Restriktion der Reisefreiheit.«

Er blickt nachdenklich: »Diese Zeit hatte hässliche, aber auch menschlich schöne Seiten. Wir machten das Beste aus unserem Leben; einer war für den anderen da, man half sich gegenseitig und man feierte gemeinsam. Wir hatten Organisationen, die sich für das kulturelle Leben einsetzten, und unser Schulsystem war gut. Sicher«, räumt er ein, »immer war Politik im Spiel, aber der Unterricht selbst, insbesondere in den naturwissenschaftlichen und künstlerischen Fächern, bewegte sich auf hohem Niveau.«

Und dann sagt er fast kämpferisch das, was wir während unserer Reise immer wieder mal hören sollten: »Wir haben hier gearbeitet und unser Leben gestaltet. Wir lassen uns unsere Vergangenheit nicht nehmen.«

Die erste Fahrt nach dem Mauerfall führte ihn zu »seinem« Gymnasium in Ratzeburg, in dem er bis 1945 die Schulbank gedrückt hatte. »Dann fuhr ich in die umliegenden Dörfer. Überall wurde ich mit offenen Armen empfangen, überall gab es etwas zu essen, man wurde bejubelt. Diese Tage waren ein einziges großes Erlebnis!«

20 Jahre später: Der ehemals gespenstische Autobahnkontrollpunkt Gudow-Zarrentin ist längst ein quirliger MEGA-Park, ein Gewerbepark mit bester Verkehrsanbindung, und Zarrentin selbst wurde wieder zu einem reizvollen Ort am Rand einer der urwüchsigsten deutschen Landschaften. Und das mit »Stadtanschluss«! »Wir haben hier nicht wenige Paare, von denen der eine in Hamburg und der Partner in Schwerin arbeitet. Heute ist Zarrentin wieder ›mittendrin‹.«

Die Glocke der Kirche St. Petrus und St. Paulus schlug laut, als wir aufbrachen. »De Paster lüdd't taun Melken«, sagte man früher, der Pastor läutet zum Melken … Doch weder Kühe noch Pastor waren zu sehen. Schade! Vermutlich hätte der Pfarrer spannende Geschichten erzählen können von diesem etwas behäbig wirkenden Kirchenbau, dem man die zahlreichen Epochen ansieht, in denen immer wieder unverdrossen an ihm weitergebaut wurde. Etwa zeitgleich wie für die Kirche wurde auch der Grundstein des inzwischen aufwendig restaurierten Zisterzienser-Nonnenklosters nebenan gelegt. Ab dem 13. Jahrhundert war es den Töchtern der Grafen von Schwerin und Wittenburg sowie den Lübecker Patriziertöchtern als Erziehungs- und auch Zufluchtstätte vorbehalten.

Kühler Abendwind strich über den Schaalsee und ließ die Blätter der uralten Linde neben der Kirche wispern. Sie verrieten uns auch den Rest der Geschichte des gotischen Backsteinklosters: Vor fast 500 Jahren wurde es säkularisiert, verweltlicht. Der Bau überlebte die brandschatzenden Horden im Dreißigjährigen Krieg, genauso wie die Ignoranz beider deutscher Systeme nach 1933. Nach einem Jahrzehnt kostspieliger Sanierungs- und Restaurierungsarbeiten ist das Zisterzienser-Nonnenkloster heute ein Kultur- und Veranstaltungszentrum.

Wir folgten der mit neuem Kopfstein gepflasterten und von alten Bauernhäusern gesäumten Amtsstraße, bis wir das »Pahlhuus«, den Sitz der Nationalparkverwaltung, erreichten.

10 Schaalsee – Naturparadies im Schatten der Wachtürme

Auf Augenhöhe mit den schönsten Landschaften der Welt: UNESCO-Biosphärenreservat Schaalsee.

Es ist überliefert, dass der Mann still unter einer Eiche saß, über die gleißende Wasseroberfläche blickte und über den vor ihm liegenden Schaalsee notierte: »... welcher ist breit, dann versteckt, wie ein Strom, rauscht an des Waldes Hügeln umher ...«. Man schrieb das Jahr 1767 und der Mann war der Dichter Friedrich Gottlieb Klopstock, der als Gast des Grafen von Bernstorff gern hier am Schaalsee weilte.

An dem von Gletschern der letzten Eiszeit geformten See hat sich seit Klopstocks blumiger Beschreibung wenig verändert. Neu hingegen ist, dass der zu Mecklenburg-Vorpommern gehörende Teil des Schaalsees im Jahr 2000 von der UNESCO ins weltweite Netz der Biosphärenreservate, der wichtigsten Hauptökosysteme unserer Erde, aufgenommen wurde.

Für Naturschützer Rainer Schmahl ist das natürlich erfreulich. Aber der Wert des Ökosystems ist ihm längst bewusst, denn der Mittfünfziger lebt seit Geburt in Schaliß am südöstlichen Seeufer und erlebt somit alle Naturschönheit aus erster Hand.

Den Geburtsort gibt's allerdings nicht mehr: »Die meisten Häuser fielen der deutschen Geschichte, das heißt der Grenze, zum Opfer«, sagt Schmahl. Wieder mal hören wir jene Geschichten, wie Grenzanlieger vergrault und umgesiedelt wurden, wie man ihre Häuser abbrannte oder mit Raupenfahrzeugen plattmachte. »Nur ein Bauernhaus blieb wie durch ein Wunder stehen in Schaliß ...«, sagt er, »... das meiner Familie!«. Seit mehr als einem Jahrzehnt kämpft er bei Behörden um die Rückübertragung der Eigentumsrechte an dem Gebäude, in dem, wie er sagt, 1990 seine Eltern als die letzten noch im Ort verbliebenen Einwohner lebten.

Schaliß lag im 500 Meter breiten Schutzstreifen der Grenze, und so sind Rainer Schmahl all die Hindernisse bestens vertraut, mit denen sich jeder zu arrangieren hatte, der hier ohne allzu große Repressalien überleben wollte. »Einer wie ich, der dort hineingeboren wurde, kannte doch nichts anderes.«

Aber ein Gutes hatte das Leben am Ufer des Schaalsees dann doch: »Da die Generalität der Grenztruppen hier Urlaub machte und kein hässliches Stanzblech vor der Nase haben wollte, gab's bei uns keinen Grenzzaun. Super für uns Jugendliche: Wir konnten baden! Doch es galt, höllisch aufzupassen und fix draußen zu sein, wenn ein Schnellboot kam. Der See war eigentlich tabu.«

Dass im Herbst Hunderte Kraniche hinter dem Elternhaus standen, war für den jungen Mecklenburger normal. Und doch wusste er das als etwas Besonderes zu schätzen. So engagierte sich der spätere Volkspolizist bereits zu DDR-Zeiten als Naturschützer. Er konnte sein Wissen weitergeben, nachdem die Modrow-Regierung während der letzten DDR-Tage in ihrer allerletzten Sitzung am 12. September 1990 den Naturpark Schaalsee mit weiteren 13 Schutzgebieten, darunter die Müritz und die Vorpommersche Boddenlandschaft, geschaffen hatte. Rainer Schmahl wurde Ranger im Naturpark Schaalsee.

Wir hatten ihn bereits Mitte der 1990er-Jahre besucht, als die Naturparkverwaltung ihren Sitz in einer alten Baracke auf der Insel Stintenburg hatte und es noch nicht so lange her war, dass die letzten Minen und Grenzhindernisse geräumt worden waren. Heute sind Informationszentrum und Biosphärenreservats-Verwaltung in einem auf Plattdeutsch »Pahlhuus« – übersetzt: Pfahlhaus – bezeichneten Neubau am Stadtrand von Zarrentin untergebracht. Der Name war das Resultat eines Ideenwettbewerbs, den eine elfte Klasse des

Gymnasiums in Wittenburg gewann. »Pahlhuus« kommt nicht von ungefähr, denn Archäologen hatten unterhalb des ehemaligen Zisterzienser-Nonnenklosters Hinweise auf vor über 3000 Jahren gebaute Pfahlhäuser gefunden. Und so setzte man das moderne Pahlhuus auf mehr als 50 Stelzen.

Hier steht auch der Schreibtisch von Rainer Schmahl: »Monitoring und Forschung im Bereich Arten- und Biotopschutz ist mein Hauptaufgabengebiet«, sagt er. Bei der Frage nach der Akzeptanz durch die Seeanlieger wiegt er den Kopf: »Für Einschränkungen wird man nie geliebt. Aber sie müssen sein, weil wir sonst das andere Phänomen hätten: Tausende Segelboote, und vor lauter Privatgrundstücken käme keiner mehr ans Wasser ran. So wie an einigen schleswig-holsteinischen Seeabschnitten.«

Natürlich sei das ein Balanceakt zwischen widerstreitenden Interessen. Wir dachten dabei an die kritischen Worte von Christoph Prösch hinsichtlich der touristischen Nutzung. Doch, so betont Rainer Schmahl, der eingeschlagene Weg sei richtig. Noch gut erinnert er sich an das, was er als »Kapitel aus dem Thriller ›Der wilde, wilde Osten‹« bezeichnete, als gleich nach der Wende eine Besucherwelle aus Hamburg und anderen westlichen Ballungszentren hier rüberschwappte. »Mit Jeeps und Geländemotorrädern kachelten sie auf Teufel komm raus durchs Gelände. Als läge östlich von Ratzeburg die grenzenlose Freiheit. Doch alle haben gelernt seitdem. Auch die Anlieger, die damals skeptisch sagten: ›Gestern machte sich hier die Stasi breit, heute sind's die Grünen‹. Und alle werden ganz still, wenn an Herbstabenden Tausende Kraniche laut rufend über den See fliegen, um ihre Übernachtungsplätze bei Schaliß und Techin anzusteuern.«

Slawen, die sich bis ins 10. Jahrhundert am Ufer des Schaalsees ansiedelten, gaben ihm den Namen »Scaalsee«, was Stein- oder Felssee bedeutet. Gletscher der Weichseleiszeit hatten vor fast 120 000 Jahren die bis zu 96 Meter hohe Grund- und Endmoränenlandschaft modelliert. Beim Abtauen spülte ihr Schmelzwasser Löcher und Rinnen aus und veränderte das von der Gletscherzunge geformte Land noch einmal. So auch das Bett des 24 Quadratkilometer großen Schaalsees mit seinen vielen versteckten Buchten und lauschigen Inseln, das Kernstück des Schutzgebietes. Vielfältig wie der See selbst ist das gesamte Biosphärenreservat, das von 150 Kilometern Rad- und Wanderwegen durchzogen wird.

Wir schnüren unsere Stiefel und wandern entlang wogenden Getreidefeldern und sattgrünen Viehweiden durch ein Mosaik aus Feuchtwiesen, Mooren und Feldern. Durch ein vom Menschen modelliertes Kulturland mit mächtigen Eichenalleen und Wegen, die im Frühjahr von blühenden Apfelbäumen gesäumt sind. Dies ist keine Wildnis wie am Grand Canyon oder im alaskanischen Denali National Park, auch wenn Bedeutung und Schutzstatus des Schaalsees auf international vergleichbarem Niveau liegen.

Wir wollten mehr über diese Landschaft erfahren und besuchten den stellvertretenden Leiter des Biosphärenreservats Rainer Mönke.

»Die Oberfläche des Schaalsees liegt rund 36 Meter über dem Meeresspiegel«, erklärt er zunächst die Hintergründe, »der einzige natürliche Abfluss ist die Schaale, die nach 40 Kilometern in die Sude mündet, und deren Wasser fließt über die Elbe in die Nordsee. Doch der Mensch ›pfuschte‹ dem lieben Gott hier ins Handwerk und grub vom Westzipfel des Seenverbunds bis 1925 den Schaalseekanal. Auf einmal floss das Wasser nicht mehr allein in die Nordsee, sondern über Ratzeburger See, Wakenitz und Trave auch zur Ostsee.«

Und da der Ratzeburger See deutlich unter dem Höhenniveau des Schaalseekanals liegt, baute man bei Farchau gleich ein Wasserkraftwerk dazu.

Grenzmuseen wie in Schlagsdorf bieten Geschichte zum Anfassen.

»Die Veränderungen am Abfluss des Sees waren ein tiefer Eingriff in die Ökologie, doch die Natur balancierte wieder mal alles aus. Und Kajakfahrer freuen sich heute darüber, von ein und demselben See wahlweise gleich zwei Nordmeere ansteuern zu können.«

Ein Biosphärenreservat hat das Ziel, einen Lebensraum zu bewahren, der als Modellregion repräsentativ und international von Bedeutung ist.

»Die Beziehung des Menschen zur Natur war bisher in der Regel ein Kampf gegen deren Grenzen. Und seine ›Siege‹, wenn er sich die Natur untertan machte, hätten ihn in eine existenzbedrohliche globale Krise geführt«, sagt Mönke. »Deshalb müssen wir unsere zukünftigen Bemühungen konsequent auf die Akzeptanz dieser Grenzen ausrichten.«

Der Biologe und Zoologe Rainer Mönke, der zehn Jahre lang für die DDR auf Forschungsschiffen über die Weltmeere fuhr und 18

Monate auf einer russischen Forschungsstation in der Antarktis arbeitete, war am Schaalsee ein Mann der ersten Stunde: »Ein Traumjob auch für einen Biologen, der schon viel von der Welt gesehen hat«, sagt er. Dies gilt besonders seit dem Jahr 2000, als die vier Jahrzehnte lang »weggeschlossene« Landschaft internationale Aufwertung als UNESCO-Biosphärenreservat erfuhr. Heute steht die Schaalseelandschaft »auf Augenhöhe« mit mehr als 500 Biosphärenreservaten in rund 100 Ländern, sie misst sich mit Naturwundern wie dem Yellowstone Park, den imposanten Gipfeln der Torres del Paine in Argentinien oder mit dem Mount Kenya in Afrika.

Während wir mit Rainer Mönke auf einem Bohlenweg durch das Zarrentiner Kalkflachmoor wandern, berichtet er uns vom dreiteiligen Entwicklungsprogramm des Biosphärenreservats: von der Kernzone, die dem Urzustand wieder nahekommen soll, die auf Eigendynamik der Natur setzt, den Menschen allerdings konsequent ausschließt; von der Pflegezone, in der die bisherige extensive Form der Landnutzung weitergeführt beziehungsweise neu entwickelt wird; und zum Schluss von Zone drei, der Entwicklungszone, einer Landschaftsschutzzone mit Orten, in denen Menschen leben und Landwirtschaft betreiben.

»Wie auch sonst am ehemaligen Grenzweg, der für die Menschen ebenso unerreichbar war wie das Ende der Welt«, sagt Mönke, »erhielt sich hier eine harmonische, artenreiche Landschaft. Die Rufe von Laubfrosch und Rotbauchunke sind bei uns so selbstverständlich wie das Klappern der Störche und die Rufe der Kraniche. Im August/September rasten bis zu 20 000 Wasservögel im Schaalseegebiet. In den Uferbereichen brüten Schellenten und Gänsesäger, an den Feldrändern trifft man auf Braunkehlchen, Sperbergrasmücke, Schlagschwirl und Neuntöter.«

Und was blieb als Mahnmal von den Grenzanlagen erhalten? »Wenig ...«, gibt er zu. »Anfangs sollte ein Wachturm auf der Halbinsel Strangen stehen bleiben, als Aussichtsturm. Die Idee fand wenig Anklang. Wir hätten den Turm sanieren müssen, Vandalen hatten bereits Fenster eingeschlagen und Türklinken abgerissen. Stattdessen bauten wir unterhalb der Kirche von Zarrentin einen Besucherhochstand, von dem aus im Herbst die einfliegenden Kraniche zu beobachten sind.«

Der Schaalsee ist bekannt für seine großen Maränen, Kälte liebende lachsartige Fische, die seit 1922 auch ihren Platz im Stadtwappen haben. »30 weitere Fischarten sind im See nachgewiesen«, weiß Rainer Mönke, »auch Barsche, Aale und Plötze.« Diesen kann man – im Gegensatz zu anderen Bewohnern des Biosphärenreservats – durchaus auf dem Speiseteller begegnen. Eine gute Adresse dafür hat Rainer Mönke am Ende unserer Wanderung auch parat: »Das *Fischhus* gleich nebenan!«

Tragödie am Gartenschlägereck. Der erste Blick auf die Elbe.
Ein grauer Grenzort wird zum schmucken Elbestädtchen.

Die Distanz Zarrentin–Boizenburg schafft man mit dem Auto in weniger als einer Stunde. Zu Fuß oder mit dem Mountainbike den Resten des alten Plattenwegs zu folgen ist hingegen eine zeitaufwendige Knochenarbeit. Und doch hatten wir nördlich von Boizenburg bei Bröthen jenes Kreuz gefunden, das an Michael Gartenschläger und einen der dunkelsten Momente im einstigen deutsch-deutschen Miteinander erinnert. Der erst 17-jährige systemkritische Gartenschläger war 1961 von der DDR wegen »Propaganda« und »Hetze« zu lebenslanger Zuchthausstrafe verurteilt, jedoch nach zehn Jahren von der Bundesrepublik freigekauft worden. Unbeirrt in seinem Bemühen, die menschenverachtenden Praktiken der DDR-Führung zu entlarven, hatte er dann vom Westen aus Fluchthilfe betrieben. Im Frühjahr 1976 baute er am Grenzzaun nördlich von Boizenburg zwei Selbstschussanlagen vom Typ SM-70 ab, deren Existenz die DDR immer geleugnet hatte. Er legte sie einem großen westdeutschen Nachrichtenmagazin zur Berichterstattung vor. Die Stasi, vor allem deren Chef Erich Mielke, tobte.

In der Nacht zum 1. Mai 1976 machte sich Gartenschläger erneut am Grenzknick Bröthen zu schaffen, um eine dritte SM-70 abzubauen. Doch in dieser Nacht lagen Männer einer geheimen Eingreiftruppe des Ministeriums für Staatssicherheit (MfS) auf der Lauer, um ihn, den »Provokateur und Staatsfeind«, aus nächster Nähe zu liquidieren. Der Befehl lautete: »Zögern Sie nicht mit dem Gebrauch der Schusswaffe.« Michael Gartenschläger wurde erschossen und als »unbekannte Wasserleiche« beerdigt. Der Knick in

der Grenze heißt im Gedenken an das Opfer noch heute Gartenschlägereck.

Von hier ist es nur noch ein Sprung zu den Schwesterstädtchen
an der Elbe: Boizenburg und Lauenburg.

Momentaufnahme:

»Checkpoint Harry« steht auf dem sieben Meter hohen Wachturm bei Boizenburg; graue Bogenlampen, ein flaches Kontroll-
gebäude gegenüber, Fenster vergittert. Neben dem Schild »Checkpoint Harry« der Zusatz »Partyservice – Restaurant«. Eine Werbung
macht Lust auf Radeberger Bier. Im Freilichtmuseum nebenan zwei
plattnasige, blassgrüne NVA-Lkw neben Resten des Grenzzauns;
hier darf man anfassen und spüren, wie die DDR sich anfühlte.
Doch das Panorama der unter uns fließenden Elbe entschädigt für
den Anblick verblichenen militärischen Grüns.

Die Elbe, ein ausladender Strom, dessen Überschwemmungsflächen noch unter dem Frühjahrshochwasser liegen, mit Weiden, deren Zweige noch im hellen Grün des späten Frühlings leuchten. Das
Auge schweift weiter zum gegenüberliegenden Ufer, wo es auf rote
Backsteinmauern unter weit heruntergezogenen dunklen Reetdä-
chern trifft – norddeutsch, schleswig-holsteinisch. Weiter südlich
liegt das Städtchen Hitzacker. Niedersächsisch. Und weit im
Hinterland des Westufers ein Dutzend Windräder, die den über den
Strom streichenden Ostwind in Energie verwandeln.

So viel zum Checkpoint Harry, dessen Anlage bis 1989 als »Vorgrenzposten Vier« zur Abfertigung von und nach Boizenburg Rei-
sender diente.

Hier stoßen wir auch auf das Schild mit der Aufschrift »Boizen-
burg/Elbe – Partnerschaft mit Lauenburg/Elbe«. Nach Jahrzehnten
der Kälte herrscht wieder Normalität im Alltag der beiden Schwes-
terstädte am großen Fluss.

Vom Checkpoint Harry folgen wir der noch von DDR-Zäunen gesäumten, jetzt schmaler werdenden Straße in Richtung Downtown Boizenburg. Passend dazu graue Straßenlaternen, blind, die Zeit ging über sie hinweg.

Dann auf einmal die Altstadt von Boizenburg, ein architektonisches Juwel, in dessen Mitte der gepflasterte Marktplatz mit dem frei stehenden Rathaus liegt. Ein barocker Fachwerkbau, der nach grundlegender Sanierung in den 90er-Jahren heute wieder jenes Schmuckstück ist, das es nach seiner Einweihung 1711 einmal war. Hübsche Fachwerkgebäude säumen den Marktplatz, im Hintergrund erhebt sich der Backsteinbau der dreischiffigen St.-Marien-Kirche.

Kichernd verschwinden zwei Teenager in der Tür von *Janny's Eis.* Noch immer kichernd, aber Eis schleckend, kommen sie wieder raus. Verkäufer klappen ihre Marktstände ein. Mittagszeit heißt auf dem Marktplatz Feierabend. Dafür gehen die Hähnchen vom Grill jetzt weg wie die warmen Semmeln.

Am Heimatmuseum lesen wir »Geschlossen«, doch ein Mitarbeiter öffnet extra für uns, trotz Mittagspause. Ein großes Schwarzweißbild versetzt uns zurück in die Zeit, als Boizenburg im Sperrgebiet der innerdeutschen Grenze lag: Grau, trist, diffus wie im Nebel überragt der Kirchturm der St.-Marien-Kirche auf dem von Westen aufgenommenen Foto den Grenzzaun. Der hilfsbereite Museumsmitarbeiter weiß mehr zu den Gegebenheiten an der damaligen Grenze: »Der Hauptgrenzdurchgang war auf der heutigen Bundesstraße 5 bei Horst. Checkpoint Harry war damals ein Vorgrenzposten für die Boizenburger und befand sich unweit davon im Ortsteil Vier.«

Der Grenzkontrollpunkt Horst war zunächst von der Roten Armee bewacht worden, ab Mai 1952 hatten ihn ostdeutsche Grenzpolizisten übernommen. Schlag auf Schlag wurde danach die

Grenze dichtgemacht, ein Abfertigungsgebäude entstand, der Horster Damm wurde beidseitig mit Maschendraht eingezäunt. Von den zwei hier permanent stationierten Posten war einer für die Straßensperre zuständig, ein blechverkleidetes Monstrum von sieben Metern Länge, 60 Zentimetern Breite und 80 Zentimetern Höhe. Bei Auslösung rutschte sie über eine schiefe Ebene auf die Straße und versperrte einem Flüchtenden den Weg. Das als brutale Antwort der Stasi auf den Wunsch nach Selbstbestimmung und Freiheit.

Die Sonne sticht uns in die Augen, als wir vom Halbdunkel des Museums auf den Marktplatz von Boizenburg zurückkommen. Nach wie vor herrscht lustig buntes Treiben. Der auf dem 30 Jahre alten Foto mausgraue Kirchturm trägt im Bild von heute wieder freundliche Farbe. Und natürlich ist auch die Straßensperre bei Horst längst verschwunden – als wäre alles nur ein böser Traum gewesen …

12 Lauenburg – »... als hätten die Ereignisse uns überrannt«

Der Rufer »trotzt« den Sowjets. Borstenvieh als Grenzverletzer und ein Trabbi als Pappmodell.

Seit dem Mittelalter markieren Wakenitz, Ratzeburger See, Schaalsee und Elbe die Grenzlinie zwischen den Herzogtümern Lauenburg und Mecklenburg. Eine durchlässige Grenze, über die etwa im Jahr 1803 junge Männer aus Lauenburg nach Mecklenburg flohen, um dem Kriegsdienst gegen Napoleon zu entgehen. Das änderte sich, als sich zwischen Stettin an der Ostsee und der Adria der Eiserne Vorhang niedersenkte – um die Worte Winston Churchills zu gebrauchen. So erlebten die Lauenburger die Konflikte der innerdeutschen Grenze hautnah, weil die alte Reichsstraße Richtung Berlin, die heutige B 5, unmittelbar vor ihrer Haustür nach Mecklenburg hineinführte.

Als hier 1952 der Grenzübergang Lauenburg/Horst eröffnet wurde, waren auch die Reporter von *Fox Tönende Wochenschau* und *Neue Deutsche Wochenschau* dabei. Sie dokumentierten, was an diesem Nadelöhr von nun an für 37 Jahre innerdeutsche Normalität sein würde: Passkontrollen, Kofferraumdurchsuchungen, Leibesvisitationen, eingefrorene Gesichter, Zurückweisungen, Fluchtversuche. Allein während der ersten acht Jahre überquerten mehr als vier Millionen Menschen diesen Grenzübergang.

Wir fahren von Boizenburg westwärts. Nichts erinnert heute mehr an den Grenzübergang Lauenburg/Horst. Bald erreichen wir die stark frequentierte Elbbrücke, von der aus sich einer der schönsten Blicke auf die Lauenburger Altstadt bietet. Nur mithilfe eines sehr starken Fernglases könnte man zwischen den aneinandergeschmiegten Backsteingebäuden eine markante Statue ausmachen: eine leicht nach vorn gebeugte, schmale Gestalt mit Schiffermütze, welche, die linke Hand an den Mund gelegt, etwas über den Fluss zu rufen scheint.

»»Macht uns den Strom wieder frei …!‹, waren immer die Worte des ›Rufers‹«, weiß Horst Eggert, Vorsitzender vom örtlichen Heimatbund und Geschichtsverein.

Mit ihm und dem Lauenburger Stadtarchivar William Boehart sitzen wir in der umgebauten ehemaligen Zündholzfabrik und schauen über die Elbe. Die Sonne scheint durch die Fenster und spiegelt sich auf dem Fußboden.

»Damals hagelte es Kritik an den Entwürfen des Bildhauers Karlheinz Goedtke, von dem übrigens auch die Till-Eulenspiegel-Plastik in Mölln stammt. Die Leute sagten, der ›Rufer‹ sei zu mager. Ein ordentlicher Schiffer muss doch anständig Fleisch auf den Rippen

Einst politisches Symbol, heute hübsches Fotomotiv: der Rufer von Lauenburg.

haben! Man fürchtete um den aufkeimenden Fremdenverkehr und dass Besucher bei einem dürren ›Rufer‹ Rückschlüsse auf die Kochkunst der Lauenburger ziehen würden.«

Doch der »Rufer« über dem Strom kam, und die Angst der Gastronomen erwies sich als unbegründet.

»Es schlug hohe Wellen«, erinnert sich Eggert mit einem Schmunzeln, »dass das kleine Lauenburg den Sowjets die Stirn bot und rief: ›Macht die Elbe wieder frei!‹. Sogar eine New Yorker Zeitung berichtete darüber.«

Horst Eggert wurde 1935 zwischen Güstrow und Neubrandenburg geboren. Als Zehnjähriger erlebte er, wie Flüchtlingstrecks aus Ostpreußen, Westpreußen und Pommern am Elternhaus vorbei nach Westen zogen.

»Vater betrieb eine Molkerei. Doch als der Russe auch vor unserer Haustür stand, flohen wir von Mecklenburg nach Lauenburg auf den Hof des Großvaters.«

Hier wurde der Junge Zeuge, wie die anfangs »grüne Grenze« schnell zum unüberwindlichen »Antifaschistischen Schutzwall« wurde. Nur den West-Kühen war die große Politik herzlich egal; sie brachen schon mal aus ihren Weiden aus, um sich im grünen Gras östlich der Grenze satt und rund zu fressen. »Die DDR-Patrouillen kriegten das schnell mit und eskortierten die Kühe bis zur Grenze, wo die Lauenburger sie in Empfang nahmen.«

Überhaupt erinnert sich Eggert an so manches tierische Erlebnis: »Unser Jagdpächter lockte gern Schwarzwild mit einem sogenannten Wildacker an, auf dem solch ›saugutes‹ Futter wie Rüben wuchs. Da hier zumeist Westwind weht, kriegten die Boizenburger Wildschweine das schnell mit, begingen eine ›Grenzverletzung‹ und stellten sich nachts am Wildacker ein, wo unser Jäger das sozialistische Borstenvieh mit seiner Flinte erwartete.«

Doch derlei nette Episoden täuschen nicht darüber hinweg, dass östlich von Lauenburg die »Zonengrenze« alte menschliche und wirtschaftliche Verbindungen kappte und die Region Lauenburg bis zum Mauerfall ins wirtschaftliche Abseits schob.

»Noch heute kriege ich bei der Erinnerung an die Grenzöffnung eine Gänsehaut. Es war der helle Wahnsinn!«, erinnert sich Eggert. »Als ich früh am Morgen des 10. November 1989 zur Arbeit ging, begegneten mir auf einmal Boizenburger Werftarbeiter, die anstatt wie sonst zur Arbeit zu gehen, ›mal eben‹ nach Lauenburg gefahren waren. Als das Kaufhaus, in dem ich damals arbeitete, öffnete, erlebte ich einen nie zuvor da gewesenen Ansturm; die Boizenburger hielten erst mal die Luft an und staunten, waren sprachlos. Es schien, als könnten wir uns so spontan noch nicht unbefangen miteinander unterhalten, als hätten die Ereignisse uns überrannt.«

»Bahnhof Bücken um 15:00 Uhr: Tränen, Jubel, aber auch Betroffenheit« tituliert die *Lauenburger Landeszeitung* am 11./12. November 1989 zum Eintreffen des D-Zugs 436 von Leipzig nach Hamburg-Altona, mit dem mehr als 100 DDR-Bürger die Grenze überquert hatten. Drei Tage später, am 15. November, schrieb dieselbe Zeitung: »Bananen und Jeans sind die Renner«.

»Lange Zeit lagen wir im toten Winkel der Elbe. Schlecht fürs Geschäft, denn uns fehlte das Hinterland. Dann ging die Grenze auf, alles boomte, expandierte. Auch wir eröffneten ein neues Kaufhaus. Doch nach und nach bekamen die Mecklenburger ihre eigenen modernen Läden, und wir sanken zurück in den Dornröschenschlaf, vielleicht sogar in einen noch tieferen Schlaf als zuvor. Manchmal kommt's einem vor, als ob wir Lauenburger so was wie ›Verlierer der Einheit‹ sind«, schaltet sich William Boehart in das Gespräch ein.

»Bis zur Grenzöffnung lagen wir zwar im Abseits, bekamen aber diverse Zuschüsse im Rahmen der Zonenrandförderung. Damit war jetzt Schluss. Und nach der Euphorie über die neue Kauflust unserer Mecklenburger Nachbarn gingen die Einnahmen in den 90er-Jahren drastisch zurück.« Heute setzt man auch stark aufs touristische Potenzial. »Und davon gibt's bei uns reichlich!«, wirbt William Boehart.

Er muss es wissen! Der gebürtige US-Amerikaner aus dem Raum Chicago studierte in Hamburg und promovierte im Fach Geschichte. »Ich lernte eine nette, junge Dame kennen, wir verliebten uns und sind seit 32 Jahren hier zusammen.« Seit Beginn der 1980er-Jahre arbeitet er als Lauenburger Stadtarchivar und kennt die Stadtgeschichte wie seine Westentasche.

Vor allem der Handel mit Hamburg hatte immer Wohlstand in das Elbestädtchen gebracht. Dabei spielte auch der Salzhandel eine große Rolle. Besonders nachdem die »nasse Salzstraße«, der 1398 fertiggestellte Stecknitz-Kanal zwischen Lauenburg und Lübeck, die Alte Salzstraße als Haupthandelsroute ablöste. Erst als nach 500 Jahren Salzhandel auf dem Stecknitz-Kanal im Jahr 1900 im Beisein Kaiser Wilhelms mit Pauken und Trompeten der Elbe-Lübeck-Kanal eingeweiht wurde, begann ein neues Kapitel in der Geschichte der örtlichen Flussschifffahrt.

Lauenburg profitierte vom Handel mit Lübeck und Hamburg mehr als Boizenburg. Die Mecklenburger versuchten zwar, eine Scheibe vom Kuchen abzubekommen, hatten damit aber wenig Erfolg. Boizenburg, in Struktur und Aussehen Lauenburg sehr ähnlich, setzte auf Schiffbau und Schifffahrt.

Und wie das bei guten Nachbarn durchaus schon mal geschieht, gab es zwischen den beiden Elbanrainern auch mal Stress. Zum Beispiel, als die Lauenburger Herzöge Boizenburg belagerten und einnahmen. Doch das war im 13. Jahrhundert …

Die Boizenburger revanchierten sich friedlich auf ihre Art am 10. November 1989 ... Und noch Tage später kräuselte sich das Blau der Boizenburger Zweitakter in der Luft.

»Apropos Trabbi«, sagte William Boehart, »da war ein reicher Mann in meiner Heimat Amerika. Der hörte, dass es in *East Germany* ein Autofabrikat namens Trabant gebe, auf das man mindestens fünf Jahre nach der Bestellung warten müsse. ›Das muss ein Wunderding sein, an dem fünf Jahre gearbeitet wird ...!‹, sagte sich der Multimilliardär. So was besaß er noch nicht, das musste er unbedingt haben! Ansonsten hatte er ja alles: Mercedes, Ferrari, Porsche ... Aber noch kein Auto mit fünfjähriger Bestellfrist ...! Sofort rief er in Zwickau an und orderte den Wagen. Die Nachricht erreichte sogar Erich Honecker. Man war in der DDR so begeistert darüber, dass ein amerikanischer Milliardär einen Trabant kaufen wollte, dass man binnen weniger Wochen einen Trabbi zusammenschraubte, in eine große Box steckte und sie dem reichen Amerikaner über den großen Teich schickte. Der öffnete die Kiste und rief begeistert bei Honecker an: ›Ich habe ja schon viele Autos gekauft, aber noch nie eins, von dem ich vorab ein Pappmodell zum Anschauen erhielt!‹«

13 Ausgezeichnet mit dem »Oscar der Natur«

Elbtalaue zwischen Boizenburg und Bleckede. Gütesiegel Biosphärenreservat. Die Elbe als Zukunftschance.

An einem kühlen, klaren Frühlingsmorgen schoben wir in Bleckede unsere Fahrräder auf die Fähre, die uns auf die östliche Elbseite nach Neu Bleckede bringen sollte. Der Himmel war blau und wolkenlos, nur ein zartes Schleierwölkchen driftete über den Horizont im Osten. Der Dieselmotor der blau-weißen Fähre brummte, wir legten ab und ließen das vom Frühjahrshochwasser noch immer umspülte Bleckeder Fährhaus zurück. Vor uns auf dem Deich von Neu Bleckede erkannten wir einen der wenigen noch verbliebenen eckigen Kontrolltürme, ein »Führungspunkt«, wie er im Sprachgebrauch der Grenztruppen hieß. Daneben zwei massige rote Klinkerbauten, die sich wie Schutz suchend hinter den Deich duckten. Kräftiger Wind zerzauste das Haar.

Wir legten an, gingen von Bord, in Minutenschnelle war die Fähre beladen und fuhr wieder auf den Strom hinaus.

So klar und unmissverständlich wie nirgendwo sonst definierte die Elbe zwischen Lauenburg und Schnackenburg rund 40 Jahre lang den Verlauf der innerdeutschen Grenze. Dabei ist sie kein disziplinierter Fluss, der sich in eine feste Form pressen lässt. Zur Zeit des Frühjahrshochwassers ufert sie aus, nimmt schon mal das Zweifache ihrer normalen Breite an, modelliert dort, wo gestern noch Wiesen und Weiden waren, kleine Inseln und Buchten.

Diese wechselnden Wasserstände und Rhythmen bestimmen den Naturraum, das Leben von Mensch und Tier. Ein Naturparadies! Zwischen Röhricht, Hochstauden und Weidensträuchern lebt der

Elbebiber, auch der Fischotter stellte sich wieder ein. Das Feuchtland bietet reichlich Futter für Meister Adebar: Auf niedersächsischer Seite leben mehr als 100 Storchenpaare. Auch Schwarzstorch und Seeadler sind vertreten.

Im Frühjahr und Herbst werden die Überschwemmungsflächen zu einem bedeutenden Rastplatz, sowohl für durchziehende als auch überwinternde Wat- und Wasservögel. Die Elbe ist in diesem Bereich einer der wenigen Ströme Mitteleuropas mit einer naturnahen Flusslandschaft.

Eine Zukunftschance!

Die Elbanrainer ergriffen nach der Wiedervereinigung die Gunst der Stunde und knüpften aus dem noch gestern trennenden Grenzfluss ein verbindendes grünes Band. 1997 entstand das UNESCO-Biosphärenreservat »Flusslandschaft Elbe«, an dem die Länder Brandenburg, Mecklenburg-Vorpommern, Niedersachsen, Sachsen-Anhalt und Schleswig-Holstein beteiligt sind: 3430 Quadratkilometer groß, erstreckt es sich über 400 Kilometer entlang der Elbe. Auf Niedersachsen entfallen 15 Prozent, das sind 95 Flusskilometer.

Wir sind gespannt darauf, auf der Ostseite des Stroms im niedersächsischen Amt Neuhaus eine Landschaft zu erleben, die mit dem Titel Biosphärenreservat das wichtigste Gütesiegel trägt, den »Oscar der Natur«.

Als Radfahrer oder Wanderer hat man die Qual der Wahl, für welche Seite man sich entscheiden soll. Fast alle Publikationen empfehlen für den Abschnitt Neu Bleckede–Darchau das durchaus reizvolle Westufer der Elbe. Wir jedoch folgen dem Kolonnenweg respektive dem Grünen Band.

Von Boizenburg kommend waren wir zunächst auf dem zumeist gut erhaltenen ehemaligen Grenzweg entlang dem Elbe-Ostufer angereist und hatten von dem guten Übernachtungsangebot in Bleckede am Westufer Gebrauch gemacht. Doch aus unserem Plan, auch ab Neu Bleckede auf dem Original-Kolonnenweg weiter gen Süden zu radeln, wurde nichts. Denn im Rahmen der kürzlich erfolgten Deichsanierung waren die alten Betonplatten entfernt worden. Stattdessen verlief nun – mal auf, mal neben dem Deich – ein wunderbar glatter Weg aus neuen Betonplatten. Ein Traum für Radfahrer!

14 Grenzenlose Schönheit am Elbdeich

Geschichten vom Obst, vom Storch und vom Biber.
In der »Provence des Nordens«. Darchau und die »Brücke
des Herzens«.

Der graue Grenzturm über Neu Bleckede wird kleiner, dann ist er
verschwunden. Die Fahrt auf dem Deichrücken mit den neu geleg-
ten hellen Betonplatten ist ein Vergnügen. Vögel lärmen in den angrenzenden Mischwäldern. Wie Inseln im Grasland liegen östlich
von uns stattliche Gehöfte, über die wie weiße Wattebäuschchen
pralle Kumuluswolken treiben. In der seichten Flussniederung
schnattern Stockenten. Hier und da führen schmale Pfade vom
Deich Richtung Elbe, die sich schon bald im Hochwasser verlieren.
Gräser ragen aus dem Wasser. Weidenzweige wippen im Wind. Eine
Stockente flattert aufgeregt mit den Flügeln.

Wir halten bei einer Informationstafel des Biosphärenreservats,
die uns auf einen Schatz ganz anderer Art aufmerksam macht: Äp-
fel mit Namen wie Celler Dickstiel, Goldparmäne, Grafensteiner,
Geflammter Kardinal oder Gelber Richard. Seit im 17. Jahrhundert
im Amt Neuhaus angeordnet worden war, Landstraßen mit Obst-
bäumen zu säumen, geht's hier im Herbst zu wie im Schlaraffen-
land. Denn nachdem die Abgeschiedenheit im ehemaligen Grenzgebiet endete, besann man sich eines alten Kulturerbes wieder, das
jetzt als Projekt »Obstbaumallee – Früchte der Elbtalaue« liebevoll
gepflegt wird: 6000 Obstbäume auf 60 Straßenkilometern allein in
den Gemeinden Amt Neuhaus und Neu Bleckede.

Im Frühjahr verwandeln die Obstbäume Straßen und Dörfer in
ein betörendes weißrosa Blütenmeer. Im Herbst wird das Land an
der Elbe zum Garten Eden, in dem man – anders als im biblischen
Paradiesgarten – ungestraft in den Apfel beißen darf … Und wenn

Am Elbdeich: die ausgedienten Platten des Kolonnenwegs als Sonnenterrasse.

im Winter Eis die Zweige ummantelt, erinnern die Apfelbaumalleen an bizarre Kunstwerke. Damit das alles auch so bleibt, wurde der Altbestand um 4000 junge Obstbäume ergänzt.

»Unsere Obstbaumalleen sind ein Kulturgut, das wir auch für künftige Generationen erhalten müssen«, sagt uns eine ältere Bäuerin bei dem kleinen Abstecher nach Neu Wendischthun.

Während wir der sanften Biegung der Elbe gen Südosten folgen, fragen wir uns, wie wohl den DDR-Grenzern hier zumute war? Ließ ihnen das System Zeit, die Schönheiten der Natur wahrzunehmen wie wir? Höckerschwäne etwa, die die Köpfe unermüdlich ins Wasser tauchen und frisches Grün für den Nestbau herausfischen. Hatten sie Gelegenheit, die Graugänse zu zählen? Wir entdecken immerhin 23.

Und wenn sich im Herbst die Nebel über die Elbe legen, kommen die Saat- und Blässgänse von ihren sommerlichen Brutgebieten in den Tundren Westsibiriens und Skandinaviens hierher in die wärmeren Winterquartiere zurück. Dann ist die Luft erfüllt von den Rufen Tausender Vögel. Von 140 000 Saat- und Blässgänsen, die in Niedersachsen gezählt wurden, halten sich allein 70 000 im niedersächsischen Elbtal auf.

Wir unterbrechen unsere Fahrt. Ein 20 Meter langer und zwei Meter hoher Berg aus übereinandergetürmten Kolonnenweg-Betonplatten signalisiert vorerst das Ende der Deichtour. Daneben Baumaschinen und Männer bei der Arbeit. »Beseitigung der Schäden durch das August-Hochwasser 2002 und Herstellung der Deichsicherheit« verrät ein Schild. Also ändern wir die Route und folgen stattdessen dem Hinweis »Stiepelse«. Ein Umweg von zehn Minuten, denken wir ... Doch es sollte anders kommen ...

Eine holprige Dorfstraße führt parallel zur Elbe nach Stiepelse hinein, einem kleinen Nest wie in einem etwas verblichenen Bilderbuch von gestern. Verträumt, wie es scheint, vergessen. Östlich der Elbe eben! Obwohl es heute wieder in Niedersachsen liegt. Ein Ort der Backstein- und Fachwerkgehöfte, die sich großflächig beidseits der groben Kopfsteinpflaster-Straße erstrecken. Knorrige Bäume vor den Häusern, eiserne Zäune, die nach frischer Farbe rufen. Bunte Tupfer setzen wenigstens die roten und gelben Tulpen in den gepflegten Vorgärten und die leuchtenden Narzissen. Die bucklige, zur Mitte hin gewölbte Pflasterstraße zwingt selbst Mountainbiker zur Langsamkeit. Da bleibt Zeit zum Schauen und Entdecken. Den Weißstorch zum Beispiel, der just in diesem Moment über uns hinwegstreicht und sich gleich darauf in der Elbtalaue niederlässt.

Wir kommen mit einem Stiepelser ins Gespräch. »Kaum ein Elbdorf ohne Störche ...«, verrät er und führt uns zu einer Informationstafel des Biosphärenreservats. Danach sind die Orte Neu Wendischthun und Stiepelse stolz auf jeweils zwei Storchennester, während Popelau mit dreien »den Vogel abschießt«.

Noch vor wenigen Jahren war der Weißstorch – der viel besungene Klapperstorch – hier allgegenwärtig. Doch die Entwässerung von Feuchtwiesen und Sümpfen sowie eine großräumige, intensive Landwirtschaft ließen seine Lebensräume schrumpfen. Während 1907 westlich der Elbe im Landkreis Lüchow-Dannenberg 422 Storchenpaare gebrütet hatten, waren es 2003 nur noch 52. Deutschlandweit schrumpfte die Zahl der Störche auf ein Drittel. Zum Glück hat Meister Adebar einige der letzten Lebensräume in den Niederungen großer norddeutscher Flüsse wie Aller, Weser und Elbe gefunden.

»Jeder dritte Weißstorch in Niedersachsen lebt an der Elbe«, berichtet unser Gegenüber nicht ohne Stolz. »Früher gehörte das Storchennest auf einem reetgedeckten Bauernhaus zum Dorfbild dazu. Und so soll's auch wieder werden.«

Früher allerdings bauten die Menschen auch mit dem, was das Land hergab. Doch da die Halme heutiger Getreidesorten für den Dachbau nicht mehr lang und haltbar genug sind, verwendet man jetzt Reet, ein importiertes Schilfrohr. Gefährlich für den Storch und seinen Nachwuchs, denn Marder schleichen sich allzu gern im Schutze des Reets an.

»Manch ein Bauer hat auch deswegen sein Reetdach durch ein Hartdach ersetzt«, weiß unser Bekannter. »In Nienwedel wurde 1961 die alte Scheune abgerissen. Da Brutzeit war, nahm man behutsam das Storchnest runter, stellte es einige Stunden an einen warmen Ofen und setzte es anschließend auf den Neubau. Die Jungstörche überstanden den Umzug problemlos.« Heute allerdings riefe ein »Umzug« während der Brutzeit die Naturschützer auf den Plan.

Wir verabschieden uns und hoppeln mit unseren Fahrrädern weiter über die Dorfstraße von Stiepelse.

Das weiße Schild über dem Eingang der Hofkneipe mit der grün-roten Aufschrift »Strandhaus – Willkommen in der Provence des Nordens« erinnert uns daran, dass wir hungrig sind. Wir schieben die Räder durch den Eingang, vorbei an einer roten englischen Telefonzelle mit der Krone der Royals, vor der eine große Plastik-Badenixe auf einer Tafel »Glühwein mit Schuss: 2,50 €« anbietet. Das klingt zwar nach Advent und Weihnachtsmarkt, doch die Stief-mütterchen neben dem Eingang des *Strandhaus* sprechen die blu-mige Sprache des Frühlings. Wir grüßen einen Radler und einen Motorradfahrer, die sich auf blauen Stühlen an einem blauen Tisch bei kalter Cola in der Sonne räkeln. Da sagt eine Stimme mit unver-kennbar Hamburger Akzent: »Kommt rein!«

Wirt Jürgen Kähler macht uns gleich mit den Hausregeln ver-traut: »Wer mich siezt, muss 'ne Lokalrunde schmeißen!«

Seit knapp einem Jahrzehnt ist Jürgen leidenschaftlicher Stiepel-ser. Und das kam so: »Hab' mich früher immer abgerackert, Schwimmbäder gebaut und Wärmepumpen ... Doch eines Tages fuhr ich zusammen mit Freunden auf meinem Boot elbaufwärts, und da hörte ich am Ostufer die Glocken der Stiepelser Kirche läuten. Da würd' ich gern wohnen, dachte ich so bei mir ...« Doch es vergingen noch zwei Jahre, bis es so weit war und Jürgen das Grundstück neben der Kirche kaufte und endlich einer von 70 Stiepelsern war.

»Eigentlich wollten meine Frau und ich uns hier zurückziehen. Pustekuchen ...! Jede Menge Leute kamen vorbei, und alle hatten Durst. Also gaben wir denen was zu trinken. Das sprach sich rum, und eines Tages kamen wir nicht drum herum, 'ne Kneipe aufzuma-chen: unser *Strandhaus*.«

Bei Jürgen trifft sich das halbe Dorf, und manchmal kommt auch Nicki, das Pferd, vorbei. Er lacht: »Jetzt rackere ich mehr als je zu-vor. Und das sieben Tage die Woche ...!« Die Folge: Sogar das NDR-Fernsehen berichtete über den unkonventionellen Wirt in der »Provence des Nordens« – wer auch immer diesen Begriff geprägt haben mag. Und Respekt: Jürgens Bratkartoffeln mit Spiegelei und Gurken sind lecker.

Nachdem wir gemeinsam mit Motorradfahrer und Radfahrer vom blauen Tisch sowie zwei neuen Gästen die Kirche nebenan besichtigt haben (Originalton Jürgen: »Der Kirchenschlüssel liegt für meine Gäste immer auf dem Kneipentresen ...«), fühlen wir uns fast schon wie eine Stiepelser Familie ...

Doch es wird Zeit aufzubrechen. Trotz kräftigen Windes balanciert der Storch souverän in luftiger Höhe auf dem Nestrand und putzt sich. Anders als dort oben und an der Elbe, wo sich unzählige Gänse, Schwäne, Enten und Watvögel eingefunden haben und der Kiebitz »kjuwit, kjuwit« ruft, herrscht bei uns auf dem Deichpfad kaum Betrieb.

Leider lässt sich »Meister Bockert«, der berühmte Holzfäller der Elbe, nicht blicken. Die Namen »Meister Lampe« für den Hasen oder »Meister Petz« für den Bären sind vertraut, doch wer kennt schon den Spitznamen »Meister Bockert«? Kein Wunder, dass die Bezeichnung für den Biber in Vergessenheit geraten war, konnte man den Nager doch lange Zeit bei uns nicht beobachten. Das hat zum einen mit seinem begehrten und mit 23 000 Haaren pro Quadratzentimeter extrem dicken Pelz zu tun, zum anderen mit seinem äußerst schmackhaften Fleisch. Und dass ihn im Mittelalter schlitzohrige Mönche zur Fastenzeit wegen seines platten Schwanzes zum Fisch erhoben, bekam ihm auch nicht. Vor rund 200 Jahren war der Biber in Europa fast ausgerottet. Entlang der niedersächsischen Elbe gab es ihn seit 1819 nicht mehr. Nur im mittleren Elbabschnitt bei Dessau fand er ein letztes Refugium.

Heute darf ihm keiner mehr das Fell über die Ohren ziehen; seit 1990 ist er auch in der niedersächsischen Elbtalaue wieder heimisch. Und so zimmert »Meister Bockert« wie früher: fällt reihenweise Baumstämme, baut Dämme und Burgen in Uferböschungen, verändert die Landschaft. Was allerdings von einigen höchst ungern gesehen wird, denn sie geben ihm die Schuld an Deichschäden und Überschwemmungen. Im Biosphärenreservat fand er vor allem in den von Altarmen durchzogenen Überschwemmungsgebieten und Nebenflüssen eine neue Heimat – der siebte Himmel für Biber! Heute werkeln im Biosphärenreservat Elbtalaue schon wieder 400 der begnadeten Holzkonstrukteure.

Der hohe, pfeifende Ruf des Roten Milan reißt uns aus unseren Gedanken. In der Ferne sehen wir große, rote Backsteinhäuser, vor denen mächtige Obstbäume in geradezu überwältigender weißrosa Blütenpracht stehen. Ein Pfad zweigt vom Verlauf des alten Grenzwegs dorthin ab. Gleich haben wir »Konau, das einzige Marschhufendorf«, wie uns eine Informationstafel verrät, erreicht. Ein Reihendorf im Marschgebiet, in dem sich der jeweilige Landbesitz als Längsstreifen an den Hof anschließt.

Fast ist es ein Wunder, dass das kleine Dorf Konau die »Grenzsäuberung«, die Aktionen »Ungeziefer« und »Kornblume«, überstanden hat. Heute liegt das Dörfchen mit den fein herausgeputzten niedersächsischen Bauernhäusern und Gehöften so schmuck und einladend am Elbdeich wie vor Jahrhunderten. Nach der Rückgliederung des Amtes Neuhaus zum Landkreis Lüneburg war es den Konauern buchstäblich in letzter Sekunde gelungen, ihre wunderschönen, uralten, aber völlig desolaten Niedersachsen-Bauernhäuser vor dem Verfall zu retten. Ein architektonisches Juwel, das Teil eines Projekts der Expo 2000 in Hannover gewesen war.

Wir radeln entlang stattlichen, reetgedeckten Gehöften, wie sie in dieser Anordnung und Geschlossenheit einmalig sind: Seite an Seite stehen sie, wie Schutz suchend, hinter den äußeren Deich geduckt. Ein Schild wirbt: »Gästezimmer«. Man freut sich über Besucher hier.

Während ansonsten entlang der 1393 Kilometer langen Grenze Gebäude von der Stasi brutal geschleift wurden, schafften die Konauer es 1957 sogar, unmittelbar an der Grenze eine neue Kirche zu bauen. Trotzdem ging der bittere Kelch der Zerstörung auch an ihnen nicht gänzlich vorbei: Aus »Gründen der Grenzsicherheit« wurden sieben im Deichvorland liegende Höfe sowie die alte Ziegelei abgerissen.

Der vor ihren Häusern verlaufende Grenzzaun versperrte den Konauern und den Menschen im unmittelbar angrenzenden Dorf Popelau die Sicht.

Um die Nachbargemeinde zu erreichen, treten wir nur ein paar Mal kräftig in die Pedale. Ein Storch grüßt uns von seinem Nest mit ein paar Flügelschlägen. Die einst malträtierte Natur wurde auch hier zu einem besonderen Biotop: Die Popelauer, so sagt man uns, durften ab 1952 das unmittelbar vor ihnen liegende Elbufer nur mit besonderer Genehmigung betreten. Da eine solche praktisch nicht erteilt wurde, blieb der Uferbereich unberührt. Niemand kümmerte sich von da an um die alte, von Menschenhand geschaffene Uferbefestigung, die folglich versandete oder fortgespült wurde. Als ab 1971 Grenzzaun, Kolonnenweg und Kontrollstreifen entstanden, planierten die Grenztruppen die Dünenkämme, auf dem Kontrollstreifen hielten hochgiftige Pestizide den Bewuchs kurz. Alte Eichen- und Kiefernwälder fielen der Axt zum Opfer, um freie Sicht und freies Schussfeld Richtung Westen zu haben.

Auf der einzigen naturbelassenen Düne steht bis heute der 1976 gebaute Grenzturm von Popelau – als Mahnmal!

Informationstafeln erzählen vom Leben der Dorfbewohner: »Während der DDR-Zeit wurde lediglich das Pappelwäldchen bei

Popelau aufgeforstet«, heißt es da. Die Flächen im ehemaligen Dünenbereich zwischen Grenzzaun und Kolonnenweg blieben völlig ungenutzt. So entwickelte sich ungestört in den trockenen Dünen und in den vom Rhythmus der Überschwemmungen und Trockenzeiten geprägten Auen die typische Tier- und Pflanzenwelt: Auf den Dünen siedelte sich die Karthäuser-Nelke an, in den überschwemmten Auenwiesen und an ihren Rändern gediehen Brenndolde, Kantenlauch, Polei-Minze, Kamm-Wachtelweizen und Spießblättriges Helmkraut – allesamt stark gefährdete Arten.

Doch die Menschen von Konau und Popelau zahlten für diesen Schatz am heutigen Grünen Band einen hohen Preis, denn der Zaun stellte für sie eine immense psychische Belastung dar. Ein Bewohner erinnert sich: »Zuerst war nur ein Stacheldrahtzaun an der Elbe. Drei Rollen. Eine oben auf zwei anderen Rollen. Die Wege dorthin waren mit einem Drahtseil versperrt. Wer sich nicht auskannte, ist in diesen Stolperdraht reingelaufen. Dann ist eine Leuchtkugel hochgegangen und hat so Alarm ausgelöst.«

Ein anderer erzählt: »Man hat aus dem Fenster geguckt, dann hat man auf den Zaun geguckt. Das war richtig deprimierend. Dieser Stahlzaun war ja so gestanzt, dass man nur seitlich durchsehen konnte.«

Über uns singt eine Lerche. Es klingt wie befreit.

Südöstlich von Popelau ist die Elbe nicht mehr so ausufernd. Schläfrigkeit regiert in Darchau, nur ein Hund streunt über die Straße. Am gegenüberliegenden Ufer sehen wir die Elbfähre *Tanja.*

Demnächst wird sich Darchaus Beschaulichkeit legen. Denn nach langem Hin und Her ist klar, dass hier bald eine Brücke Ost und West miteinander verbindet, also Darchau mit Neu Darchau. Man war sich lange Zeit nicht grün, denn die Nachbarorte beidseits des Flusses stritten darüber, was sie am besten verbinden könne.

Worum es geht: Die im Osten liegende Gemeinde Darchau gehört zum Amt Neuhaus, und das wiederum gehört seit 1993 zum niedersächsischen Landkreis Lüneburg. Das auf der gegenüberliegenden Elbseite befindliche Neu Darchau hingegen ist Teil des niedersächsischen Landkreises Lüchow-Dannenberg. Und diese beiden Orte respektive diese beiden Landkreise verbindet seit 1989 eine Fähre mit dem hübschen Namen *Tanja.* Doch die Bürger von Amt Neuhaus wollten mehr. Schließlich hatte man ihnen in der Euphorie der Wiedervereinigung und nach Angliederung an Niedersachsen eine Brücke versprochen, eine »Brücke des Herzens«. Also begann man in Lüneburg zu planen, allerdings hatte man die Rechnung ohne die auf westlicher Flussseite liegenden Neu Darchauer im Landkreis Lüchow-Dannenberg gemacht. Die stellten sich wegen einiger Planungsdetails und der Kosten quer. Rechtsstreitigkeiten verzögerten den Brückenbau. Und wie es nun mal ist, wenn zwei sich streiten und der Dritte sich freut, sah es zunächst so aus, als würde *Tanja* noch lange weiterpendeln.

Doch überraschend fand im Januar 2009 das Tauziehen um Planung und Finanzierung ein schnelles Ende: Die Landräte der Kreise Lüchow-Dannenberg und Lüneburg setzten ihre Unterschriften unter eine entsprechende Vereinbarung und gaben somit grünes Licht für die 40-Millionen-Euro-Brücke. Rund 20 Jahre nach der Wiedervereinigung wird in Darchau ein weiteres Glied die Elbanrainer von Ost und West verbinden. Die beschauliche, fast meditative Fährfahrt zwischen den Namensvettern Darchau und Neu Darchau wird dann der Vergangenheit angehören.

15 »Alte Hannoveraner« und ihre Brücke nach Niedersachsen

Amt Neuhaus – die wechselvolle Geschichte einer Exklave jenseits der Elbe.

Ein Grenzphänomen der besonderen Art ist das Amt Neuhaus. Die gut 5000 Einwohner zählende und 237 Quadratkilometer große niedersächsische Exklave östlich der Elbe besteht aus sieben Ortschaften, die sich in 40 Ortsteile untergliedern, darunter Konau, Darchau, Vockfey und Stiepelse.

Das seit 1993 wieder zu Niedersachsen gehörende Gebiet lag nach 1945 in der Sowjetisch Besetzten Zone. Warum? Das ist eine lange Geschichte, die mit dem Londoner Protokoll vom 12. September 1944 beginnt, mit dem sich Amerikaner, Russen und Engländer über eine Aufteilung des besiegten Deutschlands einigten.

Die westliche Grenze der Ostzone war im Protokoll folgendermaßen festgelegt: »Das Gebiet Deutschlands, das östlich der Linie liegt, die ihren Anfang nimmt an dem Punkt in der Bucht von Lübeck, an dem die Grenzen von Schleswig-Holstein und Mecklenburg zusammentreffen, entlang der Westgrenze der Provinz Mecklenburg zur Provinz Hannover und weiter entlang der Ostgrenze von Hannover zur Grenze von Braunschweig.«

Neuhaus gehörte nun einmal seit Jahrhunderten zum Kurfürstentum Hannover. Man war zum westlichen Elbufer hin orientiert, Lüneburg war für die Menschen hier die wichtigste Stadt und die Elbe der bedeutendste Handelsweg. Denn Straßen spielten damals eine untergeordnete Rolle. Sie waren so schlecht, dass sie sich für den Transport von Waren nur bedingt eigneten. Was nicht durch das Rumpeln der Gefährte zu Bruch ging, wurde von Wegelagerern geraubt. Mit einem Wort: Der Wasserweg war sicher, schnell und bequem. Aufgrund der direkten Elbzugänge war das Amt Neuhaus somit ein wichtiges Handelszentrum.

Die schlimme Zeit für den Verwaltungsbezirk Amt Neuhaus begann nach dem Zweiten Weltkrieg. Was 1945 mit der hannoverschen Exklave auf dem rechten Elbufer geschah, berichtet uns Ortschronist Werner Hüls, der pensionierte Schuldirektor im Ort Neuhaus und frühere Kurator des Heimatmuseums: »Es war am 1. Mai 1945. Zum ersten Mal erreichten US-Truppen unter General Ridgeway das rechte Elbufer. Acht Tage vor Ende des Krieges wurde hier noch gekämpft. Das heute so stille Stiepelse war einer der letzten Kampfschauplätze, auf dem noch während der letzten Kriegstage Menschen ums Leben kamen. Dennoch war der amerikanische Vormarsch unaufhaltbar: Das 18. Corps der Amerikaner, das der 2. Britischen Armee unter General Montgomery unterstellt war, besetzte Neuhaus am 1. Mai 1945. Montgomery stellte sich auf eine längere Besatzungszeit ein und versuchte deshalb, die Grenze so weit wie möglich zu begradigen. Konkret bedeutet das: die Grenze dem Verlauf der Elbe folgen zu lassen.

In der Nacht vom 30. Juni auf den 1. Juli zogen die englischen Truppen ab, und bereits am Vormittag des 1. Juli 1945 rückten russische Einheiten vor; nicht mit Panzern, wie sich Zeitzeugen aus dem Amt Neuhaus erinnern, sondern in großer Mannschaftsstärke auf Panjewagen. Ohne größere Zwischenfälle besetzten sie die Dörfer von Amt Neuhaus. Der Schreckensruf ›Die Russen kommen!‹ war jetzt auch in Neuhaus zu hören.

Ab sofort wurde die Elbe zur Grenze und genau bewacht, der Fährverkehr zum anderen Ufer eingestellt. Die Abriegelung durch die Russen war total und konsequent. Zwar wurde noch geschmuggelt, manchmal mit Duldung des russischen Kommandeurs, der seinen Anteil bekam, doch die Verbindung der über Jahrhunderte untereinander verschwägerten und verschwisterten Uferbewohner war unterbrochen.«

Der im Schutz der Dunkelheit noch funktionierende »kleine Grenzverkehr« forderte sein erstes Opfer, als im Herbst 1945 ein Bootsführer beim Versuch, Menschen über die Grenze zu bringen, von russischen Soldaten erschossen wurde.

Als später die Volkspolizei die Russen ablöste, wurde das Elbufer noch wesentlich strenger bewacht als zuvor.

»Ich selbst«, erinnert sich Werner Hüls, »kam im Sommer 1946 als 20-Jähriger aus amerikanischer Kriegsgefangenschaft. Auch ich ließ mich heimlich bei Nacht und Nebel ans Ostufer übersetzen. Gespenstisch lautlos glitt ich mit dem Boot im Dunkeln über die Elbe, versteckte mich am Ostufer, und als die russische Patrouille verschwunden war, rannte ich über den Deich. Noch in derselben Nacht marschierte ich 20 Kilometer bis nach Stapel, meinem Heimatdorf, unweit von Neuhaus.«

Das endgültige Aus für den »kleinen Grenzverkehr« kam im Mai 1952, als das SED-Regime die militärische Befestigung der Grenze anordnete. Die Elbe wurde zum Eisernen Vorhang, und Neuhaus lag auf dem rechten Elbufer – dem »falschen«.

Das Amt Neuhaus gehörte bis zum Fall der Mauer zum DDR-Gebiet. Dass es eigentlich niedersächsisch war, wurde nur noch von Mund zu Mund überliefert, geriet jedoch nie in Vergessenheit. Sofort nach der Wende entstanden die ersten Initiativen zur Wiedereingliederung nach Niedersachsen. Fast alle Bewohner waren dafür – nicht nur weil sie sich von der Angliederung an ein westliches Bundesland finanzielle Vorteile versprachen, sondern weil trotz all der Jahre immer noch eine starke emotionale Bindung zu Niedersachsen bestand, insbesondere zur Stadt Lüneburg.

Bereits im Sommer 1990 hatten die Neuhauser Bürger mit Erklärungen und Ratsbeschlüssen Zeichen gesetzt. Das Gefühl, »alte

Hannoveraner« zu sein, war letztendlich ausschlaggebend für die 1993 erfolgte Zusammenführung.

Auch für Werner Hüls ist die nunmehr beschlossene Brücke bei Darchau mehr als eine flotte Verbindung nach Hitzacker oder Lüneburg. »Sie ist für uns ein Symbol für das, was immer war: unsere feste Verbindung zu Niedersachsen!«

16 Es war einmal ein tapferer Schneider in einem unbezähmbaren Dorf

Rüterberg, die außerstaatliche Gemeinde. Die Unbeugsamen von der Elbe berichten von ihrer Dorfrepublik.

Es ist wohl einmalig in ganz Deutschland, was in dem kleinen Grenzdorf Rüterberg kurz vor der Wende passiert ist.

»Dorfrepublik Rüterberg« – so dürfen die 300 Einwohner ihr Elbdorf zwischen Hitzacker und Dömitz noch heute ganz offiziell nennen. Am Dorfeingang steht ein Stück jenes Zaunes, der Rüterberg über Jahrzehnte nicht nur vom Westen, sondern auch vom Osten abschnitt.

Heute ist dieses Grenzstück ein Freilandmuseum, mit all jenen Originalschildern, die hier so lange Zeit das Leben bestimmten: »Schutzstreifen, Betreten und Befahren verboten«. Daneben ein Gedenkstein mit der Aufschrift »Rüterberg grüßt alle Menschen«.

Rüterberg heißt eigentlich Wendisch Wehningen-Broda und ist wie alle Dörfer an der Elbe ein sehr alter Ort. Schon im 14. Jahrhundert benutzten Kaufleute diese günstige Stelle, um über die Elbe zu gelangen. Erst Landwirtschaft, dann zunehmend auch die 1889 erbaute Ziegelei bestimmten das Bild des Elbdorfes, das 1938 im Rahmen der »Arisierung von Ortsnamen« in Rüterberg umbenannt wurde.

Schon zwei Jahre zuvor, 1936, hatte sich für die Menschen, die hier links und rechts der Elbe wohnten, eine große Veränderung ihrer Lebensumstände ergeben: Östlich von Rüterberg, bei Dömitz, war die mächtige Straßenbrücke eröffnet worden. Somit führte der direkte Weg nach Berlin an Rüterberg vorbei. Die abgeschlossene Ecke hatte plötzlich den Anschluss an die große Welt geschafft.

Den Krieg überstand Rüterberg fast unbeschadet. Nur die Brücke über die Elbe wurde als strategisch wichtiger Punkt am 20. April 1945 durch amerikanische Bomben zerstört. Damit war der erste Schritt zur fast chirurgisch sauberen Abtrennung Rüterbergs vom linken Elbufer getan.

Es kamen die Besatzungstruppen: Im April 1945 übergab der Rüterberger Bürgermeister Richard Lüth den Ort an die Amerikaner, denen folgten die Engländer. Im Juli 1945 marschierten die Russen ein. Sie bestimmten das Schicksal Rüterbergs für die nächsten gut 40 Jahre.

Sofort begann die Abschottung. Nur war die in Rüterberg noch gründlicher und spürbarer als anderswo. Der Ort war das Ende der Welten. Denn Absperrungen verliefen nicht nur westlich des Orts in Form des »Antifaschistischen Schutzwalls«, sondern verhinderten auch im Osten den freien Zugang seiner Bewohner zum eigenen Land, der DDR. Eingesperrt zwischen zwei Zäunen lebten sie das Leben von Häftlingen.

Während der Hauptgrenzzaun mehr oder weniger dem Elbdamm folgte, wurde der zweite Metallgitterzaun entlang der B 195 errichtet, um Fluchtwilligen nicht den Hauch einer Chance zu lassen, das Grenzgebiet überhaupt zu erreichen. Nach Rüterberg blieb ein Eingang offen, abgesichert mit einem Eisengittertor und 24 Stunden bewacht von den Grenztruppen. Jeder, der nach Rüterberg wollte, musste durch dieses Tor. Dort hörten sogar die Einwohner selbst die Aufforderung der Posten, die sonst weltweit nur an Landesgrenzen ergeht: »Ihre Einreisepapiere bitte!«. Und wer Rüterberg verließ, musste »Ausreisepapiere« vorweisen.

Der Irrwitz in diesem »außerstaatlichen Dorf« ging so weit, dass Grenzposten Dorfbewohner festnahmen, wenn sie ohne Papiere oder nach der Sperrstunde um 22 Uhr zurück zu ihrem Haus wollten. Die jungen Leute aber, die hin und wieder über die Stränge schlugen und die Sperrstunde überzogen, fanden dennoch eine Möglichkeit, unbemerkt nach Rüterberg hineinzukommen: Wie die Kaninchen gruben sie in dem weichen Sandboden Löcher unter dem Zaun und gelangten so nach Rüterberg zurück. Doch auch diese Schlupflöcher wurden gestopft. Im Frühjahr 1988 wurde der zweite, innere Grenzzaun erneuert und verstärkt: Bester rostfreier Stahl, der Kilometer zu 170000 Mark, ersetzte den alten Zaun. Die Anlage war perfekt. Rüterberg war hermetisch von West und auch von Ost abgeschottet.

Wir sitzen im Haus von Meinhard Schmächel, dem langjährigen Rüterberger Bürgermeister. 1966 war er als junger Grenzsoldat nach Rüterberg abkommandiert worden und fortan hier geblieben.

»Ursprünglich komme ich von der Insel Usedom, wo man überhaupt keine Grenzen kennt. Das sollte sich hier schnell ändern …

Ex-Bürgermeister Schmächel mit dem »Wappen der Unbeugsamen«.

Bis 1969 war ich Soldat, dann arbeitete ich bis 1981 in einem Baubetrieb. Von da an war ich durchgehend bis 2004 Bürgermeister.« Danach erfolgte die verwaltungsmäßige Eingliederung Rüterbergs in die Stadt Dömitz.

Und so bekam er, das hauptamtliche Gemeindeoberhaupt dieses kleinen DDR-Dorfes, damals natürlich all jene Ereignisse hautnah mit, die Rüterberg als »Dorfrepublik« weit über Mecklenburg-Vorpommerns Grenzen hinaus bekannt machten.

Ob es Momente in seinem damaligen Leben gegeben habe, in denen er neugierige oder gar begehrliche Blicke über die Elbe Richtung Westen geworfen habe, wollen wir wissen.

»Öfter, als man es sich eingestanden hat! Mein Weg nach Hause führte mich immer am Zaun lang, und so manches Mal blickte ich sehnsüchtig nach Westen. Schließlich habe auch ich Verwandtschaft drüben, und das West-Fernsehen machte mich zudem neugierig.«

Schon plaudert der quirlige Bürgermeister a. D. davon, dass er sich 1986 bei einem Ungarnurlaub mit einer Familie aus der Gegend von Kassel angefreundet habe. »14 Tage lang sahen wir uns tagtäglich. Wir Eltern, aber auch unsere Kinder waren gleichaltrig, und wir verstanden uns prächtig. Doch wir waren in verschiedenen Welten zu Hause. Unsere Bekannten hatten keine Verwandten in der DDR und konnten nicht verstehen, dass ich wegen meiner Tätigkeit im öffentlichen Dienst eigentlich keinen Kontakt zu ihnen haben durfte.« Er lacht. »Das umgingen wir später, indem unser Briefkontakt immer über ›die Omas‹ lief; will sagen, sie schrieben meiner Schwiegermutter, und die reichte uns die Briefe weiter. Weihnachten desselben Jahres schickten sie uns ein Paket – noch heute bekomme ich in Erinnerung daran eine Gänsehaut –, alle in meiner Familie waren über die wunderbaren Dinge in dem Paket begeistert.«

Die Freundschaft hält bis heute!

»Nach der Wende rief unser Freund täglich an: ›Kommt und besucht uns!‹. 14 Tage später waren wir auf dem Weg nach Kassel. Er hatte seine Gästewohnung schon leergeräumt und bot uns an, für immer zu bleiben. ›Ich gehöre zu meiner Gemeinde, ich bin ihr Bürgermeister. Wir haben uns die Suppe eingebrockt und müssen nun auch den Rest auslöffeln‹, sagte ich.«

Bei allen Einschränkungen, die damals das Leben prägten, ist da etwas, auf das Meinhard Schmächel gern zurückblickt: »Das Leben im Sperrgebiet zwischen Zäunen und Toren hat die Menschen zusammengeschweißt. Einen Zusammenhalt wie bei uns gab's in ganz Deutschland kein zweites Mal!«

Und dann berichtet er von jener Januarnacht 1988, als ein dänischer Binnenschiffer hilflos in der Elbe trieb: »Wie jedes Jahr um diese Zeit hatte unsere Konsum-Betreiberin den Polizisten und den Bürgermeister, also mich, zum Essen eingeladen. Als der Wachtmeister und ich nachts gegen 22.30 Uhr nach Hause gingen, hörten wir vom Wasser her Hilfeschreie. Da war jemand in Not, wir mussten schnell helfen. ›Macht das Tor im Zaun auf‹, rief ich den Grenzern zu. Sie seien dazu nicht befugt, müssten erst in Dömitz anrufen und entsprechende Befehle abrufen, war die Antwort. Inzwischen wäre die Person im Wasser längst ertrunken gewesen. Handeln war angesagt. Während die Grenzer telefonierten, rannte unser Polizist nach Haus, holte ein Brecheisen und brach das Schloss auf. In Ufernähe retteten wir einen 28-jährigen Dänen, der während einer Party auf seinem Frachtschiff über Bord gefallen war. Wir brachten ihn ins Haus des Polizisten und gaben ihm warme Wäsche. Und schon war das Haus von mehr als 30 Grenzsoldaten umstellt. Der Däne durfte anderntags zurück zu seinem Boot. Aber unser Polizist, der für seine schnelle Hilfe eigentlich eine Auszeichnung verdient hätte, sollte abgelöst werden, da er mit dem Aufbrechen des Schlosses ›Staatseigentum der DDR‹ zerstört und eigenmächtig das Grenztor geöffnet‹ hatte. So weit kam es zum Glück allerdings nicht!«

So also lebte man in diesem abgeschiedenen, sehr reizvoll an einer Elbschleife gelegenen Ort, als in dem Rüterberger Schneider und Heimatdichter Hans Rasenberger die Idee zu einer »Dorfrepublik Rüterberg« reifte.

Hans Rasenberger ist inzwischen verstorben, doch er konnte uns noch vor seinem Tod in einem langen Gespräch die Entstehungsgeschichte der Dorfrepublik schildern.

»Schon lange spürte ich dieses Eingeengtsein, diese körperliche und mentale Blockade, weil nicht einmal mein eigener Staat mich als vollwertigen Bürger wollte. Wer bei der Heimkehr in seinen Heimatort nach den Papieren zur Einreise und bei der Fahrt zur Arbeit nach Ausreisepapieren gefragt wird, verliert jeglichen Bezug zur Freiheit. Nach der erneuten Verstärkung des Zauns in den Apriltagen 1988 spürte ich, dass dieser Zaungürtel wohl für immer und ewig bestehen würde. Wir waren ja ganz allmählich in diese Isolierung hineingewachsen. Es war fast unmöglich, Besuch von Familienangehörigen und Bekannten zu bekommen. Verwandten aus dem Westen war der Zugang zum Dorf gänzlich verwehrt.

Durch radikale Aussiedlung von ›unzuverlässigen Personen‹ war die Bevölkerung auf 150 Leute zusammengeschmolzen. Das Wohnrecht in der Heimat musste alle drei Monate erneut beantragt werden und wurde durch einen Stempel im Personalausweis dokumentiert. Die Ziegelei wurde abgerissen, das gesellschaftliche und soziale Leben auf ein Minimum reduziert. Für alles, aber auch wirklich alles war eine Genehmigung nötig, die mindestens einen Monat im Voraus beantragt werden musste.

Im Pensionsalter von 65 Jahren konnte ich zum ersten Mal ausreisen. Die Schweiz war mein Wunschziel, und dort durfte ich auch die Freiheit kennenlernen. Es war am 1. August 1988, dem Nationalfeiertag der Schweiz: In unmittelbarer Nähe der Kirche von St. Chrischona saßen wir gleichzeitig in der Schweiz und in der Bundesrepublik Deutschland, genau auf der Grenzlinie, die Füße in der Schweiz, den Hintern in Deutschland. Erst da wurde mir das Eingesperrtsein in meiner Heimat voll bewusst.

Die Zeit für Veränderungen war reif. Am 24. Oktober 1989 wurde von mir eine Einwohnerversammlung beantragt. Der Antrag lief seinen vorschriftsmäßigen ›staatssicherheitlichen‹ Weg bis Berlin. Bange Stunden und Tage folgten. Die Sache war schiefgelaufen, man hatte nach Berlin die Meldung gekabelt: ›Aus Rüterberg kommt der Antrag zu einer Einwohnerversammlung mit dem Ziel, die Staatsgrenze zu beseitigen‹. Das war falsch, denn wir wollten nicht die Staatsgrenze beseitigen, sondern nur freien Zugang zu unserem eigenen Land erzwingen, ohne Ein- und Ausreisepapiere.

Endlich, am Mittwoch, den 8. November, war es so weit. 90 Dorfbewohner saßen im Gemeindehaus zusammen. Vor uns ein Vertreter vom Rat des Kreises Ludwigslust, ein höherer Grenzoffizier und der Amtsleiter des Volkspolizeikreisamtes. Knisternde Spannung. Den Rüterbergern war es anzusehen: Heute Nacht würden sie sprechen und nicht wie gewöhnlich den Kopf senken und mit Wut im Bauch nach Hause gehen. Es sprudelte nur so heraus, was sich in den Jahren angesammelt hatte.

Doch die offiziellen Organe waren unbeweglich, stur und verstockt, nicht bereit zur allerkleinsten Veränderungen. Wir blieben eingezäunt und ausgesperrt.

Da kam ich mit dem Vorschlag, Rüterberg in eine Dorfrepublik umzubenennen und die Öffnung der Grenze zu fordern. Nicht die nach Westen, sondern die zu unserem eigenen Land, der DDR.

Nach kurzem ungläubigem Staunen wurde der Vorschlag, Rüterberg zur Dorfrepublik zu erklären, am 8. November 1989 von der Einwohnerversammlung einstimmig angenommen.

Wir waren von da an unabhängig und hatten unsere eigene Verfassung, unsere eigene Regierung und unseren eigenen Stempel im Personalausweis.«

»Wir saßen nach dieser Einwohnerversammlung noch zusammen; auch Hans Rasenberger mit Familie, meine Frau und unser Polizist waren dabei«, erinnert sich Meinhard Schmächel. »Immer wieder sprachen wir über das, was wir gewagt hatten. Einsperren würde man uns deswegen wohl nicht. Vielleicht ausweisen ... Ganz gleich, wir standen zu unserem Entschluss. Außerdem waren wir über die politische Entwicklung durchs West-Fernsehen gut informiert. Das durften wir zwar nicht sehen, und wenn Antennen nach Westen ausgerichtet waren, bekam man größte Probleme. Doch uns gegenüber am Ufer stand ein starker westdeutscher Sender, und wir brauchten praktisch nur den Finger hochzuhalten, um ARD und ZDF zu empfangen. Wir wussten also, was im Westen Sache war.«

Weil nun die innere Sicherheit der DDR zu diesem Zeitpunkt bereits stark gefährdet war, reagierte die Stasi auf die »Provokation« der Rüterberger sofort: Am nächsten Tag standen in Ludwigslust fünf Lastwagen bereit, um die abtrünnige Republik notfalls mit Gewalt wieder in Besitz zu nehmen. Ein historischer Glücksfall kam den mutigen Dorfbewohnern zu Hilfe: Der nächste Tag war der 9. November 1989, der Tag des Mauerfalls!

Meinhard Schmächel: »Am Abend des 9. November war der einmal monatlich stattfindende Frauenabend. Unsere Frauen gluckten also im Versammlungsraum zusammen und feierten schön. Ich kriegte zu Hause durchs Fernsehen mit, was in Berlin abging. Kurzerhand rief ich meine Frau an: ›Wir können jetzt rüberfahren … Die Grenze ist offen!‹ Sie antwortete: ›Hör auf zu spinnen!‹, legte auf und feierte weiter. Als sie gegen 23 Uhr nach Hause kam und die Menschen auf der Berliner Mauer sah, sind wir uns um den Hals gefallen und haben eine Flasche Sekt aufgemacht. Für mich war klar, das ist das Ende der DDR.«

Nicht mit der Eile der Großstädte, sondern Schritt für Schritt löste sich Rüterberg aus der Isolation. Innerhalb weniger Tage wurde das Tor zur DDR nicht mehr bewacht und ein Stempel der »Dorfrepublik Rüterberg« eingeführt. Sogar Grenzposten mussten ihn in ihrem Pass haben. Denn nun prüften die Dorfbewohner die Papiere ihrer Bewacher!

Der wichtigste Tag für Rüterberg bleibt jedoch der 8. November. Denn seit dieser Zeit trägt das kleine Dorf an der Elbe den Titel »Rüterberg Dorfrepublik«, der am 14. Juli 1991 offiziell vom Innenminister des Landes Mecklenburg-Vorpommern bestätigt wurde.

Schwarzenberg, die freie Republik zwischen russischer und amerikanischer Besatzungszone, ist eine Fiktion im gleichnamigen Roman von Stefan Heym, die »Dorfrepublik Rüterberg« aber war Realität mitten in Deutschland.

Rüterberg ist heute wieder ein schmucker, weltoffener Ort, und die nahe gelegene Brücke bei Dömitz schafft den Dorfbewohnern die Möglichkeit, für einen Einkaufsbummel »mal schnell nach Westen« in die nächstgrößere Stadt Dannenberg zu fahren.

»Viele neue Eigenheime für junge Familien entstanden nach der Wende«, sagt Meinhard Schmächel und zeigt stolz auf hübsche Häuser mit gepflegten Vorgärten. Die Eigenheime waren sein persönliches Anliegen, für das er sich als Bürgermeister nach der Wende sehr stark gemacht hat.

»Und doch darf man bei alledem nicht vergessen, dass es damals für uns eine gewaltige Umstellung war, an der man noch heute ein bisschen knabbert. 40 Jahre DDR kannst du nicht mit einem Schlag vergessen und sofort in der Bundesrepublik ankommen.«

Er blickt nachdenklich auf den Boden. »Früher durften wir über alles schimpfen, nur nicht über unsere Regierung. Ungestraft durfte ich zum Meister sagen: ›Du bist ’ne Pfeife‹. Aber hätte ich gesagt: ›Honecker ist ’ne Pfeife‹, wäre ich sofort eingebuchtet worden. Wenn ich heute zum Meister sage: ›Du bist ’ne Pfeife‹, kann ich mir zum nächsten Ersten einen neuen Job suchen. Sage ich das Gleiche über die Bundesregierung, ist das völlig okay. Die Freiheit ist anders geworden, die Gewichtung hat sich verschoben.«

Und so wie in Gallien 50 v. Chr. ein unbeugsamer Ort mit ein paar Kriegern und einem mysteriösen Zaubertrank erfolgreich Cäsars Herrschaft trotzte, begehrten die Rüterberger unlängst erneut gegenüber ihrer Obrigkeit auf.

»2002 beim Elbehochwasser war das«, schmunzelt Meinhard Schmächel, »wir stellten uns quer, als man unser Dorf evakuieren wollte. Der Minister aus Schwerin und unser Landrat redeten mit Engelszungen auf mich ein, die Bewohner zu bewegen, den Ort zu verlassen. Aber ich kannte meine Rüterberger und sagte: ›Nein, wir bleiben!‹.«

Wieder mal waren die Rüterberger standhaft und hatten Glück. Und wieder mal berichteten Fernsehteams aus aller Welt über das kleine unbeugsame Dorf an der Elbe.

17 Brücke von Dömitz – Mahnmal am Grünen Band

Dömitzer Geschichten. Ein Junge wird zwangsumgesiedelt. Wiedergeburt eines Flusshafens. Mit einem Elbschiffer unterwegs.

Nur bei genauem Hinsehen entdeckt man auf der topografischen Karte »Naturpark Elbufer–Drawehn« die alte Eisenbahntrasse Wittenberge–Lüneburg, die südwestlich von Dömitz an der Elbe endet und sich am Ostufer fortsetzt. Das verbindende Zwischenstück über die Elbe, die Brücke, fehlt auf unserer Karte. In der Realität aber existieren noch ein paar beeindruckende Brückenbögen. Wir wollen am westlichen Elbufer nach Fragmenten der Geschichte suchen.

Von Rüterberg folgen wir dem Fluss bis zu der neuen Straßenbrücke, dem derzeit einzigen festen west-östlichen Bindeglied in dieser Region. Im Dezember 1992 wurde sie eingeweiht. Dadurch wurde die B 191 wieder die wichtigste Verbindung zwischen der mecklenburgischen Kreisstadt Ludwigslust und dem Lüchow-Dannenberger Land.

Noch gut erinnern wir uns an die alte, zerstörte Straßenbrücke, die wie eine Kanzel in die Elbe hinausragte. Während der Nachkriegsjahre war nur der westliche Teil zugänglich – eine Aussichtsplattform, von der man den Schiffsverkehr auf der Elbe und das Bewachungsritual auf der Ostseite beobachten konnte. Wie bei einer Zahnlücke standen die Stümpfe der gesprengten Pfeiler im Fluss und bildeten ein Hindernis für die Schifffahrt. Die US-Truppen, die ebenfalls an der Elbgrenze patrouillierten, hatten an der Brückenrampe das bekannte Schild aufgestellt, das immer wieder durch die Medien der ganzen Welt ging: »Bridge out of Order. No Traffic.«

Die 800 Meter lange Elbbrücke war zwischen 1934 und 1936 erbaut worden und damals eine der längsten Straßenbrücken Deutschlands. Ihr Ende kam mit dem Bombardement im April 1945.

Gleich nach der Wende wurde mit der Planung einer neuen Elbbrücke für die wichtige B 191 begonnen. In nur drei Jahren entstand die heutige Stahlbetonkonstruktion.

Bei schönem Wetter und guter Sicht empfiehlt sich der Ausblick über Elbe und Dömitz von der östlichen Seite. Weit reicht da der Blick über die Kleinstadt, den Strom und den Torso der alten, fast noch eindrucksvolleren Eisenbahnbrücke von 1872.

Sie ist unser Ziel.

Wir verlassen die B 191 bei erster sich bietender Gelegenheit, folgen kurz der Elbuferstraße und erreichen nahe der Siedlung Kaltenhof jenes rostbraune und noch immer gewaltige Brückenfragment, das sich von Südwesten über die Elbtalaue bis weit in die Flussmitte hineinschiebt.

Ein Kite-Surfer lässt sich rasant vor uns von seinem Lenkdrachen über die noch überschwemmte Elbmarsch ziehen. Trockene Gräser wiegen ihre Köpfe über den Fluten. Das leuchtende Hellgrün der Weidensträucher steht in starkem Kontrast zum Backsteinrot der Altstadt von Dömitz am gegenüberliegenden Ufer. Von einem Kirchturm dringt Glockengeläut.

Ein Blick nach rechts: Das gute Dutzend für die Ewigkeit gebaute Steinsockel mit den fast intakten Brückenbögen ist in seiner monumentalen Geradlinigkeit ein zeitloses Mahnmal.

Es war für die Kraniche, Enten, Gänse, Schwäne, Kiebitze und andere Elbanrainer ein Schock, als ab dem 8. September 1870 Arbeiterkolonnen drei Jahre lang hier eine etwa 1000 Meter lange Eisenbahnbrücke bauen: vier kleinere Bögen von je 33,90 Meter Stützweite auf östlicher Seite, daran anschließend eine Drehbrücke, vier große Brückenbögen à 67,80 Meter und dann noch einmal 16 jener kleineren Brückenbögen auf westlicher Seite.

Es bedurfte am 20. April 1945 nur weniger Minuten, um sie zu zerstören.

Das Glockengeläut am anderen Ufer war verklungen. Der Kite-Surfer aber zog weiterhin unbeirrt seine Bahn.

Wenn die Elbe nicht gerade Hochwasser führt, kann man bis zum Ende des Brückenkolosses vorgehen. Noch ist die Konstruktion intakt, nur die Holzbohlen des Fußwegs auf der Brücke verrotten mehr und mehr. Bis zum Fall der Grenze war der westseitige Kopf der Eisenbahnbrücke ein Beobachtungspunkt für den Bundesgrenzschutz, erreichbar über den Bohlenweg auf der Brücke. Heute ist das Betreten verboten. Reste von Isolatoren stecken noch auf den Telefonmasten, und die schweren Querträger aus Stahl rosten vor sich hin. Das Tor zur Brücke gleicht dem Eingang zu einem römischen Kastell: mit Zinnen und kleinen Fenstern sowie Gewölben im eigentlichen Turm. Wo einst Expresszüge nach Berlin rasten, erinnern nur noch morsche Schwellen, aus denen ein paar schlanke Birkenstämme ragen, an die Existenz einer lebhaften Bahnstrecke. Unheimlich ist es hier bei starkem Wind, wenn der Sturm das Gitterwerk zum Schwingen bringt und es geisterhaft über die Elbe klingt.

Dömitz lag im unmittelbaren DDR-Grenzgebiet. Was das 1952 – in dem Jahr, als »Aktion Ungeziefer« beschlossen wurde – für viele Menschen hier bedeutete, weiß Rainer Potratz, Museumspädagoge in der Gedenkstätte Deutsche Teilung Marienborn. Jahrelang trug er Grenzschicksale zusammen, über die man sich in Marienborn und in einer von ihm mit verfassten Publikation informieren kann.

»Da ist zum Beispiel die Geschichte des 1942 geborenen Hans-Georg N., der in Dömitz aufwuchs. Sein Stiefvater und seine Mutter betrieben hier ein Hotel. Am 8. Juni 1952 wurde die Familie ausgesiedelt.«

Rainer Potratz zeigt uns Bilder. »Obwohl die Demarkationslinie zwischen den beiden deutschen Staaten mitten im Fluss verlief, war das Baden und Bootfahren bis Mai 1952 noch möglich. Die Verschärfung der Propaganda im Kalten Krieg spiegelte sich auch an der Elbe wider: Ein Storch wurde von der Grenzpolizei beim Überfliegen des Flusses erschossen.«

Die Eltern von Hans-Georg N. bauten derweil ihren Hotel- und Gaststättenbetrieb auf, misstrauisch von den staatlichen Behörden beäugt. Dann kam der 7. Juni 1952. »Wir dokumentierten die Aussage von Hans-Georg N. über jene Ereignisse vom 7. auf den 8. Juni 1952«, sagt Rainer Potratz.

Er zeigt uns dessen Bericht: »... am 7. Juni '52 komme ich nach dem Aufstehen ... auf den Hof vom Hotel und stelle fest, da ist das absolute Chaos. Mutter und Vater stehen in seltsamer Stimmung auf dem Hof ... Es liefen eine Menge Leute hin und her, und meine Oma sagte mir dann: ›Ja du, ihr müsst hier weg.‹

Ich erfuhr, dass ich in das Hotel gar nicht mehr reindurfte, doch ganz oben hatte ich mein Spielzimmer. Da hörte ich: ›Das ist versiegelt, da darfst du nicht mehr rauf. Gar keiner darf mehr rein.‹

Dann hatten wir uns abends auf dem Bahnhof einzufinden ... Dort stand ein Zug mit Güterwagen und mit Personenwagen. Es waren unwahrscheinlich viele Menschen auf dem Bahnhof, und wir mussten in einen Wagen einsteigen.«

Die Vertreibung aus seiner Heimat an der Elbe traf Hans-Georg N. schwer und prägte sein gesamtes weiteres Leben.

Wir überquerten die Elbbrücke und trafen uns am Rand der wieder hübsch hergerichteten Dömitzer Altstadt mit Museumsleiter Jürgen Scharnweber im mächtigsten Bauwerk dieser Region.

»Die Festung Dömitz wurde zwischen 1559 und 1560 an einer strategisch günstigen Stelle gebaut«, erzählt er uns. »Sie war Mecklenburgs mächtigste Bastion und sollte das Elbland sichern, aber auch die Einziehung der Zolleinnahmen gewährleisten.« Doch der Belagerung durch Heerführer Wallenstein während des Dreißigjährigen Krieges war sie nicht gewachsen und kapitulierte 1627. Und so gilt Wallenstein als der prominenteste Festungsbewohner! Neben dem niederdeutschen Literaten Fritz Reuter, der ab 1839 wegen »hochverräterischer burschenschaftlicher Verbindungen und Majestätsbeleidigung« hier ein Jahr seiner siebenjährigen Haft verbüßte und danach den autobiografischen Roman *Ut mine Festungstid* verfasste.

Wir folgen Jürgen Scharnweber durchs Tor der äußeren Festungsmauer über den Wall zu dem noch immer mit Wasser gefüllten Graben, der das Bollwerk umschließt.

200 Meter davor zieht ein Frachtkahn elbabwärts, ein Radfahrer fährt auf dem Deich. Frischer Wind zerzaust unsere Haare, Vögel zwitschern. Über die wie ein Kleiderbügel gebogene Elbbrücke rollt der Schwerverkehr, was wie fernes Donnergrollen klingt. Links hebt sich die zerstörte Eisenbahnbrücke wie ein Scherenschnitt gegen den Himmel ab.

Auch Jürgen Scharnweber lebt seit seiner Kindheit in Dömitz. Für ihn war es selbstverständlich, dass die Elbe, obschon unmittelbar vor der Haustür, unerreichbar war. »Diese Unerreichbarkeit war besonders schmerzhaft für unsere Eltern. Die wussten noch allzu gut, wie es ist, mal schnell über den Fluss rüberzufahren und Freunde in Niedersachsen zu besuchen.« Die erste »hautnahe Erfahrung« von Elbwasser kam für ihn, den erwachsenen Mann, im März 1990, als er mit einem Pouch-Faltboot endlich auf den Strom hinauspaddeln durfte!

»Seit damals«, sagt Scharnweber, »hat sich Dömitz nicht nur wirtschaftlich und touristisch gemausert, sondern unsere Stadt hat ein schöneres Gesicht gekriegt.«

Früher lebten etwa 1000 Soldaten in der Grenzstadt, die meisten von ihnen in Kasernen. Überall dominierten Uniformen. Bis 1961 lag Dömitz im grenznahen Sperrgebiet und war auch für DDR-Bürger unerreichbar. Ab August 1973 profitierte es vom innerdeutschen Abkommen, das Erleichterungen für Besucher aus dem Westen brachte. Dömitz wurde aus dem Sperrgebiet ausgegliedert.

Dennoch war es für den Dannenberger, der seinen Dömitzer Cousin besuchen wollte, eine lange Reise, denn als Grenzübergänge kamen für ihn nur Lauenburg/Horst oder Marienborn an der A 2 infrage. Auf der B 191 sind es heute gerade mal 16 Kilometer ...!

Auch der bis vor Jahren noch unansehnliche Dömitzer Hafen hat sich gemausert. Ausflugsschiffe liegen heute vor dem jüngst eingeweihten *Hafen Hotel,* auf dem sich, im fünften Stock wie eine gläserne Kanzel, das Panorama-Café befindet.

Vorbei an Palmen, in deren Schatten Strandkörbe stehen, schlendern wir zur Strandbar. Natürlich sind die Palmen nicht echt, und der weiße Strand ist aufgeschüttet, doch der pfiffigen Idee und guten Umsetzung tut das keinen Abbruch. Ins Restaurant wurde ein echtes Schiff, die *Meta,* integriert. Wir bummeln zum Fahrstuhl, allerdings nicht ohne einen Blick in die offene Küche zu werfen, wo Köche die Speisen vor den Augen hungriger Besucher zubereiten. Ein Lift bringt uns hoch ins Panorama-Restaurant.

Es ist bis auf den letzten Platz belegt. Was nicht nur am Kaffee- und Kuchenangebot liegt, sondern auch an der nach allen Seiten hin freien Aussicht: zur Elbe, aber auch zur Müritz-Elde-Wasserstraße, die hier beginnt. Auf der vor den Glaswänden entlangführenden Panorama-Terrasse spüren wir jenen frischen Wind, der seit der Wende auch Dömitz belebt.

Andreas Heckert gehört zu denen, die Dömitzbesuchern sowohl Schönheit wie Vielseitigkeit der Elbe, aber auch die zurückgekehrte Normalität vor Augen führen.

Der Betreiber und Käpten der hier vor Anker liegenden Ausflugsschiffe stammt aus Quickborn. »Drei Kilometer von Dömitz entfernt am linken Elbufer.« Dabei weist er zur anderen Flussseite.

Geboren 1964, wuchs auch er in die Grenzsituation hinein. Kannte nichts anderes. Wenn er angelnd am anderen Ufer saß, gehörten die grauen DDR-Patrouillenboote zum Flussbild einfach dazu. Und wenn Scheinwerfer des Nachts das Ostufer in helles Licht tauchten, sah es für den Jungen so aus, als seien Außerirdische gelandet.

Der Brückentorso von Dömitz, ein Mahnmal, das mitten in der Elbe endet.

Die Neigung, Flussschiffer zu werden, hat er vom Vater. »Da ich in Berlin im Schiff meiner Eltern zur Welt kam, sitzt die Liebe zum Wasser tief in mir.« Im Jahr 2002 kaufte er die Barkasse *Hecht*. Die Nachfrage nach Touren war groß, und weitere Schiffe folgten. Als die Strandbar, dann Hotel und Panorama-Bar eröffneten, ging's mit der Elbschifffahrt bergauf.

»1860 fuhr ein Schaufelraddampfer zunächst von Lauenburg und dann sogar von Schnackenburg hoch bis Hamburg«, sagt er. Daran knüpft er an.

»Die Bergfahrt, also von Hamburg hoch bis Dömitz, dauert zwölf Stunden, die Talfahrt von Dömitz über Hitzacker nach Hamburg neun Stunden. So viel wie die Flugzeit nach Teneriffa und zurück. Aber ich registriere einen zunehmenden Trend zur Beschaulichkeit.«

Und die findet der Besucher auf dieser Tour.

Kaum zu glauben, dass das Gebäude des Dömitzer *Hafen Hotels* einst Teil des alten Hafenspeicherareals war. »1938 vom Reichsnährstand gebaut und während der 50er-Jahre durch die DDR erweitert«, weiß Heckert. Bis zur Zerstörung der Eisenbahnbrücke fuhren die Züge genau durch diese Speicher hindurch. Auch nachdem das Stampfen und Zischen der Dampfloks verstummt war, behauptete sich der Dömitzer Hafen im Binnenverkehr des Ostblocks. Es waren vor allem tschechische Frachtkähne, die von hier aus Getreide in die Tschechoslowakei lieferten.

Andreas Heckert startet den Motor seines Ausflugschiffes *MS Hilde.* Bei ungehindertem Blick zum West- wie zum Ostufer stellt sich schnell die Freude ein, eine der naturbelassensten Flusslandschaften Deutschlands wieder frei und ungehindert befahren zu können. Und nicht nur die Elbe; über die hier am Dömitzer Hafen beginnende Müritz-Elde-Wasserstraße kann man letztlich sogar bis Berlin oder Rostock reisen.

18 Kajakabenteuer mitten in Deutschland

*Kleiner Abstecher: mit meinem alten Freund Thomas
Münzberger im Faltboot von Dömitz über Schwerin und
Rostock zur Ostsee. Seine Erinnerungen an die Nacht,
in der die Mauer fiel.*

Auf den Elbwiesen bei Dömitz ertönt ein geisterhaft dumpf-schauriges Konzert. Die seltenen Rotbauchunken untermalen eindrucksvoll das Gequake der Frösche. Eine gelungene Einstimmung auf die bevorstehende Paddeltour zwischen zwei Weltmeeren.

Der Wasserwanderatlas aus DDR-Zeiten, ansonsten korrekt und praktikabel, verschweigt Dömitz einfach. Schließlich war hier Grenzgebiet zur alten Bundesrepublik. So fahren wir die ersten Kilometer durch einen weißen Fleck auf der Landkarte. Die Elde – nicht zu verwechseln mit der Elbe, in die sie bei Dömitz mündet – durchfließt träge eine flache Wiesenlandschaft. Rhythmisch, später monoton automatisch platschen die Paddel ins Wasser. Die Schleusen, vor allem aber die Vogelwelt im Uferdickicht bringen etwas Abwechslung. Es bedarf vieler Stunden anstrengenden Paddelns, bis wir den Knick der Elde gen Osten erreichen. Wir wenden uns hier nach Nordwesten und folgen dem Störkanal. Für die Freizeitkapitäne der großen Motorjachten eine willkommene Rennstrecke, für den Faltbootfahrer zwei anstrengende, eintönige Stunden.

»Platsch, plutsch, platsch, plutsch …« Langsam, ganz unmerklich fällt die Unrast des Alltags von einem ab. Nicht ein in bestimmter Zeit zu erreichendes Ziel, sondern das Unterwegssein selbst wird zum Erlebnis. Und in gleichem Maße verliert der Kanal seine Monotonie. Das Auge beginnt, die kleinen Schönheiten am Rande zu entdecken: das taufeuchte Spinnennetz, den auffliegenden Reiher, die bemooste Uferbefestigung.

Dann der Schweriner See: Mecklenburgs Hauptstadt versteckt sich hinter einem Schleier aus Dunst und aufgewühltem Wasser. Mühsam, unendlich langsam kämpfen wir uns voran zum Ufer. Während Schlafsäcke und Ausrüstungsgegenstände auf einer Wiese zum Trocknen ausgebreitet liegen, bleibt Zeit für einen Kurzbesuch Schwerins.

Bis 1918 residierten Mecklenburgs Herzöge hier in dem Schloss, das auf einer kleinen Insel liegt. Irgendwie erinnert uns der verspielte Bau mit seinen vielen Türmchen und architektonischen Zitaten unterschiedlicher Baustile ein klein wenig an Schloss Neuschwanstein. Auf der Insel blieb neben dem Schloss nur Platz für den kleinen Burggarten. Der eigentliche Schlossgarten ist über eine Brücke erreichbar, die den Schweriner See vom Burgsee trennt.

Schwerin ist eine von Pendlern und Touristen belebte 100 000-Einwohner-Stadt. Ihr Zentrum liegt zwischen Schloss und Pfaffenteich. Vom Alten Garten blieb nur ein großer gepflasterter Platz, um den sich das klassizistische Staatliche Museum, das Staatstheater, das Alte Palais und die Kollegiengebäude gruppieren. Nur wenige Schritte sind es zum Markt. Dort bietet sich ein beeindruckender Blick auf das Altstädtische Rathaus und die Säulenhalle des sogenannten Neuen Gebäudes. Entlang dem ehemaligen Arsenal am Pfaffenteich und durch die Burgstraße zum Marstall wären wir bald wieder zurück am Schweriner See und Schloss, wenn da nicht die unzähligen kleinen Läden wären ...

Ein Bus bringt uns zu den Booten zurück.

Das anstrengendste Stück der Paddeltour steht jetzt unmittelbar bevor: die *Portage* zum Pinnower See. Eigentlich ein Katzensprung, aber die neue Autobahn erzwingt einen Umweg. Unsere Ausrüstung für zwei Wochen, Boot, Zelt, Schlafsäcke, Lebensmittel – alles muss über Land und die Autobahnbrücke transportiert werden. Dann liegen Boot und Ausrüstung am neuen Ufer, und die Fahrt kann weitergehen. Allerdings anders als erwartet, denn der See und sein Ausfluss sind dicht verschilft. Nur mit Mühe gelingt es uns, eine Schneise zu schlagen und, hüfttief im Wasser watend, die Boote voranzuzerren.

Aufgeschreckte Mücken attackieren jedes freie Stückchen Haut. Das Schilf schneidet in die Hände, und immer wieder brechen wir im sumpfigen Untergrund ein. Im Mühlenfließ schließlich gluckert nur noch ein trübes Rinnsal. Das ist Wasserwandern im wahrsten Sinne des Wortes! Für lächerliche sechs Kilometer Strecke benötigen wir einen ganzen Tag.

Endlich ist die Warnow erreicht, die uns bis an die Ostsee bringen soll. Die erhoffte Ruhe finden wir allerdings auch weiterhin nicht. Umgestürzte Bäume, steinige Untiefen und Staustufen zwingen uns, das Boot zu entladen und alles um die Hindernisse zu tragen. Die ungestörte Natur entschädigt jedoch für die Mühen: Aus nächster Nähe beobachten wir Rohrammern, Eisvögel, Reiher und Rohrsänger. Eine Bisamratte quert eilig den Fluss, wenig später entdecken wir eine schwimmende Ringelnatter.

Die Warnow nimmt den Brüeler Bach auf und lässt sich danach etwas einfacher befahren. Acht Kilometer weiter mündet die Mildenitz ein. Diesem in engen Schlaufen mäandernden Fluss folgen wir zu einem kurzen, aber lohnenswerten Abstecher flussaufwärts. Wir befinden uns in altem slawischem Siedlungsgebiet. In Groß Raden wurde nach Grabungsfunden der slawische Burgwall rekonstruiert. Ein Vorzeitdorf lebt hier fort: Grobe, knusprige Brote werden im Tonofen gebacken, Wolle wird gesponnen, der Faden zu derbem Stoff gewebt. Ein junger Mann schlägt fachkundig aus Feuerstein Faustkeile. Inmitten des kreisrunden, hoch aufgeschütteten und von einer Palisadenwand umgebenen Ringwalls blickt ein alter, hölzerner slawischer Gott auf das geschäftige Treiben, das hier 1000 Jahre nach seiner Zeit herrscht.

Die Warnow zerschnitt an dieser Stelle die eiszeitliche Moräne. Sie schäumt. Wildwasser in Mecklenburg! Nach nur wenig mehr als 100 Metern ist sie allerdings wieder zahm.

Dieses Stück ist das schönste der gesamten Reise: Feuchtwiesen und Wälder wechseln, liebevoll gestaltete Picknickplätze laden zu Pausen ein.

Ab Bützow wird die Warnow breiter, und wieder mal erleben wir über viele Kilometer Einsamkeit. Kaum einer der Orte liegt direkt am Fluss. Nur von der immer in Hörweite der Warnow verlaufenden Eisenbahnstrecke weht dann und wann ein Hauch der Zivilisation heran.

Nach den Tagen der Stille auf dem Flüsschen irritiert uns jetzt ein dumpfes Grollen, das mit jedem Paddelschlag lauter wird. Hinter einer Eisenbahnbrücke erkennen wir die ersten Gebäude Rostocks. Davon unbeeindruckt, hat sich eine Biberfamilie angesiedelt.

Nach der Schleuse weitet sich unser Flüsschen zur breiten Unterwarnow. Neben den Schiffen im Stadthafen wirkt unser kleines Boot wie eine Nussschale, und jede Bugwelle eines langsam vorbeifahrenden Schiffes platscht über das Spritzverdeck.

Die Hansestadt Rostock breitet ihre wieder durch den hohen Turm der Nikolaikirche gekrönte Silhouette vor uns aus. Das alte Rostock war bereits 1942 stark zerstört worden. Seine neue Blüte verdankt Norddeutschlands älteste Universitätsstadt der deutschen Teilung: Die DDR besaß keinen leistungsfähigen Hochseehafen. So wurde zwischen 1957 und 1960 mithilfe Tausender junger Arbeitskräfte, die aus dem ganzen Land in die Region strömten, der Überseehafen errichtet.

Einen Aufschwung nahm auch die Werftindustrie. Wo von ganzen Stadtvierteln nur Trümmer geblieben waren, wurde ab 1953 in einer eigenartigen Mischung aus sowjetischer Protzarchitektur und Backsteingotik die Lange Straße errichtet. Kaum verständlich ist allerdings der Abriss nahezu der gesamten nördlichen Altstadt zwischen Langer Straße und Warnow noch während der 1980er-Jahre. Plattenbauten ersetzten die verfallenen kleinen Häuschen der Fischer.

Was an Altem blieb, wird heute umsichtig renoviert. So zeigt sich entlang der Kröpeliner Straße zwischen Kröpeliner Tor, Universitätsplatz und Neuem Markt, umgeben von Giebelhäusern und Rathaus und überragt von der backsteingotischen Marienkirche, wieder ein Hauch der alten Schönheit der Hansestadt. Die meisten der heute rund 200000 Rostocker wohnten schon vor 1989 außerhalb des Zentrums. Über viele Kilometer ziehen sich die gesichtslos grauen Satellitenstädte im einheitlichen Plattenbaustil, neuerdings unterbrochen von ähnlich monotonen Supermärkten und Einkaufszentren, bis zur Küste nach Warnemünde hin. Der Badeort, schon 1323 von der Stadt Rostock gekauft, mausert sich wieder zu einer noblen Urlaubsadresse.

Nur einmal noch verengt sich die Warnow auf wenige Meter: Man zwingt sie zwischen die Molen des Überseehafens. Ein auslaufendes Fährschiff versperrt den Blick auf den Horizont. Die alte Fährverbindung nach Dänemark, die selbst zu DDR-Zeiten – wenn auch nur für Ausländer und einige wenige Privilegierte – fortbestand, die Fährroute nach Schweden und ein lebhafter Kreuzfahrttourismus haben Rostocks Bedeutung als Hafenstadt gefestigt.

Das Wasser schmeckt salzig. Die Warnow hat die Ostsee erreicht. Mit dem sachten Kratzen des Faltbootkiels auf dem feinkörnigen Sand des Strandes endet unsere Reise von der Elbe zur Ostsee.

Die Sonne stand bereits tief. Nach einer kurzen Rast paddelten wir doch noch ein Stück aufs Meer hinaus. Die Wellen klatschen sacht gegen den Bug unseres Faltbootes. Die Kulisse Rostocks lag wie ein breites Panoramabild, aus dem die markanten Spitzen der Kirchen hervorstachen, hinter uns.

Es war spät geworden. Leichter Wind strich über die Ostsee; keine tosenden Wellen, bis auf das leichte »Pitsch, Pitsch« unserer Paddel war es still.

Wir suchten uns einen Platz für die Nacht, bauten die Zelte auf und zündeten den Docht der Petroleumlampe an. Ein schwacher goldener Schein huschte über unsere Gesichter. Nach und nach gingen die Lichter von Rostock an. Das Wasser im Topf auf unserem Kocher brodelte, zischte ...

In dieser Nacht am Rande der einst neben Lübeck und Riga wohl prächtigsten Hansestadt der Ostsee erzählte mir der gebürtige Leipziger Thomas Münzberger, den ich auf einer meiner ersten Grenzwanderungen vor mehr als 15 Jahren kennengelernt hatte, wie er die Wende erlebte:

»Den politisch ›heißen Sommer‹ 1989 hatte ich in den Bergen Tadschikistans verbracht. Als ich im Herbst in meine Heimatstadt Leipzig zurückkam, war es wie eine Rückkehr in ein anderes Land. Freunde fehlten, schrieben jetzt aus Ungarn, Österreich und Bayern. Tausende Leipziger, letztlich jeder dritte Einwohner, demonstrierten auf den Straßen.

Ich hätte dorthin, auf die Straße gehört, war aber nicht dabei, da sich mir eine unerwartete Chance bot: Während man in der DDR gewöhnlich jahrelang auf eine Wohnung wartete, wurde mir in jenen Tagen überraschenderweise eine Zweizimmerwohnung in Aussicht gestellt, wenn ich eine Arztstelle in Mecklenburg anträte. Ich packte also meine Sachen und zog in den Norden.

Am Abend des 9. November half mir ein Freund beim Einrichten der neuen Wohnung, ein SED-Genosse, ein Idealist, der noch immer glaubte, für Land und Partei würde sich mithilfe von Reformen alles zum Guten wenden. Während ich vorsichtig meine Schallplatten auspackte, schloss er als Erstes den Fernseher an, um ja keine Nachrichtensendung zu verpassen. Ich packte allein weiter aus, er saß vor dem Flimmerkasten.

Da hörte ich plötzlich im Vorbeigehen, dass die Mauer offen sei. Absurd! Die DDR hatte doch gerade noch ihre Grenzen zu den ›sozialistischen Bruderländern‹ abgeriegelt ...! Ich hielt die Sendung für ein Fernsehspiel. Kein sonderlich überzeugendes.

Doch schnell wurde klar, was heute Geschichte ist: Die Grenzen gingen wirklich auf, die Freiheit kam beinahe zufällig daher.

Ich rührte an diesem Abend keine weitere Umzugskiste mehr an, griff nach Fotoapparat, warmer Kleidung, einer Dose mit Fisch – mehr Proviant hatte ich nicht zu Hause –, steckte alle persönlichen Unterlagen ein und fuhr nach Berlin.

Den Moment, als mich eine helfende Hand kraftvoll auf die Mauer am Brandenburger Tor zog, werde ich nie vergessen. Und dann sagte einer dieses Wort, das die nächsten Tage prägte: ›Wahnsinn!‹

Ich fuhr mit Stadtbussen durchs nächtliche Westberlin. Ohne Ziel. Oder besser: Alles war Ziel! Niemand war sich sicher, ob das Ganze nicht nur ein Irrtum, ein schöner Traum war und die DDR die Grenze nicht vielleicht morgen schon wieder schließen würde.

Ich hatte zu Hause eine kleine Tochter. So gern ich auch im Westen geblieben wäre, mir war klar: Zu meinem Kind würde ich früher oder später zurückkehren. Aber vorher wollte ich so viel wie möglich vom Westen sehen.

Am darauffolgenden Morgen, Freitag, dem 10. November 1989, rief ich mit schlechtem Gewissen meine Klinikleitung an: ›Ich komme heute nicht‹. Man hatte es erwartet, ich war nicht der Einzige.

Berlin erlebte die tollsten Tage. Nachdem ich meine Dose Fisch geleert hatte, bekam ich später auf dem Kudamm vor dem *Café Kranzler* ein warmes Essen spendiert. Es war bitterkalt in diesen

Novembernächten. Jemand steckte mir einen 20-D-Mark-Schein zu, einfach so ...

Am 11. November fielen mir die Augen zu, und ich nahm das Angebot eines Westberliners an, mich bei ihm auszuschlafen. Als ich am Sonntag, dem 12. November, zwischen jubelnden Menschenmassen durch Berlin lief, war mir klar: Das ist nicht rückgängig zu machen.

Am Montagmorgen kam ich wieder pünktlich zur Arbeit.

Aber nichts war mehr wie zuvor ...«

Thomas Münzberger hielt inne. Bis auf das seichte Plätschern der Ostsee war die Nacht geräuschlos. Über Rostock lag der rötliche Lichterschein einer auch bei Dunkelheit lebendigen Stadt. Am Himmel funkelten Sterne wie Diamanten. Ich goss Tee in die Becher, die Wärme des Getränks tat gut. Thomas hob sein bärtiges Kinn, schaute gedankenverloren in die Nacht und sprach wie zu sich selbst.

»Als ich kürzlich in meinen alten Fotoalben aus DDR-Zeiten blätterte, ging mir durch den Kopf: Wie gut, dass wir Fotografen unsere Erinnerungen an Bildern festmachen können. Bilder, die die Realität von damals ungeschminkt zeigen und die Vergangenheit nicht rückblickrosa verklären.

Nach jener Nacht vom 9. auf den 10. November 1989 im jubelnden Berlin lebte ich meine Reiselust aus: fuhr, die Kamera immer an der Seite, vom Nordkap bis Italien, von Brest in Weißrussland bis nach Brest am Atlantik. Dort wie anderswo stieß ich auf Reste alter Geschützstellungen, Soldatenfriedhöfe ... – Zeugnisse der Weltkriege, deren Folge die Grenze durch Deutschland war.

Seit dem Fall des Eisernen Vorhanges ist Europa wieder grenzenlos, vereint. Schön, dass wir – auch in Leipzig oder Rostock – wieder mittendrin sind ...«

Knapp 1400 Kilometer zog sich der Kolonnenweg von der Ostsee bis zur tschechischen Grenze. Auf dem »Harzer Grenzweg« muss man kräftig in die Pedale treten.

Der einstige Grenzfluss Werra lädt heute bei Bad Sooden-Allendorf zum Paddeln ein.

Im Elbstädtchen Lauenburg überdauerten hübsche Fachwerk-Schifferhäuser aus dem 16. und 17. Jahrhundert die Zeit.

Stolberg zählt – wie Wernigerode und Quedlinburg – zu den Perlen des Ostharzes.

Wieder restauriert und frei zugänglich: Die trutzige Kirche von Schlagsdorf lag früher im Sicherheitsgürtel des DDR-Grenzbereichs.

Burg Hanstein oberhalb der Werra – einer der romantischsten Anblicke am Grünen Band.

»Katzenkopfpflaster« – im Biosphärenreservat Schaalsee ein natürlicher Geschwindigkeitsbegrenzer.

Ein Kite-Surfer jagt vor der 1945 zerstörten Eisenbahnbrücke bei Dömitz über die Elbe.

Auf der Elbfähre nach Neu Bleckede. Vor dem Grenzturm verläuft der bestens ausgebaute neue Radweg.

Grenzturm zwischen Harz und Eichsfeld. Privatmann Fredi Willig erwarb und restaurierte ihn, um ein Stück deutsch-deutscher Geschichte zu erhalten.

Bei Uwe Bente aus dem Wendland klappert die Mühle am rauschenden Bach.

Grenzterror auf die Spitze getrieben: Neben dem schmalen Tannbach teilten Mauer und Todesstreifen den Ort Mödlareuth, bekannt als »Little Berlin«.

Im Kiosk »Rast an der Grenze« in Stapelburg: Wirtin Christine Leiste (links) und Freundin Elke Mertins vor Erich-Honecker-Porträt.

Schwerins Wahrzeichen: das auf einer Insel gelegene, geradezu märchenhafte Schloss mit dem Alten Garten.

19 Der Schwur von der Elbe

Amerikanisch-sowjetischer Handschlag. Ein »Patzer der Geschichtsschreibung« – streiche Torgau, setze Strehla!

»Zum Donnerwetter noch mal. Was bilden die sich in Strehla überhaupt ein! Das erste Treffen zwischen Russen und Amerikanern fand in Torgau statt. Das war immer so und dabei bleibt es.« Der Kopf des SED-Kreisvorsitzenden in Riesa war hochrot, als er im Juli 1954 einen Brief der Genossen aus Strehla in den Händen hielt. »Frechheit!«

Das Foto vom Zusammentreffen auf der Brücke in Torgau kennt jedes Kind.

»Benachrichtigen sie sofort den Bürgermeister von Strehla«, wies er den Rat des Kreises an. »Er soll diese Hobbyhistoriker zurechtstutzen.«

Begonnen hatte diese spannende Geschichte am Morgen des 25. April 1945 in Kühren, einem kleinen Ort unweit von Leipzig. Der Krieg war fast vorbei. Um die beiden Armeen nicht mit voller Wucht aufeinanderprallen zu lassen, hatten die Oberbefehlshaber vereinbart, dass die Amerikaner an der Mulde und die Russen an der Elbe stehen bleiben sollten.

Eine der am weitesten vorgedrungenen amerikanischen Einheiten war das 273. Infanterieregiment unter dem Befehl von Captain George Capie in Trebsen. Zu seinen Leuten gehörte auch Albert Kotzebue, genannt »Buck« Kotzebue. Ein blutjunger, tatendurstiger und kluger Leutnant.

Der 25. April 1945 war ein kühler, aber sehr sonniger Frühlingstag. Albert Kotzebue, ein Nachfahre des deutschen Dichters August

US-Leutnant »Buck«
Kotzebue schrieb an
der Elbe Geschichte.

von Kotzebue, erhielt den Auftrag: »Mit sieben Jeeps und 27 Soldaten erkunden, wo die Russen sind, aber keinesfalls weiter als fünf Meilen vorstoßen.«

Am Vortag war der Spähtrupp bis Kühren gekommen und hatte dort Nachtquartier gemacht. Schon jetzt befand sich Kotzebue am Rande der Legalität. Die erlaubte Fünf-Meilen-Zone hatte er bis zum letzten Yard ausgereizt, ein weiteres Vordringen nach Osten war eigentlich illegal. Eigentlich ... Von seinem Naturell her war Kotzebue ein eher »weitherziger« Mensch. Dementsprechend legte er auch seinen Befehl aus: »Kontakt mit den Russen herstellen« war schließlich der Kernsatz, oder? Und so entschied er beim Frühstück, bis zur Elbe vorzustoßen, was bei seinen Leuten große Begeisterung auslöste.

Gegen zehn Uhr erreichten die amerikanischen Spähwagen Lampertswalde. Von dort führte die Straße nach Clanzschwitz am Friedhof entlang über den Liebschützer Berg.

Noch fünf Kilometer bis Strehla.

»Buck« Kotzebue sah auf seine Uhr. Es war 10.30 Uhr. Seine Jeeps fuhren leicht abwärts. Von Clanzschwitz aus fiel der Blick ins Elbtal. Einige Hundert Yards entfernt ein kleines Gut: das Lindenhofgut bei Leckwitz. Hier erklärte sich ein polnischer Zwangsarbeiter bereit, Kotzebue und seine Soldaten bis an die Elbe zu führen. Über Leckwitz ging es mit hoher Geschwindigkeit in Richtung Strehla. Gegen 11.30 Uhr erreichten die ersten Amerikaner den alten Elbfähranleger. Der Anblick war grauenvoll: Am 22. April hatte ein SS-Brückenkommando die Pontonbrücke einschließlich der darauf befindlichen Flüchtlinge in die Luft gejagt, um die vordringenden russischen Truppen aufzuhalten.

Mit dem Feldstecher beobachteten »Buck« Kotzebue und Joe Polowski das Ostufer des Flusses. Überall bewegten sich braun bekleidete Gestalten. Gefreiter Ed Ruff schoss zwei grüne Leuchtraketen ab, das vereinbarte Zeichen. Es war der 25. April 1945, 12.05 Uhr. Prompt folgte die Antwort in Form einer roten Leuchtkugel. Drüben waren die Russen. So beschloss Leutnant Kotzebue, mit fünf Mann des 273. Infanterieregiments über den Fluss zu setzen. Als Transportmittel diente ein alter Lastkahn.

Man fiel sich in die Arme, und eine Wodka-Flasche machte die Runde.

Hier kam es zum »Schwur von der Elbe« – ein Versprechen der Frontsoldaten, derartige Gräuel nie wieder geschehen zu lassen.

Um 13.05 Uhr machten die sieben Amerikaner sich auf den Rückweg und wurden erneut stark abgetrieben. »Buck« Kotzebue war jetzt doch etwas mulmig zumute. »Fünf Meilen« hatte sein Befehl gelautet – und 15 bis 20 Meilen hatte er sich von der Frontlinie der Amerikaner entfernt. Er setzte einen Funkspruch ans Hauptquartier ab: »Auftrag erfüllt. Gegenwärtiger Standort 8717. Keine Verluste.«

»Buck« Kotzebue war in der Zwischenzeit mit seinen Männern am Elbebogen gegenüber von Kreinitz angekommen. Am Ufer, auf einer Kiesbank, lag die Ziehfähre, mit der die Amerikaner das steile Ostufer erreichten. Dort stand schon ein Empfangskomitee mit Blumen bereit, und erneut wurde der Geist der Elbe, der *Elbe Spirit,* beschworen.

Doch »Buck« Kotzebue war nicht der Einzige an diesem Tag, der seinen Befehl sehr großzügig auslegte: Colonel Robertson war ebenfalls viel weiter als die erlaubten fünf Meilen vorgestoßen und hatte bei Torgau die Elbe erreicht. Auf der zerstörten Brücke reichten sich Russen und Amerikaner um 16.30 Uhr die Hand. Fünf Stunden später als in Strehla …

Das Foto mit Robertson ging um die Welt. Die Geschichte von Leutnant Albert Kotzebue kennen die wenigsten.

»Torgau ist und bleibt der Ort des ersten Treffens mit den sowjetischen Freunden.« Der SED-Kreisvorsitzende von Riesa schlägt entschieden mit der Hand auf den Tisch. »Aus, Basta, das Politbüro, nein: Genosse Ulbricht selbst hat entschieden!« Mit einem Seufzer der Erleichterung hält er das Fernschreiben aus Berlin in den Händen. Eigenmächtiges Handeln war ihm schon immer ein Gräuel gewesen.

Diese Szene lief gestern ab. Und noch heute ist den meisten Menschen Torgau als Ort des ersten Zusammentreffens zwischen Russen und Amerikanern im Gedächtnis.

Aber auch in den beiden Orten, in denen »Buck« Kotzebue war, erinnert man sich: In Kreinitz beging man 2005 den 60. Jahrestag des historischen Handschlags mit einer Feierstunde. Und eine Tafel erinnert an »… die erste Begegnung von Soldaten der Roten Armee und der US-Army. Hier wurde geschworen: NIE WIEDER KRIEG.«

20 Zurück zum Grünen Band:
Hitzacker – Grenzenlos

Flüchtlingsdramen. Eine Blaskapelle als »akustischer Ramm-bock«. Königliche Verbindungen und der »Fall Erich«.

Im Osten der Lüneburger Heide, dort, wo das Flüsschen Jeetzel ein-mündet, schmiegt sich der 5000 Einwohner zählende Luftkurort Hitzacker ans Ufer der Elbe. »Das Stättlein Hitzacker ist in einer lus-tigen Gegend an der Elbe gelegen«, schrieb vor mehr als 700 Jahren der Kupferstecher Matthäus Merian. Die hübsche Backstein- und Fachwerkarchitektur sowie eine reizvolle Lage machen Hitzacker auch heute zum beliebten Ferienort.

Dass die Lage an dem nach dem Rhein zweitlängsten Strom Deutschlands auch nicht ganz unproblematisch ist, zeigte sich beim »Jahrhunderthochwasser« von 2002. Doch in Hitzacker weiß man spätestens seit dem Gründungsjahr 1258, dass hier dicht am Wasser gebaut wurde. So packte man die Flutschäden beherzt an. Bald ging das Leben wieder seinen normalen Gang. Und 2008 feierte man das 750-jährige Stadtjubiläum.

Im Herzen der schmucken Altstadt wollten wir von Klaus Lehmann mehr über das Leben am Fluss erfahren. Seit 28 Jahren lebt der ge-bürtige Münchner in Hitzacker, wo er das Museum »Altes Zollhaus« leitet.

»Das Motto des Museums, ›Hitzacker – Grenzenlos‹, bekam 1989 durch den Mauerfall wieder neue Aktualität. An diesem Fluss zu leben bedeutete stets, Grenzen zu setzen und Grenzen zu überwin-den«, sagt er. Und so ist ein Schwerpunkt seiner Arbeit die Dokumen-tation der Situation einer Kleinstadt in der Mitte Deutschlands, die 1945 quasi über Nacht ins »Zonenrandgebiet« abgedrängt wurde.

Natürlich war der Mauerfall 44 Jahre später für alle hier ein ganz besonderes Ereignis. Schon wenig später begleitete Lehmann Schüler ans Ostufer, die dort »Momentaufnahmen« machten: Interviews, die das Ergebnis der 40-jährigen Trennung dokumentierten.

»Wir erfassten die Geschichte einer Familie«, sagt er, »die Mitte der 50er-Jahre auf einem aus Autoreifen gebastelten und von einem Mopedmotor angetriebenen Floß in den Westen flüchtete. Aber es gab auch die anderen, deren Fluchtversuche tragisch endeten.«

18. Juni 1967: Die 27-jährige Lehrerin Bärbel Richter aus Aschersleben gerät beim Fluchtversuch über die Elbe in ein Fischernetz und ertrinkt.

2. August 1968: NVA-Soldaten bergen südlich von Volzendorf die Leiche des beim Fluchtversuch umgekommenen 26-jährigen Ofensetzermeisters Siegfried Heinke.

12. Juni 1974: NVA-Soldat Werner Scheege flieht von seiner 4. Grenzkompanie und ertrinkt. Fünf Tage später birgt man den Toten bei Flusskilometer 535.

Neben der Dokumentation dieser Tragödien hängt im Museum auch der auf den letzten DDR-Flüchtling Siegfried Wehrhoff ausgestellte Haftbefehl: »... wird beschuldigt, die staatliche Ordnung der DDR durch vollendeten gemeinschaftlichen ungesetzlichen Grenzübertritt im schweren Fall angegriffen zu haben. Mit dem Ziel, die Staatsgrenze der DDR zur BRD widerrechtlich zu passieren, begab er sich mit dem Mitbeschuldigten Koch in der Nacht vom 7. zum 8. Juni 89 von seinem Wohnort nach Privelak. Mithilfe einer von ihm angefertigten Leiter überwanden sie gemeinsam Grenzsicherungsanlagen und begaben sich in die Elbe, um sie schwimmend zu passieren. Während Koch aufgrund von Geräuschen zurückschwamm und sich versteckte, gelang es Wehrhoff, die Elbe zu durchschwimmen ...«

Gut fünf Monate später, am 19. November 1989, fanden die Elbnachbarn aus West und Ost mit Pauken und Trompeten wieder zusammen. Bereits tags zuvor war das Musizieren der unermüdlich vor dem geschlossenen Grenztor ausharrenden Blaskapelle von Kaarßen nach Westen gedrungen. Doch die Grenztruppe stellte sich stur: Das Tor bleibt zu! Gereizte Stimmung. Bei Dunkelheit gingen viele heim, waren aber früh am nächsten Tag wieder zur Stelle. Der harte Kern verbrachte die Nacht am Lagerfeuer.

19. November, Punkt 12.15 Uhr: Das Tor öffnete sich, und unter dem Geschmetter der vornweg marschierenden Blaskapelle Kaarßen bestiegen die Menschen vom Ostufer das Fährschiff *Drawehn*.

44 Jahre, 6 Monate und 26 Tage nach der letzten Fährfahrt führte der Fluss beide Seiten wieder zusammen.

»Hitzacker«, schwärmt Klaus Lehmann, »ist ein Städtchen mit großer Vergangenheit und großen Persönlichkeiten: Hier lebte 30 Jahre lang Herzog August der Jüngere, der mit der Herzog August Bibliothek in Wolfenbüttel eine der bis heute bedeutendsten Bibliotheken schuf. Sein in Hitzacker geborener Sohn Anton Ulrich, Fürst von Braunschweig-Wolfenbüttel, der als barocker Fürst im Stile des aufgeklärten Absolutismus regierte, war einer der bedeutendsten Autoren seiner Zeit und Kunstmäzen. Gelehrte wie Leibniz gingen bei ihm ein und aus. Und in seinem prunkvollen Lustschloss Salzdahlum, ein ›deutsches Versailles‹, war Zar Peter der Große zu Gast und Friedrich der Große heiratete dort.«

Als im September 1926 auf einem Landgut nahe Hitzacker Claus von Amsberg geboren wurde, ahnte niemand, dass auch er 40 Jahre später durch die Heirat mit Prinzessin Beatrix, der späteren Königin der Niederlande, zu den *Royals* zählen würde.

»Claus von Amsbergs Kontakt zu Hitzacker riss nie ab«, erinnert sich Klaus Lehmann. »Noch im hohen Alter kam er hierher, oft inkognito. Es bestand das Agreement, dass niemand den Medien einen Tipp gab, wenn er im *Café Knigge* saß. Man sah ihn auch mit ehemaligen Freunden vom Tennisclub oder mit seiner hiesigen Verwandtschaft durch den Ort fahren. Dann wusste man, ›Claus ist wieder da‹, und winkte ihm zu.«

Über seine Geburtsstadt schrieb Claus von Amsberg: »Es wird dem Leser dieser Zeilen deutlich sein, dass ich für das Städtchen, wo ich geboren bin, ein Gefühl von Bewunderung und großer Zuneigung hege ... Hitzacker, glauben Sie mir, ist eine Reise wert, und diejenigen die hier wohnen, wissen es.«

Hitzacker ein Städtchen voller Geschichte, Charme und Anziehungskraft, auch wegen seiner seit 1946 international beachteten Sommerlichen Musiktage.

Musikleidenschaft wird wohl kaum der Auslöser für die nachfolgend beschriebene Republikflucht gewesen sein. Eher schon unbändiger Freiheitsdrang oder schlicht das Verlangen, mal vom anderen Ufer zu naschen.

Die Geschichte von Erich, um den es hierbei geht, beginnt 1988: Es war einmal ein eigenwilliger Schafbock der LPG Zeetze, der jenseits des Elbdeichs am Ostufer, genau gegenüber von Hitzacker, friedlich mit seinen Schafen lebte. Bis zu jenem Frühjahr, in dem Schafbock Erich türmte ...

Dass Erich Honeckers sture Ablehnung der Perestroika Anlass für die Flucht war, bleibt Spekulation. Fakt ist, dass die Namensgleichheit der beiden »sturen Böcke« nicht von ungefähr kommt.

Die Geschichte lässt sich so rekonstruieren: Eines schönen Märztages 1988 beging Schafbock Erich eine »schwere Grenzverletzung« und durchbrach die Sperranlagen. Als beim Durchschwimmen der

Elbe seine Kräfte nachließen, zogen junge Leute den »Republikflüchtling« ins Boot und brachten ihn nach Hitzacker.

Der »Fall Erich« war ein gefundenes Fressen für die Medien. Mit einem aus voller Kehle kommenden »Määhh!« machte Erich im Westen unüberhörbar von seinem Recht auf Meinungsfreiheit Gebrauch. Doch dank eifriger Diplomatie wurde der Schafbock am Grenzübergang Bergen/Salzwedel der DDR »rückübereignet«.

21 Von wegen »Land hinter dem Walde« ...

Wendland – Dörfer wie Wagenburgen. Von Dannenberg nach Gorleben ins Herz des Atomwiderstands.

Ein merkwürdiges Land, das da zwischen Hitzacker und Schnackenburg südlich der Elbe liegt. Mit einer aufmüpfigen, kämpferischen Gemeinschaft, die regelmäßig Gorleben bundesweit in die Schlagzeilen bringt.

Ein Landstrich mit besonderen Menschen, die es aus allen Ecken Deutschlands hierherzieht, weil es sich in Winzigdörfern mit Namen wie Kröte, Bösen, Kukate, Salderatzen, Meuchefitz und Waddeweitz zwar einfach, aber doch gut leben lässt, der Widerstand gegen das Atommülllager Gorleben sowieso alle vereint und das Wendland für viele längst zur »ökologischen Modellregion« wurde.

»Land hinter dem Walde« lautet die Übersetzung für »Wendland«. Was in dieser ursprünglichen Bedeutung mitschwingt, gilt noch heute, lange nachdem die slawischen Wenden sich mit anderen Bevölkerungsteilen vermischten. Noch immer ist dies ein Land der Bauern, in dem weite Felder, Heideflächen, Wälder und Flüsse die Besucher zum Outdoor-Erlebnis einladen.

Der Landkreis Lüchow-Dannenberg umfasst einen Großteil des Wendlandes. Er ist das administrative Zentrum und der Fläche nach einer der großen, bevölkerungsmäßig aber der am dünnsten besiedelte Landkreis in Deutschland. Es gibt nur fünf Städte hier, jedoch 300 Dörfer. Einige von ihnen sind malerische Rundlinge, Satemin, Lübeln, Bussau, Schreyahn oder Mammoißel zum Beispiel. Sie erinnern an eine Schafherde, die bei Gefahr die Köpfe zusammen-

steckt. »Steinerne Wagenburgen« nennen sie andere. In den Rund-
lingen rahmen stattliche Bauernhöfe mit dekorativem Fachwerk
kreisrund den Dorfplatz – eine Siedlungsform, wie man sie in dieser Art und Geschlossenheit nur im Wendland findet.

Zwei Städte geben diesem einsamsten Landkreis der Republik den
Namen: Lüchow und Dannenberg. In Lüchow entdecken wir ein
Auto, dessen Zulassungsschild die witzige Buchstabenkombina-
tion »DAN-KE« zeigt. Letztlich machte Dannenberg das Rennen –
zumindest was die Präsenz auf den Autokennzeichen anbelangt ...
Kreisstadt aber wurde Lüchow, eine Stadt, die wirkt, als wären die
Häuser mit den auffallend großen Fachwerkmustern gerade erst
frisch geputzt worden. Nach dem verheerenden Stadtbrand von
1811 entstand ein eindrucksvoller, fast geschlossener Fachwerkver-
band.

Während wir von Dannenberg aus die B 191 entlangfahren, taucht
die Sonne das Wendland in üppiges Rot. Markant zeichnet sich der
33 Meter hohe »Waldemar-Turm« gegen den Abendhimmel ab – das
Wahrzeichen der Stadt. Lange ist es her, da zogen die alten Ritters-
leut' von Schwerin und Dannenberg gegen Dänenkönig Waldemar
zu Felde. Als Beute brachten sie den König selbst nach Hause. Der
schmachtete ab 1223 zwei lange Jahre im Turm, legte aber offenbar
Wert auf Etikette: Rillen im Gemäuer erzählen davon, dass er sich
sogar in Ketten die Nägel manikürte – sagt man ...

Eindrucksvolle weite Wälder erleben wir im Göhrdeforst, einem
Wald voller Geheimnisse und Sagen. Wie jener von dem Glocken-
gießerlehrling, der heimlich eine schönere Glocke goss als sein
Meister, woraufhin dieser ihn erstach.

Der Forst ist auch eine geschichtsträchtige Region. 1813 erscholl
hier sogar Kriegsgetümmel: Während der Schlacht an der Göhrde
besiegte eine Allianz von Preußen, Russen und Hannoveranern ein

napoleonisches Heer. Später erschien Kaiser Wilhelm I. auf der Bildfläche. Der Wildreichtum inspirierte den begeisterten Jäger, das 1706 errichtete Jagdschloss Göhrde für seine Zwecke auszubauen.

Es ist ein sonniger, warmer Tag, als wir westlich vom Grünen Band durch dies Gebiet radeln, das während der deutschen Teilung völlig im Abseits gelegen hatte. Wir setzen uns in den Schatten einer knorrigen Eiche. Das goldene Licht des späten Nachmittags blitzt durchs Blattwerk. Es ist so still, dass man das Blut in den Ohren rauschen hört.

Doch so idyllisch ist es hier nicht immer. Manchmal meldet sich das Wendland mit schrillen Aktionen und Tönen zu Wort. So auch an der Straße Dannenberg–Gorleben bei Klein Gusborn, wo wir an einer Wiese stoppen, aus der neben leuchtend gelbem Löwenzahn Hunderte Betonkreuze aus dem Boden wachsen. »Kreuze für alle Bundestagsabgeordneten und Bundesratsmitglieder«, sagt der 1980 geborene Initiator und Künstler Franz Hartmann auf seiner Internetseite »Gewissensruhe.de«.

Auf jeden Fall sind wir neugierig. Die Tafel neben den Kreuzen versucht sich mit einer Erklärung: »Ehrenfriedhof für Bundesabgeordnete nach dem Supergau«. Im Hintergrund eine Glocke neben einem riesigen gelben »X«, dem Symbol des Atomwiderstandes, das im Wendland an fast jedem Hof prangt. Bevor es beim Atommülllager Gorleben zur Katastrophe kommt, will das Kunstwerk »Gewissensruhe« zu neuem Handeln anregen, heißt es auf der Tafel. Auch dies Ausdruck einer Kontroverse, die fast jährlich einmal die gesamte Nation bewegt und für solche Schlagzeilen sorgt wie »Stoppt Castor! Gorleben soll leben!«.

Hier ein paar Fakten zu dem Vorhaben mit unkalkulierbarem Risiko: 1980 beginnt die Erforschung des Salzstocks Gorleben hinsichtlich einer Eignung als Atommüll-Endlager. Der Widerstand

Ebenso phantasievoll wie erbittert kämpft das Wendland gegen den Atommüll.

der Wendländer Bauern, unterstützt durch angereiste Sympathisanten, erreicht seinen Höhepunkt, als im Mai 1980 an der »Bohrstelle 1004« 5000 Demonstranten die »Freie Republik Wendland« ausrufen. An Schlagbäumen werden für zehn D-Mark »Wendenpässe« ausgegeben – gültig, »... so lange der Inhaber noch lachen kann«. Das Lachen vergeht, als ein paar Wochen später, am 4. Juni, die »Freie Republik Wendland« gewaltsam aufgelöst wird.

Eine Atommüllendlagerung erfolgte in Gorleben bislang nicht, doch eine Zwischenlagerung. Die fast jährlich von Großdemonstrationen und riesigem Polizeiaufgebot begleiteten Atommülltransporte in das Zwischenlager Gorleben gingen weiter, verloren aber etwas an Intensität. Bis zum Jahr 2008 ...

November 2008: »Widerstand mit viel Gefühl« schreibt die *Hamburger Morgenpost*, und *Zeit-Online* tituliert: »Atomkraftgegner wirbeln

Zeitplan durcheinander«. Begleitet von starken Protesten erreicht der 11. Atommülltransport, aus der französischen Wiederaufbereitungsanlage La Hague kommend, nach 80 Stunden das Wendland. 15 000 entschlossene Atomkraftgegner empfangen und behindern ihn. Landwirte der »Bäuerlichen Notgemeinschaft« blockieren die Zufahrtswege mit Traktoren, und zwei Betonpyramiden mit jeweils vier darin angeketteten Demonstranten werden im Ort Grippel auf die Straße gezogen. Elf Stunden lang hämmern und meißeln Spezialisten der Polizei, um das letzte Straßenstück für den Atommülltransport nach Gorleben freizubekommen. Am Montag, den 10. November 2008, um 23.15 Uhr verlässt der »Castor« (Behälter für Lagerung und Transport radioaktiven Materials) Dannenberg, rund eine Stunde später erreicht er das 20 Kilometer entfernte Zwischenlager. Ein Tag Zeitverlust durch den massiven, aber überwiegend friedlichen Protest der Atomkraftgegner! Wobei die Polizei über das »friedlich« noch streiten will. Niedersachsens Innenminister Schünemann beziffert die Gesamtkosten des Polizeieinsatzes auf 20 Millionen Euro.

Es schwingt Stolz mit, als die Bürgerinitiative Lüchow-Dannenberg verkündet: »Wir haben den längsten Castor-Transport hingekriegt!« Im »Land hinter dem Walde« ist man eben alles andere als hinterwäldlerisch.

22 Die Unbeugsamen

»Freie Republik Wendland«. Mit drei standhaften Wend-
ländern im Gespräch: über Atomkraft, Elbfischerei und
Mühlenromantik.

Michael Seelig, Werklehrer, Atomkraftgegner, aus Kukate

Zwischen knorrigen Eichen, Schatten spendenden Buchen und
großblättrigen Kastanienbäumen saßen wir mit ihm im Innern seines Werkhofes Kukate. Weder Verkehrslärm noch das Dröhnen von
Arbeitsmaschinen störten unser Gespräch, bei dem Michael Seelig
immer wieder Apfelsaft in die Gläser schenkte: »Selbstverständlich
aus eigenen Früchten gepresst!«

Es war, als hätten wir die Welt hinter den dichten Baumkronen
und roten Backsteinwänden seines alten Gehöfts zurückgelassen.

»Nein, nein, wir leben mitten drin in der Welt«, widerspricht er,
»alles andere dreht sich um uns herum! Nach Hamburg und Hannover ist es von hier gleich weit, nach Lüneburg sind es 60 Kilometer,
nach Salzwedel 30. Und beim kulturellen Angebot hier gerät man
oft schon in Stress ...«

Ist Michael Seelig ein Aussteiger?

»Aussteigen bedeutet immer auch anderswo einsteigen. Wir
überlegten damals, wo wir unsere Kinder aufwachsen sehen wollten. Da stießen wir aufs Wendland. Als das Haus, in dem wir in Neu
Wulmstorf bei Hamburg lebten, dann noch abbrannte, war der
Punkt für einen Neubeginn erreicht ...«

Der Tischler und Realschullehrer für Kunst und Werken kaufte
mit seiner Frau eine alte Hofstelle mit einem Vier-Ständer-Fach-
werkhaus und Nebengebäuden in dem 20-Einwohner-Dorf Kukate.

»Wir wollten«, sagt Seelig, »hier altem Handwerk wieder einen
Platz geben.« Mit Erfolg. Seine Frau Inge ist Obermeisterin der

Michael Seelig: »68er« und Mitinitiator der »Kulturellen Landpartie«.

Weberinnung, und auf dem Werkhof Kukate kann man es bis zum Gesellenbrief des Weberhandwerks bringen.

Neben anderen Aktivitäten formte sich hier der »Kukater Kreis«. »Professionelle Kunsthandwerker, Keramiker, Goldschmiede und Tischler, die miteinander arbeiten, Ausstellungen bestücken und im September auf dem Werkhof Kukate kräftig feiern.«

Das klingt nach heiler Welt. Doch Michael Seelig winkt ab, ist nach wie vor ein Kämpfer, ein Unbeugsamer. Er nahm schon 1967 an jener unvergessenen Demonstration teil, bei der ein Polizist Benno Ohnesorg erschoss.

»Wir sind 68er!«, sagt er. Beim Widerstand gegen das Atommülllager Gorleben war er Akteur der ersten Stunde, als bei »Bohrstelle 1004« die »Freie Republik Wendland« ausgerufen wurde.

»Man beschimpfte uns als Unruhestifter, Minister diffamierten uns als ›unappetitliches Pack‹ und ›Chaoten‹. Da war es an der Zeit, uns zu öffnen, zu sagen: ›Bitte, kommt her, schaut uns an, wir sind die Chaoten, so sehen Menschen aus, die die Bundesrepublik ins Wanken bringen, indem sie ihre eigene Republik gründen.‹ Das war 1989, und wir hatten für uns einen guten Namen: ›Wunde.r Punkt Wendland‹. Daraus entwickelte sich unsere ›Kulturelle Landpartie‹, die heute zum Leben in der Region und zum Überleben der Region wesentlich beiträgt.«

Zwischen Himmelfahrt und Pfingsten öffnen wendländische Künstler und Handwerker Haustüren und Hoftore und präsentieren ein breites Spektrum von fast vergessenen Handwerkstechniken bis hin zur Avantgardekunst.

»550 Künstler an 100 Ausstellungspunkten, verteilt auf 79 Dörfer«, sagt Michael Seelig, »ziehen jedes Jahr zwischen Himmelfahrt und Pfingsten 50 000 Besucher ins Wendland. Das sind so viele Menschen, wie im ganzen Landkreis Lüchow-Dannenberg leben.« Grund genug, stolz zu sein. »Mein Ziel ist es, die Region so aufzustellen und so zu stärken, dass man uns nicht als ›abseitige Provinz‹ ansieht, die alles mit sich machen lässt, in die man Atommüll einfach reinkarren und aus der man sich schnell wieder zurückziehen kann.«

So sehen das viele, die hier auf hohem Niveau alternative Wege gehen.

»In Kukate wohnt der Chemiker Dr. Ernst Schöttle, der sein Berufsleben beim Pharmakonzern Schering in der Chefetage verbrachte. Lange Zeit spielte sich sein Leben im Jet zwischen New York, Osaka in Japan und Deutschland ab. Eines Tages erwarb er im Nachbarort ein altes Haus, fast eine Ruine. Er ließ es abtragen und in Kukate neu und schöner als je zuvor wiedererstehen. Doch wer glaubte, dass Ernst Schöttle sich aufs Altenteil zurückziehen würde, der irrte.

In seinem Haus betreibt der 78-Jährige heute ein Forschungslabor. Er hilft Bauern, ihre Biogasanlagen zu optimieren, und Deutschlands erste Biogastankstelle hier in Jameln ist sein ›Baby‹.«

Bevor wir gingen, fragten wir Michael Seelig, ob die Jahrzehnte der Auseinandersetzung um das atomare Zwischen- und Endlager Gorleben ihn letztlich ruhiger und versöhnlicher gestimmt hätten. Da blitzt es in seinen Augen: »Ruhiger ja, das bringen die Jahre so mit sich. Versöhnlicher – nein! Mit Atommüll kann man sich nicht versöhnen!«

Uwe Bente, Müllermeister und »Handwerker«, aus Bösen

Am wohlsten fühlt sich Uwe Bente nach Feierabend in seiner Werkstatt, wo er stundenlang an seinen beiden fast 50 Jahre alten Hanomag-Lkw schraubt. Eine Mechanik gänzlich ohne computergesteuerte Elektronik, in der er das Spiel von Lagern, den Sitz von Ringen und Kolben noch mit der feinfühligen Hand prüft und justiert.

Vielleicht kommt diese Begeisterung daher, dass er von der Pieke auf »Handwerk« in des Wortes wahrster Bedeutung erlernte: als Müllerlehrling und Geselle in einer der letzten alten Wassermühlen der Region. Eine wie die, von der uns unsere Eltern aus Kinderliederbüchern vorsangen: »Es klappert die Mühle am rauschenden Bach.«

Auf der Reise entlang der ehemaligen Grenzlinie waren wir oft auf den Hinweis »Niedersächsische Mühlenstraße« gestoßen, eine Ferienstraße, die zu historischen Wind- und Wassermühlen führt. Und mit dem Internationalen Wind- und Wassermühlen-Museum befindet sich im nicht weit entfernten Gifhorn eines der größten Mühlen-Highlights überhaupt.

Wir trafen Uwe Bente unweit von Clenze, wo er sich seinen Traum vom alternativen Leben erfüllte, indem er sich in einer winzigen

Gemeinde einen kleinen Resthof kaufte. Die Eier für seine Bratkartoffeln holt er sich beim Nachbarn, dem »Biobauern«, wie er sagt. Auch das Fleisch, das er isst, ist »Bio«, ebenso wie die Limonade aus dem winzigen Laden nebenan.

Im Hauptberuf ist Uwe Betriebsleiter einer modernen Mühle. Seine Freizeit aber gehört neben den historischen Autos der alten, 1425 erstmals erwähnten Wassermühle von Wahrenholz, ein Ort im Nachbarkreis, in dem er aufwuchs. Durch Ferienjobs in der Wahrenholzer Mühle (»ich wollte damals Moped fahren und verdiente mir in der Mühle das Benzingeld«) fand er Gefallen am Müllerberuf. Bis heute ...

»Ich bringe jetzt mal Müllerromantik rüber ...«, kündigte Uwe an. Er legte einen Hebel um, und die Mühle begann zu leben. »Leben« heißt hier mechanische Bewegung, und die ist ohrenbetäubend laut. Mannshohe Zahnräder griffen ineinander, zehn Meter lange, oberarmbreite Antriebsriemen sausten durch die Luft, sirrten, kreischten, wummerten. Riesige Mahlsteine drehten sich. »Das ist der Schrotgang«, brüllte Uwe. »Mit dem stellte die Mühle Futterschrot für die Bauern her.« Und staunend verfolgten wir, wie zwei Mahlsteine mit einem Eigengewicht von je einer Tonne das aus dem Rüttelschuh fallende Getreide zu Schrot zermalmten. »Der Mahlgang ist älter als 100 Jahre«, drang Müllermeister Bentes Stimme durch den Lärm ans Ohr, und seine Augen leuchteten. So wie auch beim Mühlenfest zu Pfingsten, wenn er staunenden Besuchern die Technikwunder von vorvorgestern nahebringt.

Uwe Bente gehört zu den zahlreichen Wendländern, die sich anstatt für Fernseher und Hightech bewusst für alternative Lebensformen entschieden haben.

Christian Köthke, Elbfischer, Atomkraftgegner, aus Gorleben

»Mein Ururgroßvater war ein passionierter Jäger. Er wohnte zwar auf der östlichen – der ›preußischen‹ – Elbseite, hatte aber im ›Hannöverschen‹ auch eine Jagd sowie das Fischereirecht des Grafen von Bernstorff gepachtet. Eines Tages schoss der Graf einen kapitalen Hirsch an, der in seiner Not in das Jagdgebiet meines Ururgroßvaters flüchtete. Der jedoch überließ dem Grafen den Hirsch. Diese kleine Geste festigte über Zeiten und Grenzen hinweg bis heute die sehr enge Freundschaft zwischen unseren Familien«, sagt Christian Köthke. Wir hatten uns bei ihm in Gorleben getroffen.

Wie seine Vorfahren ist auch er Berufsfischer. Doch sowohl Ururgroßeltern wie auch Eltern hatten die Flussseiten gewechselt: »Zur napoleonischen Zeit ging's vom Königreich Hannover (West) rüber nach Preußen (Ost). Und 1945, nachdem die Russen am Ostufer waren, übersiedelten die Eltern ans Westufer. Da die Familie auch hier Fischereirechte besaß, ging der Fischfang sofort weiter.«

»Wie lebt es sich heute in Gorleben, einem der bekanntesten Dörfer Deutschlands?«, wollen wir wissen.

»Im Schatten des atomaren Zwischenlagers ist weder eine touristische Entwicklung noch eine vernünftige landwirtschaftliche Nutzung möglich. Auch als Berufsfischer hat man es schwer, sich weiterzuentwickeln. Ich bin ein absoluter Atomgegner!«

Christian Köthke klagte gemeinsam mit der Bürgerinitiative Lüchow-Dannenberg vor Gericht, um die Lagerung atomaren Mülls (»nur zwei Kilometer von hier entfernt«) zu verhindern – erfolglos! Er winkt ab ...

»Bei der Erkundung des Salzstocks fürs geplante Atommüllendlager gelangt auch salzhaltiges Regenwasser in die Elbe, was zu weiterer Versalzung führt und den Fischbestand gefährdet. Irgendwann wird auch radioaktives Abwasser in die Elbe gelangen ...«

Während der letzten 65 Jahre erlebte die Fischerfamilie Höhen und Tiefen. Nach 1945 war die Elbe noch sauber. Dann lief die DDR-Industrie an, und mit Schwermetall belastetes Abwasser wurde in den Fluss geleitet. Während der 1970er- und 1980er-Jahre war die Elbe wegen Sauerstoffmangels schon fast »umgekippt«. Hauptschuldiger war neben der DDR auch Tschechien, das quecksilberhaltige Abwässer in die Elbzuflüsse einleitete.

»Und dann die Phenolbelastung durch Abfallprodukte der Petrochemie«, erinnert sich der Fischer. Auch Hausabwässer kippte die DDR zumeist gänzlich unbehandelt in den Fluss. So wurde die Elbe zu einem der dreckigsten Flüsse Mitteleuropas, von dem die Dresdner damals mit Sarkasmus gesagt haben sollen: »Mit dem, was da drin ist, könnte man bei uns die Straßen asphaltieren.«

»Anfangs war es nur die Geschmacksbeeinträchtigung bei den Fischen, doch Analysen wiesen später auch Schadstoffe nach. Die Elbfischerei stand fast vor dem Aus. Wir bauten Teiche, in denen wir die lebend gefangenen Fische zwei Monate lang in klarem Wasser hielten. Danach waren sie auch geschmacklich einwandfrei.«

Doch eine rosige Zukunft sieht der Elbfischer auch heute nicht: »Trotz deutlich verbesserter Wasserqualität gehen die Fischbestände zurück.«

Gut 40 Fischarten leben in diesem Abschnitt: Hecht, Brasse, Aal, Zander, Wels, Schlei zum Beispiel, gelegentlich geht auch mal ein Karpfen ins Netz. Und dass mal wieder Zustände wie vor 100 Jahren herrschen könnten, als die Elbe einer der fischreichsten Flüsse Europas war und man 100 Kilo Fisch pro Hektar aus der Elbe zog, wo sich auch der mächtige Stör mal sehen ließ, sind allenfalls Zukunftsträume. Beim Aal, dem »Brotfisch« der Fischer, macht man sich sogar Sorgen um den Arterhalt.

»Der Lachs ist allerdings wieder da«, weiß Christian Köthke. Als geschützter Fisch habe er jedoch keine wirtschaftliche Bedeutung für den Berufsfischer. Aber gerade in den neuen Bundesländern unternehme man große Anstrengungen, um den Lachs dauerhaft wieder anzusiedeln.

Christian Köthke setzt die 170-jährige Familientradition fort, indem er – neben anderen – die Fischereirechte des Grafen von Bernstorff pachtete.

»An rund 200 Tagen im Jahr bin ich mit vier Mitarbeitern morgens um sechs Uhr draußen und hole Netze ein. Manchmal«, sagt er, »findet sich auch eine Chinesische Wollhandkrabbe darin.«

Um 1900 kam diese Krabbe als blinder Passagier in Ballasttanks von Überseeschiffen nach Deutschland und verbreitete sich auch in der Elbe. »Lange Zeit war sie ein Feind der Fischer, denn sie fraß – und frisst noch immer – die jungen Fische.« Wirtschaftlich betrachtet hat »der Feind« inzwischen gleichwohl auch ein gute Seite: »Dank der in Deutschland lebenden Chinesen hat sich eine profitabler Markt etabliert. Die Wollhandkrabbe wird sogar als Delikatesse nach China exportiert.«

Ende gut, alles gut, könnte man sagen. Bliebe da nicht die Sorge um das in nur zwei Kilometer Entfernung geplante Atommüllendlager.

Wie denn die rund 700 Einwohner von Gorleben dazu stehen, fragen wir. »Ein Drittel ist wohl dafür, ein Drittel unpolitisch und ohne feste Meinung, ein Drittel dagegen.«

»Ein Drittel dafür ...?«

»Nicht wenige profitieren davon. Wir haben alles, und das sogar mehrfach: eine riesige Mehrzweckhalle, die Millionen gekostet hat, Tennisplätze, beleuchtete Fußballplätze, einen Sportboothafen ... das Geld wird nicht alle ...«

Der Elbfischer blickt gedankenverloren über den Strom, der seit Jahrhunderten seine Familie ernährt.

»Ich möchte das mal so formulieren: Wes Brot ich ess, des Lied ich sing!«

23 Licht und Schatten auf dem Kolonnenweg

Grenzerfahrungen bei Gartow. Von Storchenrekorden und Fahrradakrobatik. Tod eines »Grenzverletzers«.

Wie ein Pfeil wies die alte innerdeutsche Grenze vom Wendland aus nach Osten. Heute berühren vier Bundesländer jene Spitze: Mecklenburg-Vorpommern bei Dömitz, Brandenburg auf der Schnackenburg gegenüberliegenden Elbseite, Sachsen-Anhalt mit dem altmärkischen Arendsee und Niedersachsen.

Im Raum Gartow-Schnackenburg knickt der Kolonnenweg, der so lange einträchtig neben der Elbe herlief, scharf nach Südwesten ab. Er folgt zwischen den Dörfern Nienwalde und Bömenzien einer historisch gewachsenen Linie, die schon immer die Besitzansprüche von Königen, Fürsten und Grafen voneinander abgrenzte. Und wenn das nicht klappte, griff man schon mal zum Schwert.

Von Gorleben nach Gartow sind es auf der geradlinigen »Elbuferstraße« nur wenige Kilometer. Doch da diese sich hier vom Fluss entfernt, ist der Elbhöhenweg eine reizvolle Alternative.

»Tack-tack-tack«. Ein schwarz-weiß gezeichneter Buntspecht mit rotem Nackenfleck meißelt ein Loch in die morsche Rinde einer Fichte. Unvermittelt flattert er davon.

Kein Geräusch bleibt zurück außer dem Flüstern des Windes und dem Rauschen des trockenen Schilfs, dessen gelbe Wuschelköpfe leise zischeln. Spitz und staksig wie die Stacheln eines Stachelschweinrückens tanzen Gräser im Frühjahrshochwasser. Auf grünbuckeligen Inseln rasten Höckerschwäne. Ein Lichtstrahl durchbricht für einen Moment den Himmel, in dem düstere Wolken zu grauem Brei zerlaufen.

Auf einer von knorrigen Eichen gesäumten Nebenstraße erreichen wir von Gartow kommend Nienwalde. »Dort ist der Plattenweg noch gut auszumachen«, hatten uns Einheimische verraten. Nienwalde lag damals »mit dem Rücken zur Grenze«.

An einer Straßengabelung im Ort entscheiden wir uns für die falsche Richtung und stoßen so durch Zufall auf das hübsche Haus, an dessen Fassade vor langer Zeit jemand geworben hatte: »Lebensmittel, Feinkost, Spirituosen, Textilien, Haushaltswaren – Wilh. Almeskirchen«.

Aus dem *Gasthof Eichenkrug* dringt lautes Lachen. Zwei Männer, die nebenan in ihrer Grundstückseinfahrt einen Traktor reparieren, machen uns Mut: »Den Plattenweg könnt ihr nicht verfehlen. Dort, wo der Lkw steht, beginnt die Zielgerade zur alten Grenze.«

Unvermittelt stehen wir vor einem verloren wirkenden schwarz-rot-goldenen Grenzpfahl, überschreiten die imaginäre Linie und sind im Altmarkkreis Salzwedel.

Kein Mensch weit und breit, kein Verkehrslärm. Einsam der Wachturm, einer von vielen »Führungspunkten« der DDR-Grenztruppen. Der hellgraue Turm steht auf einer hohen Sanddüne. Klar, denn dort hatten Stasi & Co. den besten Überblick.

»Wieso kommt eigentlich so viel Sand ins Elbetal?«, fragen wir später einen Naturschützer der Elbtalaue.

»Durch die Eiszeit«, ist die Antwort. »Gletscher der Saale-Eiszeit formten vor etwa 130 000 Jahren das Land und luden hier Findlinge ab, die sie von Skandinavien mitgeschleppt hatten. Vor 15 000 Jahren vollendete die Weichsel-Eiszeit das Werk, sie formte Binnenseen und ließ Sand im Urstromtal der Elbe zurück. Winde der nachfolgenden Epochen türmten den Feinsand zu Dünen, wie wir sie im Gartower Forst, im Amt Neuhaus und bei Dömitz sehen.« Und dann kommt die Stasi daher und platziert obendrauf ihre Kontrolltürme …!

In der Nähe des Grenzturms entdecken wir endlich den Kolonnenweg, der sich unter Zweigen überhängender Büsche und Bäume versteckt. Daneben ein Schild: »Forstweg, gesperrt für Motorfahrzeuge und Pferdegespanne«. Freie Fahrt für Radfahrer also! Deutlich erkennen wir jetzt das Endlosband der Betonplatten, zwischen denen blasses Gras steht.

Wir suchen Spuren des Grenzregimes, Hinterlassenschaften im Sand, finden aber keine. Zeit verwischt Spuren, bereinigt die Vergangenheit auf ihre Weise.

Dämmerung zog auf, als wir später auf einem zweiten Plattenweg vom Grenzturm zum Dörfchen Bömenzien fuhren. Der kleine Ort mit der roten Backsteinkirche im Zentrum schien bei unserer Ankunft bereits zu schlafen. Unvermittelt legte sich Nebel wie weiße Watte über ihn und verschlang auch die junge Frau, die eben noch vor uns ein Pony über die Dorfstraße geführt hatte. Auf einmal polterten wir über rundbuckliges Kopfsteinpflaster. Die Fahrräder bockten, schüttelten sich. Nervosität, denn der Nebel verschluckte auch uns. So sahen wir leider nicht, ob Störche in den Nestern auf den Schornsteinen saßen.

Im Vierländereck der Elbe leben etwa 150 Storchenpaare; allein das nahe gelegene Wahrenberg freut sich über 19 Storchenhorste. Das klingt rekordverdächtig, doch Rühstädt toppt mit 40 brütenden Weißstorchpaaren alles. Die Stiftung Europäisches Naturerbe verlieh dem 500-Einwohner-Ort im Landkreis Prignitz den Titel »Europäisches Storchendorf«.

Zum Glück riss der Bodennebel auf, und wir tasteten uns nach Nienwalde zurück. Wir fühlten uns wie der »Wanderer über dem Nebelmeer« in dem Gemälde von Caspar David Friedrich. Hier und dort ragten Baumwipfel aus der Waschküche. Nebelschwaden wie zarte Seide umhüllten schwarz-weiße Kühe auf einer Viehweide.

In Gartow war der Nebel auf einmal verflogen. Zufrieden, etwas müde und hungrig kehrten wir im *Haus des Gastes* ein und zogen uns dann in unseren VW-Bulli zurück.

Wir fühlten uns wie Entdecker, wenn es uns gelang, ein Stück jüngster Geschichte aufzuspüren, darunter Beiläufiges, Unspektakuläres, von dem nur Ortsansässige wussten – wie hier Kontrollturm und Kolonnenweg zwischen Nienwalde und Böhmenzien.

Nur wenige solcher »unbekannter Highlights« am Rand des Grünen Bandes werden beworben. Vielleicht ist das gut, denn zu viel Entwicklung und zu viele Besucher vertrügen sich schwer mit der Idee des Naturschutzes. Doch unverhofft in idyllischer Abgeschiedenheit auf ein Mahnmal wie diesen Grenzturm zu stoßen und am Ort des Geschehens wieder einen Moment lang die deutsch-deutsche Geschichte vor Augen geführt zu bekommen – das berührt … Ein Ort wie geschaffen zum Geschichtsunterricht für Schulklassen!

Eine weitere kleine Entdeckung machen wir später auf der Landstraße Schnackenburg–Bömenzien. Wo seit 20 Jahren die Kreisgrenze der Landkreise Lüchow-Dannenberg und Stendal verläuft, lesen wir: »Zur Erinnerung an die ehemalige Königsbrücke 1714–1990. Grenzöffnung Kapern-Bömenzien zur Wiedervereinigung Deutschlands am 31. März 1990«. Auch dies einer jener Übergänge, die ein halbes Menschenleben lang vergessen waren.

Dabei war die »Königsbrücke« Teil eines Kurbrandenburgischen Postwegs, der von der Altmark über die alte Lenzener Elbfähre in die Prignitz führte. Auf dieser Brücke trafen sich 1860 anlässlich einer Fasanenjagd die Könige von Preußen und Hannover – daher der Name. Der Hörnerklang der Postillione war für immer verklungen, als 100 Jahre später die innerdeutsche Grenze die Mitte der Brücke durchschnitt.

Dann die Undankbarkeit der Geschichte: Man riss die nach 1989 nicht mehr verkehrsgerechte Brücke ab und baute eine neue. Ab dem 3. Oktober 1990 war die alte Poststraße ohne »Königsbrücke« nur noch eine von vielen Straßen im wiedervereinigten Deutschland.

Als wir tags darauf zum Grenzturm bei Nienwalde zurückkamen, schien die Sonne, und nichts erinnerte an den romantischen Zauber jener verwunschenen Nebelnacht. Wir schoben unsere Mountainbikes auf den Kolonnenweg und radelten gen Süden.

Wegen überhängender Zweige ziehe ich schnell den Kopf ein, umklammere den Lenker, damit das Vorderrad nicht in die Nähe der gefährlichen Betonplatten-Längsrillen kommt, während der Hintern sich hebt, um die gemeinen Schläge nicht zu spüren.

Man lernt schnell zwischen »guten« und »bösen« Platten zu unterscheiden: Die Querrillen der Ersteren nimmt mein Vorderrad widerwillig, aber sportlich; in die »böse« Längsrille hingegen passt der Vorderreifen der Länge nach rein! Plötzlich verklemmt sich das Rad, blockiert …! Meine akrobatische Nummer beim unfreiwilligen Abstieg über den Lenker entbehrt nicht der Komik. Doch niemand applaudiert, denn dies ist die einsamste Straße Deutschlands.

Die Aufschrift »Wildruhezone – bitte Rücksicht« nehmen wir nur am Rande wahr, so wie auch das hölzerne Schild »Das Grüne Band – Nationales Naturerbe«. Die Augen sind auf den schmalen Betongrad zwischen den Rillen geheftet.

Rechts und links sandig weicher Boden, die Zweige junger Kiefern, die sich hier wieder ansiedelten, klatschen ins Gesicht.

»Feindwärts«, also rechts von uns zur alten »BRD« hin, der einst penibel geharkte Todesstreifen. Dahinter das Waldgebiet »Gartower Tannen«. Flüchtlinge, die es bis dahin geschafft hatten, waren im Westen.

Fast schnurgerade verlief die Grenze hier gen Süden. Kein Zaun, kein Turm erinnert mehr daran, stattdessen ragt gelegentlich eine Jagdkanzel im Grün auf. Wir stoppen, lehnen die Räder an Bäume und betreten den noch immer frisch geeggt wirkenden Todesstreifen. Auf einmal vor uns ein Haufen »Plaste«-Bruchstücke: gesprengte Minen. Wo der Grenzzaun verlief, stoßen wir auf weitere Fragmente dieser Todesmaschinerie, die neben zerstörten Grenzdörfern, Selbstschussanlagen, elektrisch gesicherten Zäunen, unüberwindlichen Mauern, Hundelaufanlagen, schwer bewaffneten Soldaten auch auf Splitterminen und 1,3 Million Erdminen setzte – all das, um das eigene Volk am Weglaufen zu hindern.

Picknick auf dem idyllischen Kolonnenweg zwischen Wendland und Altmark.

Angesichts eines Häufchens Schrott staunt man wieder mal über die Perfidie dieser käuflichen Machthaber, die die Minen binnen eines Jahres räumten, nachdem ihnen der »Klassenfeind« 1983 einen Milliardenkredit gewährt hatte.

Heidekraut, grau und noch ohne Blüte, säumt jetzt den Plattenpfad. Der Weg verästelt sich. Ein Pfad zweigt nach Osten ab – einst Zubringer für DDR-Grenztruppen, heute Fahrweg für Waldarbeiter und Jäger. Wir rasten an einem Holzstoß, dessen frisch geschlagene Kiefernstämme würzig nach Baumharz duften.

An der Wirler Spitze, wenige Kilometer nördlich des Luftkurorts Arendsee, knickte die deutsch-deutsche Grenze und somit auch der Kolonnenweg fast rechtwinklig nach Westen ab. Der wie mit dem Lineal gezogene sandige Todesstreifen ist hier auch nach 20 Jahren noch klar erkennbar. Weder Kiefern noch Birken wollten Fuß fassen, stattdessen bedeckt ihn Besenheide wie ein dunkler Teppich.

Am 28. Oktober 1963 zerrissen hier zwei Detonationen die Stille. Dem 18-jährigen Bernhard Simon aus Leipzig zerfetzten die Minen ein Bein. Die im Jargon der DDR-Grenztruppe abgefasste und uns vorliegende Tagesmeldung Nr. 303/63 liest sich so:

»Nationale Volksarmee, Kommando der Grenztruppen.
Geheime Verschlußsache!
Lage im eigenen Grenzgebiet …
Am 28.10.1963, gegen 19.20 Uhr, schwerer Grenzdurchbruch
DDR – West durch
S i m o n, Siegfried, geb. 30.3.1944 …
und
S i m o n, Bernhard, geb. 31.7.1945 …
im Abschnitt nordwestlich der Gemeinde Ziesau.

Gegen 19.30 Uhr stellte der Grenzposten eine Minendetonation fest ...

... beobachteten 2 Kfz.Kübel auf westlicher Seite, deren Insassen das Gelände absuchten. Gegen 21.00 Uhr wurden Rufe gehört, ›Hier ist er, sofort einen Sankra (Anm.: Krankenwagen) holen‹.

Die bisherigen Untersuchungen ergaben im Abschnitt der ersten Detonation eine Spur DDR – West auf den K-6. Der untere Draht der Sperre war durchschnitten. Es wurden Stoffreste der linken Jackentasche, linke Hosentasche und Teile der Hose, sowie ein Fernglas mit Blutspuren gefunden.

Ergänzung zur Tagesmeldung 302/63:
Einer der Grenzverletzer, vermutlich S i m o n, Bernhard wurde beim Überwinden der Minensperre schwer verletzt. Er wurde von seinem Bruder auf westdeutsches Gebiet gebracht.
Aufgefangene Funksprüche des ZGS (Anm.: westdeutscher Zollgrenzschutz) lassen darauf schließen, daß S. noch vor seinem Abtransport seinen Verletzungen erlegen ist ...«

Im Lohmitzer Forst errichtete man ein Kreuz mit der Aufschrift »Bernhard Simon – Er wollte von Deutschland nach Deutschland«.

Birken säumen den Rand des Kontrollstreifens, das Grenzland wird sumpfiger, in moorigen Niederungen blühen leuchtend gelbe Sumpfdotterblumen, Schilf raschelt. Während früherer Jahrhunderte drang das Elbhochwasser über die Jeetzel bis hierher vor, dann erfolgte durch wasserbauliche Maßnahmen wie den Lucie-Kanal und den Lüchower Landgraben eine Regulierung.

An einem als »14 Gräben« bezeichneten Punkt öffnet sich der Wald, in der Ferne sehen wir Häuser, vor uns Felder: Bauern machten hier mit ihren Pflügen den »Todesstreifen« wieder zum Lebensstreifen. Weizen sprießt aus dem Boden.

Am Ende unserer rund 15 Kilometer langen Spurensuche im Fahrradsattel erreichen wir die Straße von Arendsee nach Lüchow und Salzwedel. Der Kolonnenweg wurde hier beseitigt. An der Kreisgrenze zwischen Lüchow-Dannenberg und dem Altmarkkreis Salzwedel erinnert ein Schild an die Zeit, als genau hier der Eiserne Vorhang verlief:

»Deutschland einig Vaterland – 1945 Teilung – 18.11.1989 Grenzöffnung – 3.10.1990 Deutsche Einheit«.

24 Mut zur Wildnis

Die Ökofreaks vom Haselnusshof. Das Grüne Band –
ein Exportschlager? 50000 Wildgänse am Arendsee.
Bunter Vogel im Jesus-Look.

Zufrieden lächelnd breitet Jürgen Starck die Statistik auf dem Tisch
aus: »Am 11. Januar 2008 zählten wir nahe dem Grünen Band am
Arendsee 20 500 Saatgänse, 10 Kormorane, 206 Haubentaucher und
380 Stockenten.«

Er hatte sich bereits in der DDR für den Naturschutz interessiert,
als er dort noch Fernmeldemechaniker im Kreis Wittstock war.
Nach der Wende zog es den Nordbrandenburger ins Wendland.
1999 erfüllte er sich mit seiner Frau Traudi einen Traum und kaufte
unweit des Luftkurorts Arendsee im altmärkischen Dorf Binde einen kleinen Bauernhof, den Haselnusshof. Nur vier Kilometer sind
es von hier bis zum Grünen Band.

Damit waren Traudi und er »mittendrin«. Nicht nur weil es bis
Gartow, Lüchow oder Salzwedel weniger als eine halbe Fahrstunde
mit dem Auto ist. »Mittendrin« bedeutet für die beiden Ökofreaks:
mitten in Mutter Natur sein. Und die gibt's auch in ihrem Ökogar-
ten, in dem Traudi unter anderem Orangen-, Spear- und Apfelminze
zieht. »Ich gärtnere hier nach Mondphasen«, sagt sie. »Wir haben
gerade abnehmenden Mond – also bestens geeignet, um Blattge-
wächse zu pflanzen.« Kräftig schießen hier Frauenmantel und La-
vendel ins Kraut. Wir lernen, dass der Lavendelduft gegen gefräßige
Motten und das Öl selbst auch gegen Husten hilft.

Seit Jahren engagieren die Starcks sich für den Naturerhalt und
den Rückkauf von Flächen am ehemaligen Kolonnenweg. Ihr Ter-
minkalender in Sachen »Grünes Band – Vom Todesstreifen zur
Lebenslinie« ist randvoll: »Kürzlich hatten wir sogar Besuch aus

Christian Starck vom Haselnusshof bietet Radtouren auf dem Grünen Band an.

Korea, wo noch immer die Grenze mit einer beiderseits verlaufenden entmilitarisierten Zone Nord- und Südkorea trennt. Vier Vertreter von *Green Korea United* informierten sich bei uns, um hoffentlich eines Tages nach einer Wiedervereinigung jene Fehler zu vermeiden, die wir machten, indem durch vorschnelle Landverkäufe und den Abriss vieler Grenzmahnmale einiges unwiederbringlich verloren ging.«

Bei so viel Natur ringsum gibt es viel anzupacken. Ornithologische Erhebungen zum Beispiel.

»Anfangs zählten wir im Winter am Arendsee schon mal 50 000 Gänse pro Tag, meist morgens, bevor sie auf Futtersuche gingen. Während der letzten vier Jahre nahm die Gänsezahl dort ab, weil inzwischen viele Wiedervernässungsflächen und Feuchtgebiete entstanden, auf denen sie jetzt die Nächte verbringen. Ein gutes Zeichen.«

Auf dem Haselnusshof bleiben Traudi und Jürgen ihrer Lebensphilosophie treu: »Von dem leben, was die Natur uns gibt«.

Bereits zu DDR-Zeiten gingen sie alternative Wege, allein schon deshalb, weil es Versorgungsengpässe gab. »Besonders im ländlichen Bereich war man auf den eigenen Garten und eigene Hühner angewiesen. Nach der Wende eröffneten hier zwar auch ALDI, LIDL und die anderen Discounter, doch unsere Gartenfrüchte reizen uns mehr als das, was aus Kaufhausregalen und Gefriertruhen kommt.«

Im Jahr 2001 waren die beiden erneut »mittendrin«. »Da kaufte der BUND naturnahe Flächen am Kolonnenweg aus Privatbesitz auf, um hier einer völligen Zerstückelung des Grünen Bandes entgegenzuwirken«, sagt Jürgen. »Eine faszinierende Sache für einen ehemaligen DDR-Bürger, den Grenzstreifen jetzt so zu sehen, wie es früher undenkbar gewesen wäre: als knapp 1400 Kilometer langes Biotop, das nicht nur Geschichte und Natur verwebt, sondern auch Menschen miteinander verbindet.«

Die Artenvielfalt am »Grenzstreifen« ist unbeschreiblich: Schwarzstorch und Kranich als Brutvögel, außerdem Kiebitz, Brachvogel und die gefährdete Wiesenweihe. »In warmen Mai- und Juninächten hörst du hier den tausendfachen Balzruf der Laubfrösche! Und am Harper Mühlenbach leben neben dem Fischotter auch Drosselrohrsänger, Eisvogel, Bekassine, Wiesenpieper und Braunkehlchen.«

Ähnlich vielfältig ist das Leben auch an der Wirler Spitze, die wir noch Stunden zuvor auf dem Kolonnenweg umradelt hatten. Etwa dort, wo 1963 Bernhard Simon durch Minen starb, engagiert sich heute der BUND in Form von Renaturierungsmaßnahmen, um den natürlichen Waldcharakter wiederherzustellen.

»Die Trockenlandschaften mit Binnendünen ermöglichen dort ganz verschiedenen Spezies das Überleben, darunter Heidelerche, Harlekinspinne, Schlingnatter, Sandwespe, Grille und Biene. Ein besonderes Erlebnis ist es, dort dem Ziegenmelker zu lauschen, der etwa ab 22 Uhr sein schnurrendes Rrreeerrreee erklingen lässt.«

Und noch mal greift Jürgen Starck zu einer Statistik, dem Protokoll einer Vogelbeobachtung mit der Überschrift »Wirler Spitze, 30.5.2007, 20 Uhr bis Mitternacht«: An jenem Abend belauschte er Ziegenmelker, Goldammer, Mönchsgrasmücke, Singdrossel, Fitis- und Waldlaubsänger, aber auch den selten gewordenen Kolkraben.

Es ist mutig, sich für eine Wildnis mitten in einer wirtschaftlich schwachen Region zu engagieren, denn schließlich muss der Ofen daheim von irgendetwas rauchen. Die Starcks setzen erfolgreich auf die Kombination von Naturschutz und Naturerlebnis und führen Naturfreunde per Fahrrad und zu Fuß durch ihre altmärkische Heimat. Bei Sohn Christian kann man sich auf dem Haselnusshof auch Fahrräder für die Tagestouren ausleihen.

Großflächige Auenwälder, Niedermoore, Fließgewässer und ein artenreiches Grünland im ehemaligen Grenzgebiet zwischen Wendland und Altmark sind typisch für diese einst in der gesamten Norddeutschen Tiefebene verbreiteten Biotopkomplexe. Naturschätze, die als durchgängiger Biotopverbund erhalten bleiben müssen. Die Naturschützer vom Bundesamt für Naturschutz nahmen sich der Aufgabe an – spät, aber nicht zu spät.

Als Ergebnis einer Bestandsaufnahme und anschließender Vorstudie (2005/2006) wählte das BfN drei Modellregionen für ein deutschlandweites Grünes Band aus: »Naturparke Thüringer Wald«, »Harz ohne Grenzen« und »Elbe-Wendland-Altmark«.

Für Traudi und Jürgen Starck ist es eine Bestätigung ihrer Arbeit, dass ihre Altmark-Region 2007 diesen »naturschützerischen Ritterschlag« erhielt.

Als wir Mitte der 1980er-Jahre von Hannover aus über Uelzen, Lüchow, Bad Bodenteich oder Wittingen Richtung Osten fuhren, war in Dörfern wie Schmarsau, Schafwedel oder Zicherie für uns die Welt zu Ende. Die dahinterliegende Altmark war Terra incognita, unbekanntes Land.

Dabei war das altmärkische Gut Schönhausen bereits 1815 in den Mittelpunkt Deutschlands gerückt, als dort Otto von Bismarck geboren wurde.

Die vergilbte Seite unseres *Brockhaus* von 1921 umreißt die Altmark als: »ehemalige Landschaft der Kurmark Brandenburg … 928–34 von König Heinrich erobert … Hauptort Stendal«. Von 1952–90 bildete die Altmark den Nordteil des DDR-Bezirks Magdeburg. Heute umfasst sie im Wesentlichen die sachsen-anhaltinischen Landkreise Altmarkkreis Salzwedel und den östlich angrenzenden Landkreis Stendal.

Für uns Neuland, das nach Jürgen Starcks begeisternder Schilderung vom Arendsee sofort unser Interesse geweckt hatte.

»Der Arendsee galt schon zu DDR-Zeiten als ›Perle der Altmark‹. Da sein Nordufer im Sperrgebiet lag, blieb es vom Tourismus unberührt. Heute kommt diese Abgeschiedenheit zwischen November und Januar Zehntausenden dort rastender Gänse wie auch dem aus Niedersachsen einfliegenden Seeadler zugute, der unter kranken Gänsen fette Beute macht. Und genügend Stock-, Reiher-, Pfeif- und Krickenten gibt's ja auch.«

Was wäre eine Region wie die Altmark ohne ihre »bunten Vögel«? Einer dieser Spezies, an den sich noch heute viele erinnern, war Gustaf Nagel, der Langhaarige im Jesus-Look, der nichts als einen Lendenschurz trug und auch im Winter barfuß ging. Ein auf den Spuren Sebastian Kneipps wandelnder Sonderling, der seine eigene Rechtschreibung kreierte, 1924 eine »Deutsche kristliche Folkspartei« gründete, am Arendsee einen Tempel errichtete und von den Nazis wie auch später von den DDR-Oberen in eine Nervenheilanstalt gesteckt wurde, in der er 1952 als alter Mann starb. »Hir rut in Got – gustaf nagel« lautet seine Grabinschrift. Und doch ist er wegen seiner Kauzigkeit noch heute für viele Kult. Der Luftkurort Arendsee widmet ihm auf seinem Internetportal eine ganze Seite, und in der Gaststätte *birlokal zum alten Gustaf* darf man darüber spekulieren, was Gustaf Nagel wohl zu dem kühlen Blonden gesagt hätte – er trank nur selbst gepressten Obstsaft.

Am nächsten Morgen sind wir früh auf den Beinen, um Jürgen Starck in eines der artenreichsten und reizvollsten Biotope Deutschlands zu begleiten.

»Den Passierschein, bitte.« Jürgen steigt kurz vor der Ortschaft Kaulitz vom Fahrrad und kommt mit Amtsmiene auf uns zu – so wie immer, wenn er Gäste in die deutsch-deutsche Vergangenheit führt. Damals war es bitterer Ernst, für heutige Besucher ist die Zeitreise mit unserem Naturschützer ein Vergnügen. »Nur mit gültigem Passierschein kam man ins fünf Kilometer tiefe Sperrgebiet rein. An dieser Stelle stand die von einem Volkspolizisten bewachte Schranke.«

Der Himmel ist grau, es ist nicht zu kühl und nicht zu warm, dazu windstill – ein passabler Tag für die lange Fahrradtour auf dem Kolonnenweg.

Ein Hund bellt, als wir das Dorf Kaulitz erreichen. »Die Arbeit ist unser, der Segen ist Gottes. 1927« lesen wir auf dem Giebel eines Bauernhauses.

Das klingt fast wie ein Vorwort zu jener Geschichte, die sich hier in den 1940er-Jahren ereignete: Die Glocke der 700 Jahre alten Felssteinkirche von Kaulitz wurde im Zweiten Weltkrieg mit der Nummer G/26/113/B versehen und nach Hamburg verfrachtet. Dort stand ihr ein Schicksal wie das der meisten Glocken in jener Zeit bevor: zu Munition verarbeitet zu werden, und dann ab an die Front! Warum die Glocke nach Kriegsende noch am selben Fleck stand, weiß heute keiner mehr. Aber sie trug immer noch ihre Nummer und konnte so die Heimreise antreten. Hamburg lag zwar im Westen, doch da der Eiserne Vorhang damals noch Löcher aufwies, wurde die Glocke auf einem Kahn bis Magdeburg verschifft, von wo ein Lkw sie 1950 zurück nach Kaulitz brachte.

»Da, ein Storch!«

Doch Jürgen präzisiert: »Ein Weißstorch, denn draußen in den Wiesen lebt auch der Schwarzstorch. Aber sein Aufenthaltsort ist so topsecret wie einst das Geheimnis vom Goldschatz am Klondike.«

»Von hier bis zum Grenzgraben blieb ein 500 Meter breiter Landstreifen fast 40 Jahre unbewirtschaftet«, erzählt er auf der Weiterfahrt, während eine Feldlerche über uns trällert und ein Graureiher gravitätisch das Feld abschreitet. In diesem Moment steigt in der mächtigen Eiche mit schwerem Flügelschlag ein Roter Milan auf. Unter dem betörend weiß blühenden Schlehenbusch neben uns raschelt ein Igel. Und unvermittelt erhebt sich am Flötgraben ein Schwarzstorch. Uns ist, als hätten wir das Geheimnis vom Gold am Klondike gelüftet.

Kurz darauf erreichen wir ein zehn Hektar großes vom BUND erworbenes Areal. Wir lehnen unsere Räder an ein hölzernes Schild mit der Aufschrift: »Das Grüne Band – Nationales Naturerbe«.

Jürgen blickt über das weite, offene Land. »Das Grüne Band für eine weggeschlossene Wildnis zu halten, wäre falsch. Auch eine vom Menschen kultivierte Landschaft kann eine große Artenvielfalt beherbergen. Zwischen den Wiesen haben wir Auwälder, die so feucht sind, dass Kraniche darin brüten. Und es gibt Flächen für Bodenbrüter wie den Kiebitz. Eine landwirtschaftliche Nutzung darf allerdings nur extensiv erfolgen: ohne Düngemittel. Und gemäht wird erst nach dem 15. Juni, wenn die Jungen flügge geworden sind.«

Wie so häufig auf unserer Reise durch die Mitte Deutschlands waren es wieder mal die Menschen und ihre Geschichten, die für uns die Entwicklung vom Todesstreifen zum Grünen Band mit Leben füllten. So wie die Starcks in der Altmark. Wir verabschieden uns und radeln allein auf dem Kolonnenweg weiter.

25 »Aktion Ungeziefer«

Jahrsau – ein Dorf wird ausradiert. »Schädlingsbekämpfung und Grenzverschönerung« nach Art der DDR.

Leichter Wind strich über die Altmark und brachte das trockene Gras vom Vorjahr zum Wispern. Wir durchfuhren weites, offenes Land. Noch immer war der Himmel verhangen, doch es sah nicht nach Regen aus. Ein kunterbuntes Vogelkonzert, bei dem die Feldlerche den Ton angab, erfüllte die Luft. An Menschen erinnerte nur das Tuckern eines fernen Traktors. Auf wenigen Kilometern entdeckten wir fünf Rehe und sieben Kraniche. Dass es dort hinten Orte wie Riebau und Jeebel gab, verriet uns nur die Karte. Eine Sinfonie der Farben des anbrechenden Sommers – hellgrüne, leuchtende Weiden vor dem noch düsteren Mischwald, dessen Blätter sich erst langsam entfalteten – versperrte die Sicht.

Irgendwo hier musste es sein. Aber wo?

Kaum Orientierungspunkte. Ein vom Kolonnenweg abzweigender Pfad irritierte uns. Ein Dorf kann doch nicht einfach so verschwinden …! Vom Erdboden verschluckt worden sein …!

Unser Plattenweg knickte jetzt scharf nach rechts ab. Das könnte stimmen.

Aber noch immer sahen wir nichts. Wir radelten weiter. Suchten. Dass dies der Jahrsauer Sack sein musste, eine vom Grenzgraben umschlossene Landausbuchtung, die wie eine Beule »in den Westen« ragte, wurde immer klarer erkennbar. Wir lagen richtig.

Dann endlich: Versteckt zwischen überhängenden Zweigen und wuchernden Gräsern führte die alte Kopfsteinpflaster-Straße in ein Dorf, das es nicht mehr gab. Eine ausladende Eiche, ein trostloses

Häufchen zusammengeschobener, rotbrauner Backsteine ist alles, was übrig blieb von Jahrsau, einem Ort, in dem 700 Jahre lang Menschen lebten.

Ich stelle mir vor, ich schrecke morgens um halb sechs aus dem Schlaf auf, ein Lkw fährt vor, Menschen springen von der Ladefläche, harte Stiefelsohlen poltern auf Kopfsteinpflaster, jemand pocht heftig an meine Haustür, brüllt »Sofort aufmachen!«, ein bewaffneter Polizist stürmt in unser Wohnzimmer und liest meiner verängstigten Familie und mir den Befehl vor, wonach wir – zu unserem »eigenen Schutz« – sofort in ein uns unbekanntes Dorf umgesiedelt würden, weil der verbrecherische ausländische Feind Personen (er meint uns!) für seine kriminellen Ziele missbrauche, um die friedliebende eigene Regierung zu schädigen … Entsetzt hören wir, dass der Polizist uns eine halbe Stunde Zeit bis zur Abreise lässt, während die ihn begleitenden Männer das Haus durchsuchen.

Ich stelle mir vor, dass es Punkt sechs Uhr morgens ist, als der Lastwagen mit uns und unseren wenigen Habseligkeiten die Reise ins Ungewisse antritt. Ich sehe, wie das Grundstück mit unserem Haus, unseren Möbeln, meinen Büchern und Erinnerungen für immer hinter uns zurückbleibt.

Ich stelle mir vor, dass ein Minister an einen Landessekretär der SED über uns schreibt: »Das wäre das Ergebnis … zur Beseitigung des Ungeziefers.«[1]

Ich stelle mir vor, wie mein Haus Jahre später – so wie das ganze restliche Dorf – dem Erdboden gleichgemacht wird, um die Grenzen dieser »friedliebenden Republik« zu schützen.

Ich wache auf. Und alles war kein Traum!

1 Formulierung nach einem handschriftlichen Vermerk des 1952 amtierenden thüringischen Innenministers Willy Gebhardt, zitiert nach: Manfred Wagner, »Beseitigung des Ungeziefers«, S. 24

Über das, was einmal die Hauptstraße von Jahrsau war, radeln wir weiter. An einem knorrigen Baum entdecken wir einen vor Jahrzehnten aufgehängten Vogelkasten. Und aus den Fragmenten einer bröckeligen Backsteinmauer zwängt sich ein junges Stämmchen, dessen Wurzeln sich in die Fugen krallen.

Er muss für die DDR-Organe ein hässlicher Fleck in ihrem so perfekt organisierten Sicherungssystem gewesen sein: dieser Jahrsauer Sack, diese Eiterbeule in der »Staatsgrenze West«, dieser Schönheitsfehler in der Perfektionierung ihres Einzäunens!

Am 26. Mai 1952 beschloss der Ministerrat der DDR, die Grenze zu Westdeutschland zu einer Sicherheitszone und zudem zu einer unüberwindlichen Zone auszubauen. Binnen weniger Tage wurden alle Anwohner im fünf Kilometer breiten Grenzstreifen auf politische Zuverlässigkeit überprüft; wer durchs Raster der Stasi fiel, wurde in einer Nacht-und-Nebel-Aktion zwangsumgesiedelt.

Zwischen dem 5. und 7. Juni 1952 rückten sie auch in Jahrsau an und entfernten diese systemkritischen oder unliebsamen Bewohner wie Ungeziefer. Die zentrale Vorgabe »Abreise muss innerhalb von 48 Stunden erfolgen« öffnete der Willkür Tür und Tor, denn auch eine halbe Stunde lag innerhalb dieses Zeitrahmens. Theoretisch bestand die Möglichkeit, gegen die Zwangsumsiedlung Einspruch zu erheben, aber eben nur theoretisch: denn die Einspruchsfrist war bereits abgelaufen ... Und wer fordert angesichts einer Pistole schon sein Rechtsmittel ein?

Die Säuberung der Grenze von »Schädlingen« – also »feindlichen, verdächtigen, kriminellen Elementen« – betraf zwischen Mai und Juni 1952 mehr als 8300 Personen, die aus den Kreisen entlang der gesamten Demarkationslinie ausgesiedelt wurden. Ein staatlich organisiertes Verbrechen! Denn um ein »verdächtiges Element« zu sein, reichten groteske Begründungen – eine Denunziation durch Nachbarn wie »... ist Grenzschieber ...«, »War Mitglied der

SED und ist jetzt CDU«, »Geht nicht zur Wahl«, »Besucht Kirchentage«, »Seine westlichen Beziehungen sind schon allein aus der Art der Bekleidung seiner Familie ersichtlich«.

Im Oktober 1961, knapp zwei Monate nach dem Bau der Berliner Mauer, erfolgte eine weitere Zwangsumsiedlung. Dieses Mal trug sie den Tarnnamen »Kornblume«.

Das Stigma dieser Diskriminierung und die Entfernung aus ihren Orten trieb später manche Vertriebene in den Selbstmord, einige wurden psychisch krank oder starben verbittert. Andere schleppten die Last ein Leben lang mit sich. Manche verließen die DDR Hals über Kopf. Im Arbeiter- und Bauernstaat selbst allerdings war das Thema Zwangsaussiedlung tabu.

Für die Bewohner der »hannöverschen« Seite der Grenze lag Jahrsau »im Holze«. Eine Straßenverbindung gab's nicht, und auch die schmalen, von den altmärkischen Nachbardörfern Jebel und Riebau kommenden Landstraßen endeten in Jahrsau. Der Dreißigjährige Krieg wie auch der Napoleonische Krieg hatten Jahrsau nicht gefunden – es lag ja »im Holze«. Anders die 1945 einrückenden Russen, die die Dorfbewohner für sich einen Maschinengewehrstand und Laufgräben bauen ließen.

Damals begann die Uhr zu ticken. Noch verblieben manchem Jahrsauer Bauern sieben Jahre und ein paar Tage in ihrem Dorf ...

Das 1375 bereits urkundlich erwähnte Jahrsau, das im Jahr 1946 39 Einwohner in fünf bewohnten Gehöften hatte, wurde 18 Jahre nach der ersten Zwangsaussiedlung im Mai 1970 durch Einebnung aller Gebäude komplett zerstört, um zur Grenze hin eine »sicht- und schussfreie Zone« zu schaffen.

Auch die Kapelle, die einst am Ortseingang gegenüber der kleinen Dorfschule stand, existiert heute nicht mehr. Nicht sowjetische

Truppen, sondern DDR-Grenzer hatten das Kirchlein zunächst noch als Unterstand und Pferdestall benutzt. Anfang 1970 erhielt ausgerechnet der ehemalige Pfarrer von Riebau den Auftrag, die Kapelle abzureißen – zwecks »Verschönerung der Staatsgrenze«! Der Altar aus dem Jahr 1499 war da bereits verschwunden.

Die Glocke von Jahrsau überstand die Zerstörung und ruft heute in der Nachbargemeinde Klein Chüden die Gläubigen zum Gebet.

Die Lerche übertönte das Jubilieren der anderen Vögel, leichter Wind strich über das Land.

Wir bestiegen unsere Fahrräder und radelten durch Felder und Auwälder, in denen es so friedlich und still war wie zuvor in der Wüstung Jahrsau. Wir passierten den in sumpfigen Wiesen stehenden Grenzturm Chüden, folgten dem »Alten Landgraben« und erreichten an der Straße Salzwedel–Lubbow den nächsten »Grenzturm«. Hohläugige graue Monstren, einst Drohgebärden, so menschenverachtend wie Minen und elektronisch gesicherte Zäune, die barbarische Zerstörung Hunderter Dörfer und die Zwangsumsiedlung Tausender. Heute Mahnmale.

Da kamen uns die schon 1970 festgehaltenen Worte von Anita S., einer Bewohnerin von Riebau, in den Sinn: »Als ich damals von der Kur zurückkam, lag da ein großer Schutthaufen in Riebau, und ich habe gefragt, was das soll. Da haben sie mir gesagt: ›Das ist Jahrsau!‹.«

26 Grenztragödien und ein zerrissenes Dorf

Fischotter von West und Ost, vereinigt euch! Böckwitz:
durch die Kneipentoiletten in den Westen getürmt.

Zeit heilt Wunden, heißt es.

Hier tanzen Kraniche im einstigen Minenfeld, dort radeln wir auf von Militärfahrzeugen malträtierten Betonplatten durch die reizvollsten deutschen Landschaften. Das Grüne Band ist schon heute eine gute Investition in die Zukunft.

Dann aber brechen unvermittelt alte Wunden auf: gestern in Jahrsau, heute am Flüsschen Jeetzel zwischen Salzwedel und Wustrow/Wendland.

Wo Naturschützer jüngst durch Wiedervernässung der Kusebruchwiesen neue Lebensräume für Wasservögel schufen, stirbt in der Nacht vom 16. auf den 17. Januar 1973 der 26-jährige Maschinenbauingenieur Hans Frank aus Meißen.

Eine menschliche Tragödie: Gegen 23.30 Uhr registrieren westdeutsche Zollbeamte Detonationen. Im Nebel finden sie kurz darauf den durch Selbstschussanlagen schwerst verletzten Hans Frank. In rasender Fahrt bringen sie ihn zum Arzt, der »schwerer Schockzustand« diagnostiziert. Die Hauptschlagader ist getroffen. Starker Blutverlust. Zoll- und BGS-Beamte spenden noch im Krankenwagen Blut. Vier Stunden nach der Operation im Krankenhaus Dannenberg stirbt Hans Frank.

Der Bericht der Grenztruppen vom darauffolgenden Morgen über eine Kranzniederlegung auf westlicher Seite klingt im militärischen Jargon zynisch-nüchtern:

Geheime Verschlußsache!

- Minister für Nationale Verteidigung
- Erster Sekretär des ZK der SED ...

... näherten sich aus Richtung Blütlingen (BRD) zehn Pkw besetzt mit zehn Angehörigen des BRD-Zollgrenzdienstes und 14 Zivilpersonen der Staatsgrenze.

Es folgte eine Kranzniederlegung und eine der anwesenden Zivilpersonen hielt eine Gedenkrede von ca. fünf Minuten Dauer ... Der Abschnitt wird durch Grenzposten verstärkt gesichert, die Handlungen wurden fotografisch dokumentiert ...

Peter

Generalleutnant

Weiterfahrt. Ohrdorf im Landkreis Gifhorn ist wenigen bekannt, ein kleiner Ort im Südosten der Heide, der heute zur Stadt Wittingen gehört. Die allerdings kennt man seit 1429 als Bierbraustadt.

Ohrdorf ist zumindest Namensgeber für das hier entspringende Flüsschen Ohre. Zur Zeit des Kalten Krieges markierte die Flussmitte die deutsch-deutsche Grenze. Der Grenzweg ist über große Abschnitte nicht mehr existent. Es ist ein Vergnügen zu erfahren, dass man dort, wo früher NVA-Soldaten ihre Stiefelabdrücke hinterließen, heute die Fährten von Biber und Fischotter findet.

Niemand könnte uns über solcherart »Grenzverkehr« besser Auskunft geben als die Naturschützer vom Otterzentrum Hankensbüttel.

»1988 kreierten wir im Otterzentrum Hankensbüttel den Slogan ›Fischotter von West und Ost, vereinigt euch!‹. Damals gab es noch zahlreiche Otter in den weitgehend naturbelassenen Gewässern der Altmark«, berichtet uns Dr. Oskar Kölsch, wissenschaftlicher Mitarbeiter im Otterzentrum. Wir hatten uns mit ihm am Rande von Hankensbüttel, eine knappe Fahrstunde nördlich von Wolfsburg, getroffen, wo wir am Ufer des Isenhagener Sees im Schatten einiger

Erlen und Linden plaudern, während der Wind im Schilf spielt, hinter dem ein Stockentenpaar laut schnatternd vorbeischwimmt.

Noch zu Beginn des 20. Jahrhunderts traf man Fischotter überall dort, wo es genügend Wasser gab – von den Alpen bis an die Küste. Und dazwischen bevölkerte der freundliche Geselle Flüsse, Bäche, Seen und Teiche. Doch plötzlich verschwand der Otter binnen weniger Jahrzehnte.

Was war der Grund?

Der Mensch! Denn der hatte ihn schon immer geliebt: Er war Lieferant des besonders bei Adeligen geschätzten Pelzes und »Fastenspeise«, als die ihn die katholische Kirche anerkannt hatte. Gleichzeitig aber war er Konkurrent des Menschen beim Fischfang. Doch all das hatte der Otter mit etwas Glück überlebt.

»Das Hauptproblem war die Zerstörung seines Lebensraums. Flüsse wurden im 20. Jahrhundert begradigt, Uferbäume und Bü-

Oskar Kölsch, Hankensbüttel: »Fischotter von West und Ost, vereinigt euch!«

sche gerodet. In dem Maße, wie seine Umgebung zerstört wurde, verschwand auch der Otter. Hinzu kam die Gewässerbelastung. Der Otter steht am Ende einer Nahrungskette: Die Kleinstlebewesen im Wasser werden vom Fisch gefressen, und der Otter frisst Fisch. Wenn durch Zerstörung des Lebensraums ein Glied in der Kette fehlt, ist auch des Fischotters Lebensquelle zerstört.«

Große Zeitungen wie die *Frankfurter Allgemeine* machten damals auf die Tragödie im Tierreich aufmerksam und titulierten: »Bald die letzten Fischotter?«

»In den westlichen Bundesländern gab es in den 1970er-Jahren nur noch sehr wenige Otter«, erinnert sich Oskar Kölsch. »Anders in der ehemaligen DDR. Warum, weiß man nicht genau, denn die war in Sachen Umweltschutz alles andere als zimperlich ... Aber immerhin blieben viele Gewässer dort naturbelassener.«

Der mittlerweile verstorbene Claus Reuther war der maßgebliche Initiator von Europas erstem Otterzentrum, das 1988 in Hankensbüttel am Isenhagener See gegründet wurde. Es ist noch immer das einzige seiner Art in Europa.

Agraringenieur Kölsch, der schon bald nach der Gründung zu dem Team von Wissenschaftlern stieß, schätzt den deutschlandweiten Otterbestand auf sicherlich einige Tausend Tiere. Doch genaue Zahlen kennt niemand.

»Der Otter ist ein nachtaktiver Einzelgänger, der in seinem großen Revier bei Dunkelheit bis zu 20 Kilometer weit streift. Dabei ist es ihm egal, ob er am See oder am Fluss lebt, solange nur Fische drin sind ...«

Die Schaffung neuer und die Wiederbelebung früherer Lebensräume sind die Kernprojekte des Otterzentrums.

»Exemplarisch dafür steht die 43 Kilometer lange Ise, die südlich von hier in Richtung Aller fließt«, sagt Kölsch. Noch vor 50 Jahren wurde der Fluss kanalartig ausgebaut – tödlich für die Artenvielfalt! Die Aktion »Fischotterschutz« nahm sich der Sache an, pflanzte Hecken und Ufergehölze. Schon stellten sich Libellen und Brutvögel ein, und auf einmal war auch der Fischotter nach 20-jähriger Abwesenheit wieder in der Ise.

In freier Natur bekommt man den scheuen, nachtaktiven Fischotter nur sehr selten zu Gesicht. Im Otterzentrum Hankensbüttel hingegen haben wir Gelegenheit, dem verspielten Gesellen und seinen nächsten Verwandten, dem dicken Dachs, dem frechen Steinmarder, Baummarder, Iltis und dem wieselflinken Hermelin, ins Auge zu schauen.

Auch an einigen Abschnitten des Grünen Bandes wurde der Otter wieder heimisch.

»Es gibt Fischotter an der Ohre, und im Bereich der Brome lebt der Biber. Wir hoffen, eines Tages die Besucher an der Ohre so zu lenken, dass sie behutsam mit Otter und Biber in Kontakt kommen und dort gleichzeitig die ehemalige Grenzsituation nachempfinden können.«

Doch bis dahin wird noch viel Wasser die Ohre hinunterfließen. Wie viele Fischotter heute im ehemaligen Grenzfluss leben, weiß auch Oskar Kölsch nicht. »Wie Indianer krochen wir manchmal durch den Busch, um dem Flusslauf folgen zu können«, erinnert er sich. »Wir fanden mal Trittspuren, mal Kot, aber alles von Durchzüglern.«

Ungestört sollte der Fischotter an der Ohre eigentlich sein, denn fast überall entlang dem Flüsschen wurde der Kolonnenweg beseitigt.

»Oberstes Ziel ist es, das Gewässer so herzurichten, dass es wieder ein dauerhafter Lebensraum für die Otter und ihre Jungen wird.« Den putzigen Pelzträger wird es freuen. Und wir haben ein weiteres Naturparadies mitten in Deutschland entdeckt.

Behutsam wie Indianer bewegten auch wir uns in Richtung Süd-osten bis zum Flecken Brome. Etwa dort, wo der Naturpark Dröm-ling spitz nach Westen ragt, liegen die Orte Zicherie und Böckwitz: durch Mauer, Stacheldraht und Todesstreifen einst voneinander getrennte Nachbardörfer – ein Szenario, wie es die wilde Phantasie eines Hollywood-Autors nicht gespenstischer hinbekäme.

Früher kamen die Fernsehteams aus ganz Europa hierher und bauten Scheinwerfer auf, um das düstere Bild ins rechte Licht zu rücken, Minister hielten Reden, Außenminister Genscher pflanzte einen Baum, der Bundespräsident legte einen Kranz nieder.

»Von jeher verstanden sich Böckwitz und Zicherie als Doppel-ort. Und durch den verlief schon früher eine Grenze, nämlich zwi-schen den Königreichen Preußen und Hannover«, erzählt uns Willi Schütte aus Böckwitz. »Aber die war nur ein Strich auf der Land-karte ...«

Da bot sich ein anderes Bild, als die DDR ihre Grenze durchs Doppeldorf immer dichter, höher, unüberwindlicher machte, Zäune und sogar eine nachts beleuchtete Mauer zog und mitten im Dorf einen Todesstreifen anlegte. Ein Albtraum, der Familie, Freunde, kurzum alles trennte. Die Mauer verhinderte Blickkon-takt. Psychoterror pur!

Die Grenze zerschnitt jetzt auch Familien, die vorher alles ge-meinsam genutzt hatten: Schule, Molkerei, Schmiede, Schlosserei, Bäckerei – alles war drüben in Böckwitz, selbst der Schuster.

Willi Schütte stemmte sich nach der Wende gegen das Vergessen. Am 11. August 1953 war der 14-Jährige in den Westen geflohen. »Der Druck war unerträglich geworden. Es hatte damit begonnen, dass meine Mutter auf unserem Hof untergebrachten Flüchtlingen ein paar Kilo von unserer Kartoffelernte von 500 Zentnern abgegeben hatte. Die Kommunisten kamen dahinter und verurteilten meine Mutter wegen ›Diebstahls von Volkseigentum‹ zu zwei Jahren

Zuchthaus«. Er lacht bitter. »Dabei waren es Kartoffeln von unserem eigenen Hof gewesen!«

Das elterliche Anwesen erhielt er im Januar 1991 zurück, die Ländereien drei Monate später. Die Gebäude waren desolat. »Schieb alles mit der Planierraupe zusammen«, rieten Freunde. Doch Schütte ließ sich nicht entmutigen, war an Wochenenden mit seinem Traktor unterwegs, um von Freunden und Bekannten Exponate für seine geplante Ausstellung zusammenzutragen und baute alles in Eigeninitiative wieder auf. So entstand auf seinem in Böckwitz liegenden Bauernhof die Grenzausstellung. Auch ein Grenzturm blieb stehen. Nicht jeder in Böckwitz war darüber erfreut: »Du hast ja auch nicht 30 Jahre auf die Mauer geschaut …!«, hielt man ihm entgegen. Doch er überwand die Widerstände, und man vervollständigte die Grenzausstellung um einen Grenzlehrpfad.

Auf Fotos zeigt Willi Schütte, wie es damals nach dem Krieg hier zuging: »Das war unsere Gastwirtschaft. Die Grenze ging mittendurch, das heißt genau genommen: durch den Stall, die Kneipe selbst lag in der DDR, die Toilette in Westdeutschland. Viele gingen ›mal eben‹ aufs Klo, öffneten das Fenster und türmten in den Westen.«

Doch die DDR-Organe waren humorlos, rissen dieses Gebäude sowie andere Bauernhöfe ab und bauten dort, wo früher bei Tanz und Bier fröhliches Miteinander angesagt war, Todesstreifen und Mauer.

»Beim Böckwitzer Schmied hatten wir eine ähnliche Situation: Manche brachten ihm ein Fahrrad zur Reparatur. In Wahrheit öffneten sie die nach Westen führende Tür der Schmiede und spazierten in die Freiheit. Jeder im Dorf wusste: Ein rotes Tuch im Fenster bedeutete ›Der Russe ist da. Vorsicht!‹.«

Doch den Grenztruppen entging das alles nicht. Als Dorfwirt Otto Hartmann sah, dass sein Klofenster nach Westen vernagelt wurde, flüchtete auch er. Friedrich Lenz, der Gebäudeeigentümer, führte nun das Gasthaus selbst weiter, bis er – ebenso wie der Schmied – 1952 während der »Aktion Ungeziefer« zwangsumgesiedelt wurde.

Danach wurde die Grenze immer dichter, unmenschlicher. »Eine Situation, die sich niemand vorstellen kann, der nicht dabei war«, sagt Willi Schütte.

Doch die Menschen im geteilten Doppeldorf hielten nach wie vor zusammen. Immer wenn in Zicherie Schützenfest war, marschierte die Feuerwehrkapelle mit Pauken und Trompeten bis zum Schlagbaum und musizierte besonders laut. Dann ließen die DDR-Grenzer ihrerseits über Lautsprecher Schallplattenmusik dröhnen. Damit nur ja niemand in Böckwitz den Gruß der Nachbarn aus Zicherie mitbekam ... Ein aberwitziges Verhalten!

Die Mauer zwischen Böckwitz und Zicherie fiel am 18. November 1989. Doch fiel sie auch in den Köpfen der Dorfbewohner links und rechts?

»Es ist spürbar, dass man 40 Jahre lang in unterschiedlichen Systemen lebte«, sagt Willi Schütte. »Die Stasi hat fast 40 Jahre gebraucht, die Mauer zu perfektionieren, wir brauchen vielleicht 40 Jahre, um sie auch in den Köpfen der Menschen wieder abzureißen.«

In Zicherie setzen wir unsere Reise nach Süden fort und folgen der an der Landesgrenze von Sachsen-Anhalt entlangführenden Kreisstraße nach Kaiserwinkel. Im Osten ahnen wir den Naturpark Drömling, ein Ökojuwel. Und diesseits der ehemaligen Grenze stehen wir plötzlich zwischen Birken und Kiefern vor dem »Lichtenstein-Denkmal« und lesen:

»An dieser Grenze wurde am 12.10.1961 der Dortmunder Journalist Kurt Lichtenstein erschossen, weil er als Deutscher mit Deutschen drüben sprechen wollte.«

Lichtenstein war der Erste, der nach dem Bau der Berliner Mauer von DDR-Soldaten getötet wurde.

Am 17. Juni 1962, dem Tag der Deutschen Einheit, knapp ein Jahr später, fand in Zicherie eine Kundgebung mit Tausenden von Teilnehmern statt.

Lichtensteins Schicksal bewegt noch heute.

Der Sohn eines kleinen jüdischen Kaufmanns in Berlin schließt sich 1920 den Kommunisten an, muss aber bald schon Deutschland verlassen. Als Freiwilliger kämpft er in den Internationalen Brigaden des Spanischen Bürgerkriegs, gehört später zur französischen Résistance, kommt im Widerstand mit Erich Honecker zusammen. Nach 1945 baut er die KPD mit auf und ist Chefredakteur westdeutscher kommunistischer Zeitungen, fällt aber bei der KPD in Ungnade und wird 1953 aus der Partei ausgeschlossen.

Es scheint, als habe er seinen neuen Weg gefunden, als er ein paar Jahre später Redakteur der *Westfälischen Rundschau* wird.

Wenige Monate nach dem Mauerbau arbeitet Lichtenstein an einer Reportage über die innerdeutsche Grenze. Anfang Oktober 1961 reist er in die Südheide, informiert sich beim BGS über den Grenzverlauf, fährt anschließend mit seinem roten Ford Taunus in Richtung Kaiserwinkel, wo er stoppt, um auf der gegenüberliegenden DDR-Seite mit Landarbeitern einer LPG – übrigens auf dem Land, das inzwischen wieder Willi Schütte gehört – zu sprechen. Dabei überschreitet er die Grenze. Zwei Grenzsoldaten schießen und töten ihn. Die DDR lässt ihn einäschern und schickt die Asche per Post seiner Witwe. DDR-Medien berichten: »Westdeutscher Provokateur verletzt Staatsgrenze.«

Zwei Wochen nach Lichtensteins Tod findet in Dortmund in Anwesenheit des Bundesministers für Innerdeutsche Beziehungen die Trauerfeier statt. SPD-Urgestein Herbert Wehner hält die Trauerrede.

Immer wieder gibt es Spekulationen, dass Kurt Lichtenstein als abtrünniger Kommunist von seinen ehemaligen Weggenossen gezielt liquidiert worden sei. Ein Buch *Erschossen in Zicherie* erscheint 1994. Bis heute bleiben viele Fragen offen.

36 Jahre nach Lichtensteins gewaltsamen Ende findet der Prozess gegen die Todesschützen statt. Die wegen Totschlags angeklagten Männer, die damals für ihre Schüsse eine Medaille für »vorbildliches Verhalten« erhielten, werden freigesprochen.

27 Land der tausend Gräben

Drömling – Heimkehr des Bibers. Der verbotene Blick in den
Sonnenuntergang. Geldregen aus dem Zug in die Freiheit.

Auch der Drömling ist ein Stück »DDR-Tafelsilber«, das am 12. September 1990, kurz vor dem Ende der DDR, unter Naturschutz gestellt wurde.

Mit Wolfgang Sender von der Naturparkverwaltung reisen wir durch gut 1000 Jahre Zeitgeschichte, in denen der Mensch dieses 278 Quadratkilometer große Niederungsgebiet formte.

Der Mönch Widukind vom Kloster Corvey nannte es im Jahr 938 »Trimining«, möglicherweise eine Bezeichnung für den sumpfigen Grund hier. Für den Dichter Wilhelm Raabe war der »Dräumling ... berühmt wegen seiner fetten Frösche«.

Zu Raabes Zeiten war das Sumpfland längst von Friedrich dem Großen trockengelegt worden. Der durch den Drömling mäandernden und zerfließenden Ohre wurde damals ein Flussbett gebaut. Entwässerungskanäle, Gräben und Brücken entstanden. 3000 Arbeiter schaufelten, hämmerten und krempelten diese Landschaft geradezu um. Im Jahr 1796 waren 300 Quadratkilometer Land urbar geworden, und die landwirtschaftliche Nutzung begann.

»Die war extensiv, denn nach wie vor waren viele Flächen Feuchtgebiete, was der Natur zugutekam ...«, weiß Wolfgang Sender. »Viele anderswo selten gewordene Tierarten fanden hier Rückzugsgebiete. Und als die innerdeutsche Grenze durch den Drömling lief, wurde es für die Tiere noch stiller. Da man kaum Zäune im Sumpf ziehen konnte, bauten die DDR-Grenztruppen den Hauptzaun weiter östlich im Hinterland, also etwa bei den Orten Breitenrode und Buchhorst. Der etwa 540 Hektar große Abschnitt des Oebisfelder-

Breitenroder Drömlings war durch diese Abschottung – wenn auch ungewollt – ein De-facto-Naturschutzgebiet. Heute ist hier eine von drei Kernzonen unseres Naturparks.«

Früher hatte hier ein Kranichpaar gebrütet. »Heute sind es vier Paare, auch der Seeadler ist wieder da. Die höchste Siedlungsdichte von Vögeln findet man im Jahrstedter Drömling, wo auch Schilfrohrsänger, Kamingimpel, Schlag- und Rohrschwirl zu Hause sind. Alles Arten«, verrät uns Wolfgang Sender, »die feuchte Lebensräume benötigen.«

Während wir mit dem Naturschützer über Land fahren und auf einem Kanal im dunstigen Gegenlicht Schwäne wie auf einem Gemälde der Romantik schwimmen sehen, staunen wir, dass es im Drömling sage und schreibe 1725 Kilometer Wasserläufe gibt, zwischen denen 40 Weißstorchpaare brüten. Neben 118 Brutvogelarten lebt hier auch der Fischotter.

»Der alte Grenzweg ist im Naturpark verschwunden. Man wollte damals nicht mehr an die Teilung erinnert werden.« Er schmunzelt. »Uns Naturschützern war das recht, denn ohne Plattenweg kein Zugang, und damit ist unser Tierparadies perfekt.«

Tausende Kraniche rasten hier im Winter neben Saat- und Blässgänsen. Sobald die einfallen, ist die Luft erfüllt von einem 20 000-stimmigen Vogelkonzert.

Im Frühjahr das Gleiche: »Wenn unsere heimischen Kraniche bereits brüten, verweilen die nordwärts ziehenden Vögel ein wenig, da in ihrem Sommerdomizil noch Eis und Schnee liegen. Aber die Kraniche balzen, und wenn ihre Reise beginnt, sind die Eier mit dem Nachwuchs fast schon im Bauch entwickelt. In Norwegen und Schweden angekommen, legen sie ihre Eier und brüten. Doch wieder mal heißt es sich sputen, denn der Nordlandsommer ist kurz. Die Jungen schlüpfen in eine Welt des Überflusses. Der hilft ihnen, sich schnell zu entwickeln. Denn anders als unsere Kraniche müssen diese bereits Ende August südwärts fliegen, da im Norden der Winter vor der Tür steht.«

Es ist ein warmer, dunstiger Sommerabend, als wir durch dieses »Land der tausend Gräben« fahren. Auf einer Wiese grast eine Herde wild und naturnah gehaltener stämmiger, brauner Galloway-Rinder. Die Sonne sinkt tiefer, und ihr Rot funkelt wie rubin in den Zweigen der Erlen und Weiden.

Auf den tausendfachen Ruf der Kraniche und Wildgänse müssen wir allerdings noch warten. »Im Spätherbst«, schwärmt Wolfgang Sender, »treffen schon mal 50 Vogelfreunde hier zusammen, darunter Besucher aus östlichen wie westlichen Bundesländern und Einheimische, um im ehemaligen Grenzgebiet diesem großen Naturschauspiel beizuwohnen.«

Und noch eine gute Nachricht hat er für uns: »1938 wurde der letzte Drömling-Biber vom Jagdaufseher Reimann nahe Breitenrode geschossen. Fast auf den Tag genau 56 Jahre später baute an derselben Stelle wieder ein Biber seine Burg.«

Die Naturparkverwaltung Drömling befindet sich in der rund 7000 Einwohner zählenden Kleinstadt Oebisfelde, wo uns der Vorsitzende des Heimatvereins, Ulrich Pettke, vom Leben an der Grenze erzählt.

Als die aufging, schnappte er sich einen Blumenstrauß, stieg mit seiner Familie im Bahnhof Oebisfelde in einen Zug und fuhr erstmals in seinem Leben nach Westen in die Nachbarstadt Wolfsburg. »Die Blumen überreichte ich dort einem uniformierten Bahnbediensteten. Ich wollte einfach jemandem eine Freude machen!«

Er wuchs in Oebisfelde auf und lebte auch später in der Eisenbahn- und Grenzstadt, durch die viele Güter- und Interzonenzüge fuhren.

»Damals war hier viel los«, erinnert sich Pettke. »Für den Eisenbahnknoten Oebisfelde arbeiteten rund 1000 Menschen, Uniformierte eingeschlossen. Hier gab's alles: Bahnhof, Betriebswerk, Starkstrommeisterei, Hochbaumeisterei und eine Außenstelle des Reichsbahn-Ausbesserungswerks Stendal. Güterzüge wurden hier zusammengestellt, und wegen der Grenznähe war ein Bataillon des Grenzregiments 23 bei uns stationiert.« Heute ist der Bahnhof Oebisfelde weniger bedeutend, nur für kurze Augenblicke voller Leben: wenn mit hoher Geschwindigkeit der ICE Hannover–Berlin durchrauscht ...

Oebisfelde lag im Sperrgebiet, und so lebte man auch hier mit Sonderstempeln in den Ausweisen und Passierscheinen. Die Aller, den kleinen romantischen Grenzfluss nach Niedersachsen, sah der 1956 geborene Ulrich Pettke allenfalls aus der Ferne.

»In der neunten Schulklasse«, erinnert er sich, »war mein Hobby Astronomie und Raumfahrt. In dieser Zeit sollte einmal kurz vor Sonnenuntergang eine Sonnenfinsternis stattfinden. Das mussten mein Freund und ich uns ansehen. Und da Sonnenuntergänge nun mal im Westen sind, gingen auch wir Richtung Westen. Aber da verlief die Grenze. Doch wir waren jung und schauten unbefangen auf die Grenzanlagen. Die nur 20 Meter entfernten Soldaten ließen uns gewähren. Aus der Beobachtung der Sonnenfinsternis wurde allerdings nichts, da sich im entscheidenden Moment eine Wolke vor die Sonne schob.

Am nächsten Morgen aber waren sie da: Stasi in Zivil und Uniformierte in fünf Autos. Mit einem irren Aufwand wurden mein Freund und ich zum Polizeigebäude eskortiert. Pausenlose Verhöre von Stasi und Kripo, natürlich einzeln. Ich konnte nur immer wieder von meinem Hobby, der Astronomie und Raumfahrt, erzählen. Das war wohl glaubhaft, denn nach gut einer Stunde ließen sie uns gehen.«

Wir folgen Ulrich Pettke über die jetzt nur noch imaginäre Grenzlinie hinaus bis dorthin, wo der Oebisfelder Heimatverein in Zusammenarbeit mit dem Heimatverein im niedersächsischen Velpke eine zwölf Quadratmeter große Tafel mit Bildern und Daten über die ehemaligen DDR-Grenzsperranlagen errichtet hat.

Pettke tippt auf ein paar Zahlen: »869,9 Millionen Mark für Anlage und Bauten der Grenze. Allein jeder Kilometer Grenzmauer kostete 830 000 Mark.« Und zeitgleich zerfielen wunderschöne alte Städte!

Mit ihm besteigen wir den Turm der nach der Wende mit viel Geld und Liebe zum historischen Detail sanierten Burg Oebisfelde aus dem 13. Jahrhundert, heute wieder ein Schmuckstück.

Auf Fotos aus den 1970er-Jahren schauen wir in leere, tote Fensterlöcher in einer völlig baufälligen und heruntergekommenen Burgruine. Geld, das hier benötigt worden wäre, verschwand in der Abermillionen Mark teuren Grenze, die die DDR zum bestgesicherten Gefängnis der Welt machte.

»Man registrierte und bedauerte es, wenn ein schönes, altes Haus nach dem anderen zusammenfiel«, sagt Ulrich Pettke, während wir hoch oben über dem Dach der Burg stehen und über die Altstadt von Oebisfelde schauen.

»Statt die hübschen alten Gebäude zu retten, bauten sie gesichtslose Wohnblöcke. Damals war das begehrter Wohnraum, heute sieht man das sehr viel anders. Jeder musste zusehen, dass er über die Runden kam. Meine Frau und ich hatten zum Beispiel ein altes Haus und benötigten Baumaterial. Man erhielt aber nur fünf Sack Zement pro Person. Also zog ich mit Vater, Mutter, Frau und Freund los, und jeder bekam fünf Sack. Der Verkäufer wusste natürlich genau, was hier abging. Aber wir hatten unsere 25 Sack Zement …

So war's auch mit anderen Dingen: jahrelanges Warten auf Dachziegel. Und auf Steine. Wir hatten Glück, ›kloppten‹ 3000 Steine von einem Haus, das wegen seiner Grenznähe abgerissen worden war. Damit zogen wir unseren Schornstein hoch. Mit Fensterrahmen war es ebenso wie mit Fensterglas: Alles lief nur über Beziehungen. Und fast unvermittelt kam die Wende.

Auf einmal war da jener Zug ...«, erinnert sich Ulrich Pettke und hält uns eine Zeitung hin. Es ist die *Volksstimme* vom 2. Oktober 1989 (Preis: 15 Pfennige). Auf Seite eins lesen wir unter der Überschrift »Humanitärer Akt«: »... daß die sich in diesen Botschaften in Prag und Warschau rechtswidrig aufhaltenden Personen aus der DDR mit Zügen der Deutschen Reichsbahn über das Territorium der DDR in die BRD ausgewiesen werden ...«

»Diese Züge rollten von Prag durch die DDR hier über unseren Bahnhof, nur 50 Meter von meinem Grundstück entfernt.« Ulrich Pettke, der damals selbst bei der Deutschen Reichsbahn arbeitete, war dabei. »Wir wussten, wann sie eintreffen würden. Kurz zuvor

Mit Ulrich Pettke bei Spreewaldgürkchen und Bildern aus der DDR-Zeiten.

ließ die Stasi rechts und links vom Gleis Güterzüge auffahren, die die Sicht versperrten. Aber wir sahen die Züge trotzdem, und wir sahen die glücklichen Menschen, die in den Fenstern winkten und riefen ›Kommt mit!‹ und das letzte DDR-Geld aus den Fenstern schmissen. Es war ein einziger Jubel!«

Ulrich Pettke kramt weiter in dem Stoß Zeitungen.

Eine Überschrift auf der Titelseite der *Volksstimme* lautet: »Sich selbst aus unserer Gesellschaft ausgegrenzt.«

Noch am 9. Oktober 1989 jubelt dieselbe Zeitung auf Seite eins neben einem Foto von Honecker und Gorbatschow: »Nach 40 erfolgreichen Jahren setzten wir unseren bewährten Kurs fort.«

In der *Volksstimme* vom darauffolgenden Tag findet sich allerdings die Randnotiz: »Neue Regelung für Reisende«. Darunter: »48.177 Übersiedler in einer Woche«. »Übersiedler« schreibt die Zeitung jetzt, nicht mehr »Grenzverletzer« … Das war drei Tage nach Michail Gorbatschows denkwürdigem Ausspruch »Wer zu spät kommt, den bestraft das Leben.«

28 Das Monstrum

Marienborn – Bollwerk des Grenzregimes. Perfektionierte Persönlichkeitszersetzung. Die flexible Grenze bei Offleben.

»Es ist der Horror«, sagte mein Cousin aus Kanada. Er, der im Norden British Columbias lebt, mit seinem Segelboot entlang der wilden, gletscherbepackten Westküste segelt und auf Bärenjagd geht, wiederholte: »Marienborn ist der Horror!«

Marienborn – wo Pässe über endlos lange, graue »Förderbänder« hoppelten, wo mit Spiegeln unter Autos geschnüffelt wurde. Wo man – dieser Macht des Apparats bedingungslos ausgesetzt – nach endlos langer Zeit durchgewinkt wurde.

Für mich bleibt jene Winternacht 1985 unvergesslich, als ich von Berlin kommend in dem gleißend kalten Licht der Riesenscheinwerfer von Marienborn in ausdruckslose, graue Gesichter von Robotern gleich sich bewegenden Offiziellen sah. Emotionslos und in einer provokanten Mischung aus Arroganz, Ignoranz, Pedanterie und Gleichgültigkeit ließen sie mich spüren: »Du bist ein Niemand!«. Ich spürte die Kälte und Tristesse dieses Systems körperlich. Es dauerte lange, bis ich wieder frei atmen konnte.

Zu jenem Zeitpunkt hatte ich die Grenzen von mehr als 100 Ländern in allen Teilen der Welt überquert. Aber nie zuvor und nie wieder danach eine Grenze wie die bei Marienborn.

Knapp ein Vierteljahrhundert später: Man geht durch die geöffnete Tür unter der großen Tafel »Gedenkstätte Deutsche Teilung Marienborn – Eintritt frei« hindurch und steht vor jenen Baracken, von denen Dr. Joachim Scherrible, Leiter der Gedenkstätte, sagt: »Die überwiegende Zahl der 35 Millionen Reisenden, die Marienborn

allein zwischen 1985 und 1989 passierten, war hier so ›klein mit
Hut‹.« Und sein Zeigefinger steht gerade mal drei Millimeter über
seinem Daumen.

Er führte uns durch die einstige »GÜSt« (Grenzübergangsstelle)
Marienborn. »Die Kontrolleure wurden geschult in ›Operativer Psy-
chologie‹ mit dem Ziel der Zersetzung von Persönlichkeit. Und das
ließen sie westliche Besucher spüren. Obwohl die Mehrzahl der
Durchreisenden einen bundesrepublikanischen Pass in der Tasche
hatte und wusste, dass eigentlich nichts passieren konnte, war sie ein-
geschüchtert und verhielt sich so angepasst, wie die Stasi das wollte.«

Getreu dem Ausspruch Immanuel Kants »Geschichte ist Denken
über die Zukunft« arbeitet Joachim Scherrible hier mit seinem Team
von acht fest angestellten und 20 freien Mitarbeitern nicht nur an
der Aufarbeitung deutsch-deutscher Geschichte, sondern vor allem
auch an deren Vermittlung an die nächste Generation: »Junge Leute
sind unsere wichtigste Zielgruppe. Für einen 20-Jährigen ist kaum
noch vorstellbar, dass Marienborn ein Bollwerk des Grenzregimes
war, Synonym für Teilung und Trennung.«

Seine eigenen ersten Erfahrungen mit der »GÜSt« liegen lange
zurück: »Damals, Anfang der 1980er-Jahre, hatte ich mir für mein
erstes selbst erarbeitetes Geld einen gelben BMW 1802 gekauft. An
die Türen hatte ich mit dunkler Klebefolie, ähnlich der Zigaretten-
reklame von John Player Special, die Initialen meines Namens, also
›JS‹, geklebt. Vermutlich fiel ich durch diese Aufmachung auf. Vielleicht war ich den Grenzern suspekt. Jedenfalls versuchten sie mich
mit allen Finessen aus der Reserve zu locken und zu provozieren.
Ich diskutierte, bis es meinen Freunden hinten im Auto zu bunt
wurde und sie sagten: ›Halt den Mund, mit denen kannst du nicht
argumentieren!‹

Heute weiß ich, dass die meisten der hier rund um die Uhr in
Dreierschichten eingesetzten 1000 Mitarbeiter in der Fachschule

des Ministeriums für Staatssicherheit (MfS) in Potsdam geschult worden waren. Das Ziel: Zersetzung der Persönlichkeit. Und wer sich irgendwie hervortat, erhielt auch neben einer Geldprämie einen Orden und diese Medaille.«

Joachim Scherrible zeigt eine kreisrunde, weiße »Neuerermedaille« aus original Meißner Porzellan mit dem Aufdruck »Für ausgezeichnete Leistungen in der Neuererbewegung«. Eine Ehrung für vom Staat gelenkte schöpferische Leistungen und Initiativen im »sozialistischen Wettbewerb«.

Anders als die Zöllner waren die hier arbeitenden Passkontrolleure hauptamtliche Stasi-Mitarbeiter und fühlten sich als DDR-Elite, als »Schild und Schwert der Partei«. »Das berichten uns oft frühere Mitarbeiter, die heute gelegentlich nach Marienborn zurückkommen«, sagt Scherrible. »Aber gleichzeitig erzählte mir einer von denen, dass er ›kurz bevor er sich verliebte‹, seinen Vorgesetzten gefragt habe, ob die Frau für ihn überhaupt infrage kommen dürfe. ›Der Daumen meines Vorgesetzten zeigte nach unten. Daraufhin habe ich mich eben für den Dienst entschieden ...‹. Und im nächsten Satz sagte er: ›Es war die schönste Zeit in meinem Leben. Ich hatte schließlich viele schnelle Autos ...‹«

Mochten die Mitarbeiter dieses Grenzbollwerks sich hier auch als Elite aufspielen, für die übrigen MfS-Mitarbeiter waren sie nur zweite Garnitur.

Doch keiner von all denen konnte sicher sein, dass nicht sogar der nächste Kollege ihn bespitzelte: »Insbesondere der Zoll war in hohem Maße vom MfS durchsetzt. Ein Bild in unserer Ausstellung zeigt fünf Zöllner beim Bier. Darunter als Zitat die Bildunterschrift: ›Wir waren fünf Zöllner, drei von uns waren IMs (Inoffizielle Mitarbeiter des Staatssicherheitsdienstes). Das wissen wir heute.‹ Bis in den privaten Bereich hinein funktionierte das System der kontrollierten Kontrolleure.«

Seit Eröffnung der Gedenkstätte Deutsche Teilung Marienborn kamen 1,8 Millionen Besucher. Ein heute sehr lebendiger Ort mit jährlich 1400 Seminaren, Bildungs- und Gedenkveranstaltungen und Projekttagen für Jugendliche.

»Dies war ja nicht nur die bedeutendste innerdeutsche Grenzübergangsstelle, sondern sie ist die einzige, die noch im Originalzustand erhalten ist.«

Von insgesamt 40000 historischen Fotos zeigt die Ausstellung etwa 1000, außerdem kann man sich mehr als 100 Kurzfilme ansehen.

Man erlebt hier auch die Geschichte des »Grenzverletzers« Hans-Jürgen Fricke, der mit einem Freund am 21. November 1983 mit einem Minol-Tanklaster die Barriere von Marienborn durchbrechen wollte. Doch die Rollschranke stoppt die rasende Fahrt. Heftiger Aufprall. Jeder Pkw-Fahrer wäre wohl auf der Stelle tot gewesen. Der Freund wird ›nur‹ durch die Frontscheibe geschleudert, ist verletzt. Fricke flüchtet zu Fuß in Richtung Grenze. Schüsse fallen. Man nimmt ihn fest, er kommt ins Gefängnis. Als er nach der Wende den vorletzten Staatsratsvorsitzenden Egon Krenz sagen hört, es gebe keine politischen Gefangenen mehr in der DDR, erhebt Fricke seine Stimme: »Mich habt ihr vergessen!« Er kommt frei.

»Es war hier ein ausgeklügeltes System«, sagt Scherrible. »Die gesamte ›GÜSt‹ Marienborn ist mit Versorgungswegen untertunnelt. Man betrieb einen gigantischen logistischen Aufwand, um diese Riesenanlage am Leben zu halten.« Und nach einem Moment des Nachdenkens: »Man muss sich vergegenwärtigen, wie viel geistige und materielle Energie aufgewendet wurde, um die eigene Bevölkerung einzusperren. 1000 Mitarbeiter hier, mehr als 40000 Mann entlang der Grenze, ausgerüstet mit modernster Technik und der ›Lizenz zum Töten‹. Diese Energie anders gelenkt, hätte sehr viel zum Wohl der eigenen Bevölkerung beigetragen.«

Am Abend des 9. November 1989, genau um 21.15 Uhr, fuhr die Ärztin Annemarie Reffert aus Gommern ihren Wagen vor den Grenzübergang und sagte, sie wolle »bloß gucken, ob die Grenze offen ist«. Nach kurzer Diskussion mit den Grenzern ließen die sie in Richtung Helmstedt ausreisen. Schabowskis sprachlicher Stolperer zur Grenzöffnung hatte das »Monstrum«, das »Bollwerk des Grenzregimes«, geschleift.

Unter den jährlich rund 175000 Besuchern sind viele Betroffene von damals. »Betroffene beider Seiten ...«, weiß der Leiter der Gedenkstätte. »Da ist der Mann, der erzählte, wie er damals an einem nasskalten Novembertag hier mit seinem dreijährigen Kind ankam. Es waren die Anfangsjahre, in denen man während der Abfertigung noch draußen vor dem Auto warten musste. Dem Kind wurde kalt. Endlich gelang es dem Vater, einen Passkontrolleur zu finden, den er fragte, ob nicht wenigstens sein Kind ins Auto dürfe. Der Grenzer lehnte ab. Und während mir der Mann Jahrzehnte später diese Geschichte erzählte, begann er plötzlich zu weinen.« Dieser Ort hat eben eine ungeheure Wirkung, über viele Jahre verdrängte Gefühle der Hilflosigkeit und des Ausgeliefertseins kommen wieder hoch.

»›Ich bin dein Papa ...‹, sagte der Mann damals zu seiner Tochter, ›aber ich kann dir nicht helfen.‹ Eine tiefe psychische Wunde, die auch lange, lange danach in unserem Gespräch wieder aufbrach. Dabei hatten viele der hier arbeitenden Stasi-Leute das Gefühl, sich völlig korrekt zu verhalten. Schließlich hielten sie sich penibel an ihre Dienstanweisung.«

Dass dabei kein Unrechtsbewusstsein aufkam, belegt eine andere Begebenheit, die Scherrible schildert: »Eines Tages kam ich in unserer geschichtlichen Ausstellung im ›KD-Raum‹, dem Körperdurchsuchungsraum, mit einer ehemaligen DDR-Zöllnerin ins Gespräch, die sich an folgendes Ereignis erinnerte: Bei einer 50-jährigen Frau, die aus dem Westen in die DDR einreisen will, wird kurz vor Weihnachten im Büstenhalter versteckt ein 50-D-Mark-Schein gefunden. Sie wollte ihn ihrem Enkelkind an Heiligabend unter den Weihnachtsbaum legen. Die Frau wird in pseudosachlich-bürokratischer Sprache aufgefordert, in Begleitung von zwei Zöllnerinnen in den ›KD-Raum‹ zu gehen, wo sie sich vollständig entkleiden und in eine Richtung bücken muss. Dann wird von den beiden Zöllnerinnen geprüft, ob sie möglicherweise in Körperöffnungen einen weiteren Geldschein stecken hat.

Ich sagte zu der ehemaligen Zöllnerin: ›Eine Frau, die ihrem Enkelkind zu Weihnachten Geld schenken will, ist doch keine Verbrecherin. Gleichwohl wird ihre Intimsphäre aufs Brutalste verletzt. Da wird doch eine ethische Barriere überschritten!‹ Die Antworten der Täter, in diesem Fall der Zöllnerin, sind eigentlich immer gleich: ›Bei uns in der DDR wurde alles sehr korrekt durch Dienstanweisung geregelt. Wir trugen Gummihandschuhe und durften nie direkt in Körperöffnungen hineingreifen. Und schließlich war in solchen Fällen immer ein Arzt in der Nähe. Es war alles sehr korrekt ...‹.«

29 »Die Erpressung durch die Stasi veränderte mein Leben ...«

Tatort Marienborn. Die bewegende Vita eines gescheiterten DDR-Flüchtlings.

Sein Leben verlief in geordneten Bahnen, bis sich am Neujahrstag 1978 der Kofferraumdeckel des schweren Mercedes mit Westkennzeichen öffnete und er aus dem Kofferraum in die eisigen Gesichter der Grenzkontrolleure blickte.

»Rauskommen!«, schnarrte eine Stimme.

Und E. Grünheid kletterte aus dem Kofferraum. Zusammen mit seiner schwangeren Frau, dem neunjährigen Sohn und der dreijährigen Tochter.

»Seit diesem Moment«, sagt Grünheid, »verlief mein Leben in ungewollten, in ungeordneten Bahnen.«

Der 1946 geborene junge Mann wohnt nach der Trennung der Eltern zunächst drei Jahre lang bei der Mutter in Hagen/Westfalen, wo er zur Schule geht, Freundschaften schließt. Bereits 1959 kehrt er zum Vater nach Erfurt zurück. Er wird später Mitglied der »Blockpartei« CDU, studiert auf dem zweiten Bildungsweg, wird Diplom-Ingenieur für Elektronische Datenverarbeitung und arbeitet bald schon in der EDV eines großen Kaliwerks der DDR.

Eine der Merkwürdigkeiten in seinem Leben ist, dass man ihn überhaupt in dieser sicherheitsrelevanten Position einstellt. »Meine Mutter lebte im Westen, das allein wäre aus Sicht des Staates ein Risiko gewesen.«

Der Beruf macht ihm Freude.

Aber da ist seine Mutter in Westfalen, zu der er, wie auch zur Großmutter und dem Onkel dort, eine sehr starke Bindung hat. Als

»seine« Blockpartei, die CDU, ihn für das Amt eines Bürgermeisters vorschlägt, im Gegenzug jedoch verlangt, sämtliche Kontakte zu seiner Mutter abzubrechen, ist er zutiefst enttäuscht. Ein Schlüsselerlebnis, das ihm endgültig die Augen über die politische Realität in der DDR öffnet. Er fühlt sich gedemütigt, eingesperrt.

Sein ehemaliger Schulfreund aus Hagen, ein Idealist und gläubiger Zeuge Jehovas, betrachtet es als seine moralische Pflicht, ihm und seiner Familie zu helfen.

»Ich bringe euch raus«, verspricht der.

»Ich hatte eine starke Frau, die mich unterstützte. ›Wir machen das!‹, sagte sie. Mein Freund mietete sich eine große Mercedes-Limousine und fuhr zu uns in den Kreis Wolmirstedt, dem heutigen Börde-Kreis. Wir stiegen ein.

Für unsere beiden Kinder war es eher ein Abenteuerspiel. Damit sie still sein würden, wollten wir ihnen leichte Beruhigungsmittel verabreichen.«

Es ist der 1. Januar 1978, Neujahrstag.

Ein kalter Tag, ohne Sonne, ohne Schnee, der Himmel ist verhangen. E. Grünheid spekuliert darauf, dass die Grenzsoldaten an diesem Tag noch in Feiertagslaune sind und das Auto zügig durchwinken, denn seit 1974 werden gemäß einer Vereinbarung mit der BRD auf der Transitstrecke keine Zollkontrollen mehr durchgeführt.

E. Grünheid erinnert sich an die Ereignisse, als ob es gestern wäre.

»16.00 Uhr. Wir treffen uns mit meinem Freund im Wald nahe unserem Dorf Zielitz, polstern den Kofferraum mit Bettdecken aus und klettern zu viert rein. Es ist den Umständen entsprechend bequem, die Luftzufuhr reicht. Unsere Kinder fallen in leichten Schlaf.

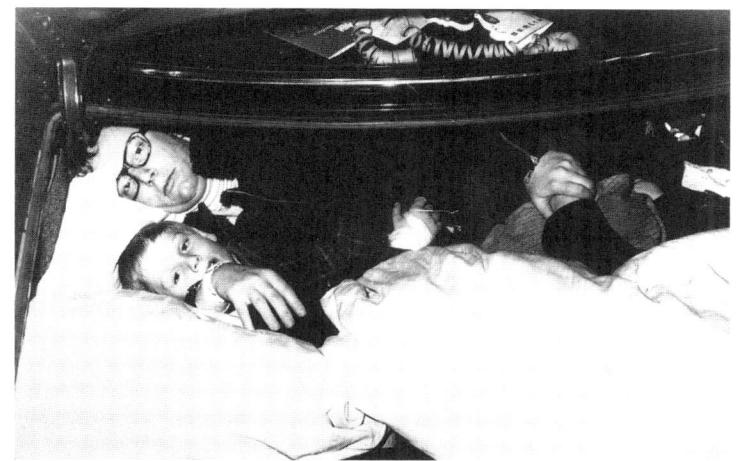
Stasi-Mitarbeiter entdecken Familie Gründheid im Kofferraum des Fluchtautos.

17.00 Uhr. Ankunft in Marienborn. Zähe, schleppende Abfertigung. Das Auto fährt an, stoppt, fährt an, stoppt, fährt an. Dann erneuter Stillstand. Das Warten wird unerträglich. Ich kriege Angst. Bis dahin hatte ich das Risiko erfolgreich verdrängt. Ohne diese Verdrängung hätte ich die Flucht nicht angetreten.

Ich suche die Hand meiner Frau, finde und drücke sie. Kein Wort fällt, kein Flüstern. Die Kinder schlafen. Ich spüre, wie sich das Auto langsam in Bewegung setzt, höre undeutlich Stimmen. Das Auto steht. Wieder Stimmen, ich spüre, wie das Blut aus meinem Gesicht und den Händen weicht …

18.00 Uhr. Der Kofferraumdeckel geht auf, Licht trifft meine schmerzenden Augen. Ich sehe eisige Gesichter. Eisige Kälte reflektieren auch die gleißend weißen Garagenwände. Ich höre knappe Befehle, Waffen werden auf uns gerichtet. Wie im Nebel vernehme ich die ängstlichen Rufe meines zuvor so souveränen, fast ›coolen‹ Schulfreundes: ›Nicht hauen! Nicht hauen!‹

Noch an Ort und Stelle rekonstruiert die Stasi unsere ›Republikflucht‹, indem wir immer wieder in den Kofferraum kriechen müssen, man fotografiert ohne Ende. Dann werden wir abgeführt und in getrennten Räumen verhört.«

E. Grünheid kommt ins Gefängnis, wo die Erpressung durch die Stasi beginnt: »Sie könnten in den Westen ›ausgesiedelt‹ werden. Es dürfte Ihnen allerdings klar sein, dass eine ›Aussiedlungsgenehmigung‹ für ihre zwei Kinder nicht infrage kommt. Außerdem ... Ihr ungeborenes Kind wird in der Haft zur Welt kommen, Ihr Baby könnte anschließend zur Adoption freigegeben werden ... Es könnte sich allerdings auch ganz anders entwickeln – wenn Sie kooperationsbereit sind ...«

Er wird zu drei Jahren Gefängnis verurteilt, von denen er ein Jahr in Magdeburg absitzt. Die fristlose Kündigung seines Arbeitgebers trifft noch in der ersten Haftwoche ein. »... nicht mehr tragbar ...«, heißt es darin. Auch seine Partei, die CDU, schließt ihn aus: »... nicht mehr tragbar ...«. Seine Tochter kommt vier Monate später in Freiheit zur Welt, denn seiner Frau wird auf Betreiben der Staatssicherheit kein Prozess gemacht.

Nach dem vorzeitigen Ende seiner Haftstrafe erhält er, der Diplom-Ingenieur für Elektronische Datenverarbeitung, ein vom Staat »zugewiesenes Tätigkeitsfeld«: Von nun an verkauft er Schweineställe an LPGs.

»Du wirst nie wieder eine Chance haben ..., wusste ich, denn meine ›Akte‹ würde mir bei jeder Bewerbung zuvorkommen.

Und die Stasi war auch jetzt wieder da: ›Gegen Ihre Frau kann jederzeit Anklage erhoben werden! Sie wissen schon ... Damals am Neujahrstag '78 in Marienborn ...!‹ So setzten sie mich unter Druck und bekamen letztlich, was sie wollten: einen ›Inoffiziellen Mitarbeiter‹. Wenn auch einen unwilligen. Sie erpressten mich.«

Aber am meisten belastet ihn die generelle Schuld. »Schließlich war ich es, der der Familie den ›Marschbefehl‹ gab.«

Durch den dauernden psychischen Druck und die einjährige Trennung während der Haft zerbricht seine Ehe. »Wir hätten die Dinge gemeinsam aufarbeiten müssen ... Danach sah ich keine Perspektive mehr im Leben.«

Aber er gibt sich einen Ruck, wechselt vom »Landtechnischen Anlagenbau« in den Kirchendienst. »Dort machte ich eine dritte Karriere ...«, sagt er bitter. Er steigt zum Konsistorialamtsrat der Evangelischen Landeskirche in der Kirchenprovinz Sachsen auf.

»Aber der Druck der Angst blieb. Die Stasi war immer präsent ... und forderte ...«

Nach Mauerfall und Wende wird er als Beamter aus dem Kirchendienst entlassen. »Besonders enttäuschend war, dass mich die Kirchenverwaltung trotz Kenntnis meiner ›Akte‹ in dieser schwierigen Situation allein ließ«, sagt er.

»Der Druck der Angst, der sich am 1. Januar 1978 aufbaute, wirkt bis heute.«

Wenn er in der Gedenkstätte Marienborn nach mehr als drei Jahrzehnten in jene »Fluchtgarage« kommt, spürt er wieder diese eisige Gänsehaut, die Blutleere in Kopf und Händen.

»Dann ist mir, als wäre alles erst gestern gewesen. Die Sekunde, in der sie den Kofferraumdeckel öffneten, veränderte unser ganzes Leben!«

E. Grünheid setzt sich offensiv mit seinem Trauma auseinander. Er berichtet als Zeitzeuge über sein Schicksal. Seit gut zehn Jahren führt er Besucher durch die Gedenkstätte Deutsche Teilung Marienborn.

Als wir Marienborn verließen, stand die Sonne tief im Westen und goss ihr goldenes Licht auf das »Monstrum« und den wohl 20 Meter hohen Turm mit den vielen Lampen, von denen einst jede 500 Watt eiskaltes Licht ausschüttete.

Die Worte meines Cousins aus den Bergen British Columbias gingen mir wieder durch den Kopf: »Marienborn war der Horror!«

Gut, dass dieses Symbol für den SED-Machtapparat als Mahnmal, Gedenkstätte und lebendiges Museum erhalten blieb.

Wir ließen Helmstedt–Marienborn hinter uns und erreichten auf der kaum noch wahrnehmbaren alten Trasse des Kontrollwegs das Dorf Offleben in der Gemeinde Büddenstedt.

Zwei gekreuzte Hämmer im Gemeindewappen lassen ahnen, um was es hier ging: Braunkohleförderung. Der Tagebau schrieb deutsche Geschichte, als sich die Bundesrepublik und die DDR 1975 darauf einigten, den direkt unter der deutsch-deutschen Grenze lagernden Kohlevorrat von 15 Millionen Tonnen gemeinsam abzubauen.

Wieder eine jener Merkwürdigkeiten, die das Leben am Eisernen Vorhang auszeichneten: Da die Grenze mitten durch das Tagebaugebiet verlief, verständigten sich beide deutsche Staaten auf eine »verschiebbare Grenze«, einen transportablen Zaun, der je nach Bedarf dort errichtet wurde, wo gerade keine Kohle gefördert wurde.

Noch kurz nach der Wende hatten wir beobachtet, wie riesige Lkw haushohe Staubfahnen hinter sich herzogen, wie sich die gigantischen Schaufelradbagger gleich gierigen Riesenmäulern durch die Erde wühlten. Doch das ist längst Geschichte. Nachdem in dieser Region 37 Millionen Tonnen Braunkohle gefördert worden waren, schlossen die Braunschweigischen Kohle-Bergwerke den »Tagebau Helmstedt«. Nur in Schöningen fördert man noch, um das Kraftwerk Buschhaus bis zum Jahr 2017 mit Braunkohle befeuern zu können.

Ansonsten bedeckt sanftes Grün die Wunden, die der Mensch der Natur mit schwerem Gerät zufügte; auch Badeseen sind entstanden, als sich alte Gruben mit Wasser füllten.

Teil des Grünen Bandes ist hier auch das Grenzdenkmal Hötensleben, das wir nach einer halbstündigen Wanderung südwestlich von Offleben erreichen. Als wären die Bilder der Vergangenheit hier eingefroren: Der Kolonnenweg ist vollständig erhalten, daneben Kfz-Sperren, die Spanischen Reitern ähneln. Der Todesstreifen ist freigehalten von hohem Bewuchs. In der Ferne steht auf einem Hügel der Führungsturm, daneben jene Mauer, die das Dörfchen Hötensleben abschottete und bis heute auf 350 Meter Länge erhalten blieb.

Der Grenzpfad wird jetzt abschnittsweise von Traktoren der Bauern genutzt, ist aber für Ortsfremde schwer als solcher auszumachen. Die Felder sind oft bis dicht an den Weg mit leuchtend blauen Kornblumen und rotem Mohn gesäumt. So viele natürliche Wiesen sieht man anderswo selten.

Die größte »Wiese« von mehr als 80 Quadratkilometern Fläche und 30 Kilometern Länge ist das Große Bruch in einem zur Saale-Eiszeit entstandenen Urstromtal. Die einst an die zehn Kilometer breite Sumpf- und Moorlandschaft wurde von Preußenkönig Friedrich I. durch Kanäle für die Landwirtschaft erschlossen. Bauern sind hier nach wie vor tätig, doch heute ist fast das gesamte Große Bruch Landschaftsschutzgebiet. Erhaltenswert sind insbesondere die artenreichen Kohldistel-, Kalkbinsenwiesen und Seggen-Röhrichte, die Feuchtwiesenbrütern idealen Lebensraum bieten. Der Grenzstreifen bildet auch hier ein grünes Band.

Greifvögel, vom Habicht bis zum Falken, sorgen für eine kurzweilige Wanderung. Wir entdecken Bekassinen, den Großen Brachvogel und Sumpfohreulen.

Am südlichen Ende dieser feuchten Niederung besuchen wir das schmucke Städtchen Hornburg an der Deutschen Fachwerkstraße, ein Juwel mittelalterlicher Baukunst. Fast an jedem Haus prangen uralte originelle Sprüche, die heutige Werbetexter neidisch machen: »Bauen isne Lust haett ich gewusst was kust haett ich gelusst.«

Je näher wir dem Harz kommen, umso klarer erkennen wir die einzelnen Berge. Über allen thront der Brocken, einst das höchste Symbol der deutschen Teilung, heute Liebling aller Wanderer.

Doch zunächst kehren wir in Stapelburg im Kiosk *Rast an der Grenze* ein und stärken uns mit einem Hasseröder Bier. Hier verliefen Zaun und Mauer zwischen den Häusern von Stapelburg im Osten und Eckertal im Westen. Nur wenige Meter neben dem Kiosk war die Mauer, dahinter der Wachturm mit Antenne, einem riesigen Scheinwerfer und dem aufgestellten Fenster, hinter dem meist die Konturen der Grenzsoldaten erkennbar waren.

Ein paar Meter von der kleinen Kneipe entfernt entdecken wir das Grenzdenkmal: ein Granitfindling, auf dem sich zwei Figuren aus Bronze in einer geöffneten Mauer die Hände reichen. Genauso war es hier am 11. November 1989.

»Wo heute die *Rast an der Grenze* steht, war vor gut 20 Jahren der unzugängliche Grenzstreifen«, erzählt uns Elke Mertins, eine gebürtige Stapelburgerin, die gerade ihre Jugendfreundin und Kioskwirtin Christine Leiste besucht. Elke Mertins war früher in der Landwirtschaft tätig, und obwohl sie unmittelbar am Brocken arbeitete, war der für sie unerreichbar. Längst hat sie nachgeholt, was ihr damals verwehrt wurde: über die Eckertalsperre zum Brockengipfel zu wandern.

Elke Mertins erzählt uns vom »Deutschlandhaus«: »So nannten wir das Haus auf der westlichen Seite der Mauer. Reisebusse fuhren dort vor, und die Besucher aus dem Westen schauten von einem hohen Podest über die Mauer zu uns in den Osten.«

Nichts erinnert mehr daran, und jene Geschichte von dem Grenzsoldaten, der an der Kontrollstelle im Nachbarort Ilsenburg arbeitete, ist heute eine Anekdote: Er wohnte in Stapelburg, verrichtete aber in Ilsenburg Dienst, wo er an der Kontrollstelle zum Sperrgebiet Busreisende überprüfte. An jenem Tag war seine Frau im Bus. Das konnte spannend werden ... Alle zeigten ihm die Papiere, nur seine Frau nicht ... Das durfte er vor aller Augen nicht dulden, und er sagte im amtlichen Ton zu ihr: »Auch Sie, Frau S., müssen Ihren Ausweis zeigen!«

Ein paar Meter der alten Grenzmauer blieben in Stapelburg erhalten. Wirtin Christine Leiste zeigt uns ihr kleines Grenzmuseum, das nebenan in einem Bunker im Sockel des 1990 abgerissenen Beobachtungsturms untergebracht ist. Und beim Abschied lächeln beide Freundinnen vor dem Bild des geradezu väterlich dreinblickenden Erich Honecker in unsere Kamera.

30 Der sagenumwobene Berg

Im Nationalpark Harz kennt Natur keine Grenzen. Rätsel um das Brockengespenst. Hexen-Business in der Walpurgisnacht.

Wer Harz sagt, meint Brocken, jenen windzerzausten »Fastzwölfhunderter«, der durch die innerdeutsche Grenze ein halbes Menschenleben lang nicht begehbar war, was sicherlich noch mehr zu seiner mystischen Verklärung beitrug. »Unser Blocksberg ist einmalig«, meinen denn auch heute noch viele Harzer.

Wie ein riesiger grober Klotz steht er mitten in der Landschaft, diese erste Erhebung nach der flachen, hin und wieder sanft gewellten Norddeutschen Tiefebene. Von mittelhochdeutsch »Haardt«, was so viel wie »Wald« bedeutet, stammt der Name dieses noch immer baumreichen Mittelgebirges.

Für uns beginnt der Harz gegenüber der *Rast an der Grenze* in Eckertal-Stapelburg.

Die Ecker, ein kleiner Gebirgsfluss mit braunem, stark eisenhaltigem Wasser, war hier die Grenzlinie. Wir folgen dem östlichen Grenzweg, der nach wenigen Hundert Metern den Nationalpark Harz erreicht, eine einmalige, 40 Jahre von Menschenhand unangetastete Landschaft.

Der Pfad entlang der Ecker ist geschottert und exzellent begehbar. Der Kontrollweg verläuft gleich daneben. Unser Trail trägt ab jetzt die Bezeichnung »Harzer Grenzweg am Grünen Band« und ist mit einem »G« gekennzeichnet. Der Weg führt auch über den Brocken, den Harzer Hexenberg.

Dass es im Harz Hexen gibt, ist jedem Insider klar. Hören kann man sie auch außerhalb der Walpurgisnacht, besonders wenn

Nordwind über das Bergmassiv bläst. Dann nimmt man ein ganz merkwürdiges Singen wahr, viel höher als normale Windgeräusche und mit einem sonderbaren Zischen, so etwa alle zehn Sekunden. Wissenschaftler sehen das sehr nüchtern und schreiben dies harztypische Phänomen dem steilen Nordhang des Massivs und seinen tief eingeschnittenen Tälern zu, die Windverwirbelungen erzeugen. Für Harzbewohner allerdings gibt's nur eine Erklärung: Hexen.

Während die Hexen sich bald auf die westliche Seite der Ecker schlagen, folgen wir dem alten Grenzweg auf östlicher Seite steil bergan.

Nach drei Kilometern macht der Pfad an einer markanten Felsnase eine scharfe Linkskurve. Ankunft an der Ahlsburg, einer Ruine aus dem 12. Jahrhundert. Die Truppen der reichseigenen Ahlsburg hatten schon damals hier eine Grenze zu bewachen und den Wegzoll einzutreiben. Wie so viele andere Burgen ist auch sie wunderschön gelegen. Obwohl nur noch ihre Außenwand steht, lässt sich der Grundriss leicht rekonstruieren. Sie war eine Naturburg mit einer Felsformation als Bergfried. Die wenigen gemauerten Teile werden seit ungefähr 900 Jahren von einem Sand-Ochsenblut-Mörtel zusammengehalten.

Weiter geht es steil bergauf. Noch lange ist das Hochplateau des Harzes nicht erreicht. Hier kommt man tüchtig ins Schwitzen, doch der Blick auf die einmalige Landschaft entschädigt für die Mühen: links und rechts steil ansteigende Bergwände, dazwischen vom Wasser tief ausgefräste Täler. Und immer wieder diese typische, feuchte Harzlandschaft mit ihren sumpfigen Niederungen, aus denen überall Rinnsale hervorquellen.

Der Harzer Grenzweg führt aus dem Eckertal heraus und windet sich in Serpentinen hoch zur Spinne, einer Kreuzung, an der fünf Wege abgehen. Von dort sind es nur noch einige Hundert Meter abwärts zum Eckerstausee.

Von 1939 bis 1942 wurde die Eckertalsperre erbaut, vor allem aus militärischen Gründen: zur Versorgung des später VW-Werk genannten Betriebs in Wolfsburg, der zur NS-Zeit Rüstungsgüter produzierte. Heute dient der See hauptsächlich zur Trinkwasserversorgung der Norddeutschen Tiefebene wie auch dem Hochwasserschutz und der Energieversorgung. Die 57 Meter hohe und 235 Meter lange Staumauer ist eine reine Gewichtsstaumauer. Allein ihr Eigengewicht von 420 000 Tonnen widersteht dem Wasserdruck von 13 Millionen Kubikmetern Wasser. Das Wasserwerk am Fuß des Eckerstaudamms ist Ausgangspunkt einer 1943 gebauten Fernwasserleitung nach Wolfsburg. Mit einem Durchmesser von 70 Zentimetern und 78 Kilometern Länge ist sie eine der längsten Wasserleitungen Deutschlands.

Etwas anderes allerdings machte die Eckertalsperre geradezu berühmt: Quer über die Staumauer verlief die innerdeutsche Grenze. Die Mitte der Ecker hatte bereits die Grenzlinie zwischen dem Herzogtum Hannover und dem Königreich Preußen markiert. Zu DDR-Zeiten stand genau auf dem Staudamm eine Absperrung mit dem Schild: »Achtung! Stauseemitte Grenze«.

Aber ganz so einfach, wie es sich da einst las, war die politische Abwicklung der Teilung des Wassers natürlich nicht. Die DDR-Regierung wollte den Trinkwasseranteil auf ihrer Seite oder einen Ausgleich. Guter Rat war teuer, denn die Fernwasserleitung führte ja nach Braunschweig und Wolfsburg. Und die lagen nun mal im Westen. 1978 einigte man sich: Für 240 000 D-Mark jährlich durften bis zu sieben Millionen Liter »DDR-Wasser« durch den »Klassenfeind« verbraucht werden.

An die Grenze selbst erinnert nur wenig. Noch steht die etwas angeschlagene ehemalige Grenzsäule in Schwarz-Rot-Gold in der Mitte des Staudammes. Wer genau hinsieht, erkennt sogar den Standort der Mauer, die hier einst die Welt in Ost und West teilte.

Daran muss denken, wer heute dem Uferweg rund um die Talsperre folgt, auf dem knorrige Äste das Radfahren nicht immer leicht machen. Da hilft nur eins: absteigen und schieben.

Um es gleich vorwegzusagen: Dieser Abschnitt rund um die Eckertalsperre zählt zu den reizvollsten Flecken auf unserer Harzdurchquerung. Hinter jeder Biegung der Ecker warten neue, malerische Winkel. Man begegnet kaum einer Menschenseele. Die Natur zeigt sich hier fast ein wenig widerborstig, unzugänglich, als wollte sie keinen in dieses Refugium eindringen lassen. Vor ihr kapitulierten selbst die DDR-Pioniere: Hier ist einer der wenigen Abschnitte, wo es keinen Kolonnenweg unmittelbar entlang der Grenze gab. Nur Fußpatrouillen begingen diesen Weg.

Hier, unweit der Eckertalsperre, treffen wir uns mit Friedhart Knolle, dem Pressesprecher des Nationalparks Harz.

»Ich wuchs im Schatten dieser Grenze auf«, sagt der promovierte Geologe, »als ein in Goslar geborener ›Wessi‹.«

Die Liebe zum Harz war also vorprogrammiert. Vielleicht durchs Vorbild der Großmutter, die – als das noch möglich war – manchmal morgens in aller Herrgottsfrühe zum Brocken wanderte, dort zu Mittag aß und abends wieder daheim war. Vielleicht auch durch den Vater, den früheren Kreisnaturschutzbeauftragten in Goslar, für den eine in Ost- und Westharz geteilte Heimat nicht ins Weltbild passte.

Für Friedhart Knolle sah das zunächst einmal anders aus: »Diese Grenze zog sich wie ein roter Faden durch mein Leben.« Und irgendwann überschritt er sie im sogenannten Kleinen Grenzverkehr, der im Rahmen der Entspannungspolitik eingeführt wurde. Auch sein Vater pflegte trotz intensiver Beobachtung durch die Staatsicherheit seine Kontakte im Ostharz. Aber beide ließen sich nie durch die Stasi abschrecken, obgleich die dicke Dossiers über sie anlegte. Viele der Kollegen im Ostharz, mit denen sie Kontakt hatten, wurden von der Stasi »abgeschöpft« oder angehalten zu berichten. Postkontrolle, sogar Tonbandmitschnitte in der Wohnung eines befreundeten Geologen waren an der Tagesordnung. Friedhart Knolle hielt man für einen Agenten des Bundesnachrichtendienstes. Erst kurz vor Ende der DDR – nach jahrelanger Beobachtung – wurde dieser Verdacht als unbegründet zu den Akten gelegt. Er drehte den Spieß nach dem Ende der DDR um, machte nach Einsicht in seine MfS-Akte den Fall öffentlich und stellte ihn sogar ins Internet.

»Und dabei haben wir damals nichts weiter getan, als unsere Heimat, den Harz, über die Grenze hinweg zu erkunden. Ich trat in die naturkundlichen Fußstapfen meines Vaters, darüber hinaus engagierte ich mich bei den Umweltverbänden, insbesondere dem BUND.«

Friedhart Knolle: »Die Grenze verlief quer über die Eckertalsperre.«

Knolle gehört bei der Entstehung und Planung des Nationalparks zu den Männern der ersten Stunde. Er engagiert sich zunächst gemeinsam mit den DDR-Kollegen im länderübergreifenden Nationalpark-Förderverein und später als Pressesprecher des Nationalparks auf niedersächsischer Seite. Und seit der Fusion mit dem sachsen-anhaltinischen Nationalpark im Jahr 2006 auch als Sprecher des erweiterten Parks. Ganz im Sinne seiner Überzeugung: »Natur kennt keine Grenzen.«

»Wir sind der größte Waldnationalpark Deutschlands, ein paar Hektar sogar größer als der Bayerische Wald«, und es klingt nicht wenig Stolz aus seinen Worten. Knapp 200 Mitarbeiter, vor allem Forstpersonal, arbeiten derzeit für dieses riesige Naturschutzgebiet. Doch langfristig werden es weniger sein.

»Wir betreiben keine Forstwirtschaft, sondern Naturschutz und Renaturierung im Wald. Irgendwann werden wir als Nationalpark nicht mehr so viel Personal im Waldbereich benötigen wie derzeit. Dann überlassen wir die Lebensräume ihrer eigenen, natürlichen Dynamik. Das ist die Nationalpark-Zielsetzung.«

Die Bemühungen um den Naturschutz im Harz haben eine lange Vorgeschichte, die immer wieder durch die politischen Verhältnisse unterbrochen wurden.

Schon um die Wende vom 19. zum 20. Jahrhundert forderten weit schauende Menschen wie Hermann Löns den Schutz des Brockens. 1900 beispielsweise kamen allein mit der Brockenbahn bereits 51 209 Personen auf den Gipfel. Dort war es Brauch, den Hut mit der Brockenanemone zu schmücken – ähnlich wie mit dem Edelweiß in den Alpen. Der Raubbau an den Pflanzen nahm erschreckende Ausmaße an, die Trittspuren auf den empfindlichen Bergmatten waren nicht zu übersehen. Um 1910 ließ der Naturwissenschaftliche Verein Wernigerode im *Brockenhotel* einen Anschlag anbringen, der um Schonung der Flora bat. 1912 waren die Pläne für einen Heimatpark Brocken weit gediehen – der Erste Weltkrieg durchkreuzte sie. 1937 wurde der Hochharz auf Initiative des Harzklubs zum Naturschutzgebiet erklärt, man sprach sogar von einem Nationalpark. Aber auch diesmal verhinderte ein Weltkrieg das Vorhaben. Zwischen 1945 und 1961 gelangte man noch relativ einfach mit einem Passierschein auf den Brocken. Danach war er aus militärischen Gründen rigoros abgesperrt.

Erst die Übergangszeit der »Wende« brachte den Durchbruch: Im März 1990 wurde von der Modrow-Regierung zusammen mit dem »Runden Tisch« ein Nationalparkprogramm verabschiedet, im September desselben Jahres beschloss die de-Maizière-Regierung eine Nationalparkverordnung, die am 1. Oktober in Kraft trat: Der Nationalpark Hochharz entstand. Am 1. Januar 1994 wurde im angrenzenden Niedersachsen ebenfalls ein Nationalpark Harz gebildet. Ursprünglich gab es also zwei Nationalparks: den Nationalpark Hochharz mit zunächst 6000 Hektar in Sachsen-Anhalt und den Nationalpark Harz mit 15 800 Hektar in Niedersachsen. 2006 wurden beide zum länderübergreifenden Nationalpark Harz zusammengefasst.

Ein Nationalpark im dicht besiedelten Deutschland, in einer dermaßen stark vom Menschen beeinflussten Landschaft – ist denn das möglich? Darüber wurde lange diskutiert. Eigentlich eine Phantomdiskussion, die von Nationalparkkritikern angezettelt wurde, denn schon der 1935 gegründete berühmte Shenandoah National Park in Virginia, USA, entstand in einer genutzten Weidelandschaft und ist heute ein international renommierter Nationalpark.

Nachdem die internationalen Naturschutzrichtlinien die Einteilung von Schutzgebieten in bestimmte Zonen zuließen und somit auch »Entwicklungsnationalparks« möglich waren, deren Flächen sich von der Nutzung zum Schutz entwickeln, ist eine Gründung von Nationalparks auch in ehemals stark genutzten Gebieten anerkanntermaßen möglich.

»Entsprechend wurde auch der Nationalpark Harz in drei Zonen eingeteilt«, erklärt Friedhart Knolle. »In der Kern- oder Naturdynamikzone, die noch weitgehend naturnah ist, werden keinerlei Bewirtschaftungsmaßnahmen mehr durchgeführt, selbst der Borkenkäfer wird nicht mehr bekämpft. Hier entwickelt sich bereits Wildnis. Zugelassen ist nur der interessierte Mensch als Gast der Natur auf den Wegen.

In der Naturentwicklungszone versucht man durch ökologisch sinnvolle Eingriffe die Entwicklung, wo nötig, so zu steuern, dass bald eine Angliederung an die Kernzone möglich ist. In der sehr kleinen Nutzungszone befinden sich Flächen, die weiterhin genutzt werden, zum Beispiel Wiesen, die gemäht werden dürfen. Bald wird sich die Kernzone auf über 50 Prozent der Gesamtfläche erweitert haben. In den standortfremden Fichtenforsten wird die naturnahe Waldentwicklung eingeleitet. Fichten müssen mit der Zeit verschwinden, stattdessen werden die ursprünglich hier bodenständigen Buchen und andere Baumarten eingebracht. So bildet sich wieder naturnaher Mischwald, der übrigens auch viel stabiler gegen Einflüsse wie den Borkenkäfer oder den Klimawandel ist.«

So unterschiedliche Vögel wie die Haubenmeise und das Auerhuhn leben hier. Die vier bis fünf Kilo schweren Auerhühner mit einer Flügelspannweite von zwei Metern waren in den 1930er-Jahren ausgestorben, erst durch Auswilderungsmaßnahmen entwickelte sich wieder ein kleiner Bestand. Sie werden sich aber nur in einem optimalen Lebensraum halten können: große, strukturreiche Wälder mit einer natürlichen Vielfalt von Jungwuchs, Moorflächen, Beerkrautheiden, alten Baumriesen und sonnigen Waldrändern.

Mächtige Felsbrocken und Steinplateaus prägen den Hochharz vielerorts – ein extremer Lebensraum, der fast nur von Flechten und Moosen besiedelt wird. Aber auch Kleinvogelarten sind typisch: zum Beispiel die Ringdrossel – im Volksmund Brockenamsel genannt – und die Alpenbraunelle.

Die unterschiedlichen Moore – eine derartige Vielfalt findet sich nirgendwo sonst auf engem Raum – machen die landschaftliche Eigenart des Hochharzes aus und bildeten eines der Hauptargumente für den Schutz.

Die subalpine Bergheide ermöglicht Lebensformen, die sich hier seit der Eiszeit wie auf einer Insel erhalten haben: Die Brockenanemone, das Brockenhabichtskraut und die Brockenweide gehören dazu. Der schon 1890 oben auf dem Brocken angelegte, aber während der deutschen Teilung als Militärgebiet vernachlässigte Botanische Garten wird heute wieder vom Nationalpark Harz gepflegt und kann unter Führung besichtigt werden.

»Überall im Harz kommt Rot- und Rehwild vor«, hören wir, »doch ist der Bestand eindeutig zu hoch, sodass auch in Zukunft noch jagdliche Eingriffe nötig sein werden.«

Größere Raubtiere wie Wolf, Bär und Luchs fehlen schon seit Längerem, der letzte Luchs wurde im März 1816 erlegt. Doch für den Luchs besteht wieder Hoffnung: Seit dem Jahr 2000 werden diese Katzen durch die Parkverwaltung ausgewildert. Die kleine Population entwickelt sich gut.

»Wer Luchse sehen möchte, sollte das Schaugehege an der Rabenklippe bei Bad Harzburg besuchen«, verrät uns Friedhart Knolle.

»Wird die wieder entstehende Urnatur von den zahllosen Touristen nicht ›zu Tode geliebt?‹«, fragen wir den Nationalpark-Experten.

»Etwa 1,3 Millionen Brockenbesucher haben wir in einem Jahr, an Spitzentagen bis zu 50 000. Von den rund 2000 Nationalparks weltweit befinden wir uns damit sicherlich unter den meistfrequentierten. Doch dank eines ausgeklügelten Lenk- und Leitsystems können wir die Besucherströme sehr genau steuern – damit niemand ein Moor betritt, die scheuen Schwarzstörche nicht gestört werden und selbst auf der manchmal überlaufenen Brockenkuppe die Brockenanemone geschont bleibt.

Es klappt gut. Auf dem Goetheweg zum Beispiel wandern jährlich rund eine Viertelmillion Besucher. Säße man hundert Meter links oder rechts davon, würde einem kaum jemand begegnen.«

Nach einem Moment des Nachdenkens: »Hätten wir diesen Spagat zwischen Besucher- und Naturschutzinteresse nicht geschafft, wären wir allenfalls ein Naturpark oder Biosphärenreservat. Ein Kollege brachte es mal auf den Punkt: Die Arbeit des Nationalparks Harz beginnt bereits mit einer intelligenten Besucherlenkung und -information am Flughafen Hannover oder am Hamburger Hauptbahnhof.«

Die Grenzweg-Wanderung über die Eckertalsperre zum Brockengipfel zählt auch zu Friedhart Knolles Favoriten. »Und doch findet man hier nicht viele Besucher ...«. Er weist mit der Hand auf ein paar kahlköpfige, wie hingeworfene Granitfelsen: »Hinter der Scharfensteinklippe war eine NVA-Grenzkaserne versteckt. Heute haben wir dort eine Rangerstation mit angeschlossener Waldgaststätte. Der Ranger serviert die Bockwurst und erzählt Begebenheiten aus dem Park – ein Konzept, das sich sehr bewährt hat.«

Noch immer ist dieser Grenzabschnitt für den Harzkenner Knolle ein bewegendes Stück deutscher Geschichte. Die für die Rüstung einst wichtige Talsperre aus dem Dritten Reich, auf deren Damm zu DDR-Zeiten die deutsch-deutsche Teilung sichtbar war, ist heute ein Paradebeispiel guten nachbarschaftlichen Miteinanders.

Und doch ist auch Knolle nicht ganz von der Vergangenheit frei, wenn er von den riesigen Scheinwerfern der Grenztruppen spricht, die die Talsperre des Nachts taghell erleuchten konnten. Oder davon, wie er als Junge bei Wanderungen mit den Eltern plötzlich am östlichen Seeufer ein Blitzen, die Reflexion einer Fernglaslinse, bemerkte. Dann wusste er: Dort lauern wieder DDR-Grenzer und beobachten dich auf Schritt und Tritt.

Eine Wolke schob sich vor die Sonne. Es war bereits früher Nachmittag und für uns Zeit aufzubrechen. Bis zum höchsten Gipfel Norddeutschlands lag noch ein schweißtreibender Weg vor uns. Wir verabschiedeten uns von Friedhart Knolle und traten in die Pedale.

Steil geht es jetzt über den Pionierweg bergan. Die Ecker, weiter unten ein schäumender Gebirgsbach, ist hier nahe der Quelle nur ein breit gefächertes Rinnsal. Der Eckersprung auf gut 900 Metern Höhe ist unser höchster Punkt auf dem Grenzweg mitten durch Deutschland.

Ans Fahren ist schon längst nicht mehr zu denken, so schieben wir die Räder am Rande der Senke aufwärts, immer darauf bedacht, nichts von dieser wunderbaren Natur zu zertreten und möglichst keine Spuren zu hinterlassen.

Die Aussicht ist grandios. Bei gutem Wetter blickt man wohl 150 Kilometer weit über den Harz in die Norddeutsche Tiefebene. Genauso lohnend ist der Besuch des im Juni 2000 neu eröffneten Brockenhauses, das früher eine Stasi-Abhörzentrale war. Die alte Technik ist noch teilweise erhalten, die Antennen sind wie früher gen Bonn ausgerichtet und können besichtigt werden – spannender kann deutsche Geschichte kaum erlebt werden.

Mittlerweile ist es spät geworden, und wir würden gerne etwas sehen, was es nur hier gibt: das Brockengespenst.

»So etwa vor 100 Jahren wird es wohl gewesen sein«, begann die Geschichte, die uns ein Bewohner von Schierke erzählt hatte. »Ein Bauer von hier wanderte eines Tages auf den Brocken. Und so wie ein Mensch spürt, wenn sich jemand hinter ihm befindet, hatte auch er ständig das Gefühl, irgendetwas säße ihm im Nacken. Zufällig fiel sein Blick auf den Boden. Dort sah er zwei Schatten neben sich – obwohl er allein war. Es packte ihn das blanke Entsetzen. So schnell wie an diesem Tag kam wohl nie wieder jemand vom ›Blocksberg‹ runter.«

Glaubt man der immer wieder neu belebten Legende, so gibt es die Gespenster und Geister hier tatsächlich, auch wenn Wissenschaftler behaupten, dass es sich beim Brockengespenst nur um eine Spiegelung an den Wolken handelt.

Auch wir begegnen keinem Brockengespenst, als wir wie der Teufel auf der Brockenstraße abwärts radeln, um noch vor Einbruch der Dunkelheit das Dörfchen Elend zu erreichen. Dort wollen wir mit allerlei seltsamen Gestalten die Walpurgisnacht feiern.

Elend, 30. April, Punkt 20 Uhr. Die ersten Hexen fliegen vom Blocksberg ein. Man sagt, dass sie auch mit »Hui« und »Hoppla« manchmal aus den Öffnungen alter Schornsteine flögen – auf struppigen Reiserbesen, Ofengabeln, Butterfässern, Schweinen und Ziegenböcken rasten sie durch die Lüfte. Nur das heilige Zeichen von drei Kreuzen schrecke sie ab.

Auf dem Dorfplatz von Elend züngeln derweil aus meterlangen Baumstämmen hohe Flammen. Im Festzelt, zu dem auch »Nichtteuflische« Zugang haben, ist es rappelvoll. Die Spezialität des Tages: Currywurst mit Pommes für vier Euro.

Ungeachtet des nahen Kirchleins mit dem Kreuz kommt eine Nachwuchshexe mit grellrotem Haar und schwarzem Gewand auf uns zu und zischt: »Hex, hex!« Im Nachbarhaus mit der Aufschrift »Café und Ferienwohnung« macht sich eine kleine Musikband breit.

»Rat mal, welchen Beruf ich habe«, krakeelt eine schaurigschöne Hexe, reißt die blauen Lippen auf und leckt die schadhaften Zähne.

Die Band nebenan prügelt jetzt gnadenlos auf ihre Instrumente ein: »Jo, mir san mi'm Radl da«.

Währenddessen zieht eine weitere Hexe mit blau-rot-gelben Ringelstrümpfen schlabberiges Gummigetier aus einem Beutel, kreischt hysterisch und verschwindet auf einem struppigen Besen. Gleich darauf beißt sie genüsslich in eine Thüringer Bratwurst – auch Harzer Hexen mögen's deftig.

»Besucht auch die Walpurgisnacht in Schierke«, raunt uns ein halbwegs vertrauenerweckender Teufel zu.

Wir folgen dem Tipp, es sind ja nur ein paar Kilometer bis dorthin.

Kurz nach der Wende schoben sich in der Walpurgisnacht 20 Kilometer lange Trabbikolonnen in Richtung Schierke. Die Zweitakter blockierten die schmalen Zufahrtstraßen und vernebelten den Harz. »Ja ...«, erklärt uns ein Veranstalter, »damals huldigten hier auch 16 000 bis 20 000 Gäste den Hexen ...!«

Dieser Spuk ist vorbei, heute herrscht »Normalität« im Hexen-Business. Etwa 6000 Besucher erwartet Schierke an diesem Abend. »Einer der Gründe für den Rückgang«, verrät der Offizielle, »ist, dass heute fast alle Harzorte, selbst so ›brockenferne‹ wie Bad Grund, eine Walpurgisnacht feiern. Schändlich!« Und er stimmt ein teuflisches Wehklagen an.

Rechtzeitig erreichen wir Schierkes hoch loderndes Feuer, wo ein rotgesichtiger Mephisto seine krallenartigen Finger gierig nach uns ausstreckt.

Auf den Verkaufstischen sind dieses Jahr grellrot leuchtende Teufelshörner die Renner, Batterien inklusive. *Radio Brocken* präsentiert derweil live die neuesten Hits.

Und zur Geisterstunde treffen die Höllenfürsten hier alle noch mal zusammen. Denn in Schierke, am Fuße des Blocksbergs, mixte Willy Drube 1924 in seiner Apotheke *Zum Roten Fingerhut* jenen Kräuterhalbbitter, der als »Schierker Feuerstein« auch zum Lieblingsgesöff des Leibhaftigen und seiner Hexen wurde.

31 Mit Brocken-Benno auf den »höchsten Berg der Welt«

Das Mittel gegen jedes Zipperlein: täglich eine Brocken-Besteigung. Ein Berg als Symbol der Einheit Deutschlands.

Dreimal stand er im *Guinness-Buch der Rekorde,* hat 75 000 Kilometer und 2,7 Millionen Höhenmeter auf dem Brocken zurückgelegt. Der 76-jährige Benno Schmidt ist als »Brocken-Benno« so etwas wie ein Maskottchen für den Harz, eine Werbe-Ikone. Wie viele Zeitungsartikel, Rundfunk- und Fernsehberichte über ihn erschienen sind, weiß er längst nicht mehr. Es waren viele.

Am 3. Dezember 2008 erklomm er zum 5546. Mal den Blocksberg. Das war auf den Tag genau 19 Jahre nachdem Tausende Menschen mit Transparentaufschriften wie »Freier Brocken – Freie Bürger« von Schierke und Ilsenburg kommend den Zugang ertrotzt hatten.

»Wir riefen: ›Aufmachen, Aufmachen!‹«, erinnert sich Benno. »Und plötzlich öffnete sich das Tor zum ›höchsten Berg der Welt‹, wie man den Brocken wegen seiner Unerreichbarkeit bezeichnete.«

An einem sonnigen Maitag besteigen wir mit Brocken-Benno von Schierke aus den Berg. In Bennos Tasche steckt – wie jeden Tag – der Brockenpass, in dem ihm der Brockenwirt oben den Aufstieg bestätigen wird. Zu Hause verwahrt Schmidt 151 voll gestempelte Pässe wie Trophäen.

Am 22. Mai 2007 machte er sich das schönste Geburtstagsgeschenk zu seinem 75. Geburtstag selbst und stand zum 5000. Mal auf dem 1142 Meter hohen Brockengipfel. Damit hatte er weitaus mehr Aufstiege geschafft als die anderen Brockenlegenden der 1930er- und 1940er-Jahre: »Brocken-Willi« und »Brockengeist« Fricke und wie sie alle hießen.

»Zum Glück rechnete ich ein paar Wochen vorher noch schnell nach. Dabei stellte ich fest, dass mir bis zu meinem Geburtstag über die morgendliche Besteigung hinaus noch zehn Aufstiege bis zum 5000. fehlten. Also ging ich zehn Tage lang täglich zweimal auf den Berg!«

In früheren Jahren wanderte er die Strecke Schierke–Brocken auch schon fünfmal pro Tag ab. »Inzwischen bin ich aber älter und vernünftiger geworden ...«, sagt er, und die wachen Augen lächeln verschmitzt durch die großen Gläser der etwas altväterlich wirkenden Hornbrille.

An diesem 1. Mai 2008 können wir uns davon überzeugen, dass Brocken-Benno auch mit fast 76 »fit wie ein Turnschuh« ist.

Es ist warm, als wir in Schierke am ehemaligen Kasernengelände der »Grenztruppe Schierke« (heute eine Bildungsstätte der Metallberufsgenossenschaft) unsere warmen Jacken in die Rucksäcke stopfen. Zwischen den nur zögerlich tauenden Schneefeldern auf dem Brockengipfel werden wir sie schnell wieder auspacken.

Der 700 Einwohner zählende Luftkurort Schierke ist wieder eine hübsche Perle des Ostharzes.

»Damals war Schierke Grenzort«, erinnert sich Schmidt. »Nach dem Mauerbau verschärften sie auch hier die Grenzmaßnahmen, sodass man nur mit Passierschein rein- und rauskam. Den allerdings kriegten nur handverlesene Besucher wie zum Beispiel jene, die in den Heimen des Freien Deutschen Gewerkschaftsbundes Urlaub machten. Meine Frau erhielt 28 Jahre lang keinen Passierschein für Schierke. Ich besaß einen nur für dienstliche Zwecke.«

Zunächst war der Handelsökonom Schmidt in Wernigerode Planungsleiter für Handel und Versorgung beim Rat des Kreises, vergleichbar einer Kreisverwaltung.

»Nachdem meine Westkontakte bekannt wurden, kriegte ich Ärger. Man denunzierte mich und betrieb meine fristlose Entlassung. Zum Glück kam's dazu nicht, ich erhielt aber eine strenge Rüge, die von da an wie ein schwarzer Fleck, ein Schönheitsfehler in meiner Personalakte stand. Dann fiel ich noch bei der staatlich verordneten Schießübung im Stab für Zivilverteidigung auf, als der Hauptmann befahl, mit Gasmaske zu schießen. Die aber lag bei mir zu Hause. Den Beutel dafür benutzte ich praktischerweise immer für den Transport meines Regenmantels, so auch an diesem Tag. ›Ich borge mir die Gasmaske mal schnell vom Nachbarn ...‹, sagte ich zum Hauptmann. Der flippte aus und brüllte, dass ich das im Ernstfall auch nicht machen könne. Und so ›entfernte‹ man mich aus diesem ›Verein‹.«

Das kam Benno Schmidt gelegen, er wechselte später zur Konsum-Genossenschaft, wo er als Bereichsdirektor für alle Läden entlang diesem Grenzabschnitt zuständig war.

»Wenn ich in Schierke dienstlich zu tun hatte, ging ich die 15 Kilometer zurück nach Wernigerode immer zu Fuß.«

Aber einmal lief was schief: »Eines Vormittags war ich in Ilsenburg, mein nächster Termin sollte nachmittags im fünf Kilometer entfernten Drübeck sein. Natürlich ging ich zu Fuß, allerdings nicht auf der Straße, sondern folgte der Ilse durch den Wald, immer hart entlang der Grenze. Ein Volkspolizist verhaftete mich und brachte mich in der Polizeistation Ilsenburg hinter Gitter. Die Sache klärte sich zwar bald auf, und man ließ mich frei, aber ich durfte mir des Spotts meiner Kollegen sicher sein.«

Benno Schmidt ist am Brocken so bekannt wie der sprichwörtliche »Bunte Hund«. Immer wieder stoppen Wanderer und lassen sich von ihm Autogramme geben. Er genießt das.

Die Daten wichtiger Begegnungen am Berg hat er im Kopf parat: Am 29. August 1995, drei Tage nach seinem 1000. Aufstieg, begegnete er dem damaligen Bundespräsidenten Roman Herzog. Er traf auf dem Brocken Künstler wie Gunther Emmerlich und Gotthilf Fischer von den Fischer-Chören. Er wanderte mit den Ministerpräsidenten Stoiber und Wulff. Doch von allen war die Begegnung mit dem Bergsteiger Reinhold Messner für ihn die größte.

»Auch die täglichen Gespräche mit den vielen Wanderern sind für mich besondere Erlebnisse. Aber dann traf ich eines Tages auf dem winterlich weißen Brockenweg den Nachtwächter von Leipzig. Er und ich, ganz allein am Berg. Um uns herum Einsamkeit, da holte er seine Mundharmonika aus der Tasche und spielte für mich ›Köhlerliesel‹.«

Selbst an jenem Januartag 2007, als Orkan »Kyrill« in Europa wütete und über den Harz mit 198 Stundenkilometern hinwegfegte, erschien er pünktlich auf dem Brockengipfel. Der Härtetest allerdings ist der Aufstieg bei tiefem Schnee. Er weiß um die 30 Toten am Brocken seit der Grenzöffnung ... und geht kein Risiko ein.

Gibt's denn nicht mal den »inneren Schweinehund«, der ihn zu Hause halten will, fragen wir.

»Selten! Wenn's in Strömen regnet ... In solchen Momenten bin ich schon mal zum Einkaufen durch Wernigerode gefahren und hab's mir überlegt ... Letztlich siegte aber – wenn man so sagen will – die Vernunft: Ich fuhr nach Schierke und bestieg den Brocken.«

Wir sind mittlerweile an dem vom Harzklub errichteten Findling mit der Aufschrift »Brocken wieder frei! Maueröffnung nach 28 Jahren hier am 3.12.1989« angelangt. An dieser Stelle stand bis zur Wende die 3,60 Meter hohe Mauer, die das Brockenplateau umschloss.

»28 Jahre sah ich den Berg nur aus der Ferne, unseren ›Vater Brocken‹, wie wir sagen, den ›Brocken der Deutschen‹, wie Heinrich Heine schrieb.«

Aber dann, am Morgen des 3. Dezember 1989, bestiegen Benno Schmidt und seine Frau Helga in Wernigerode ihren Trabant und fuhren nach Schierke. »Die Brockenstraße wieder frei« hatte es tags zuvor in der *Volksstimme* geheißen. Doch mit der Brockenstraße allein wollte sich das *Neue Forum* nicht zufrieden geben und rief zur Sternwanderung von Ilsenburg und Schierke auf. Zu Hunderten standen sie vor dem Tor und forderten die Öffnung. Auch eine Handvoll Besucher aus dem Westen war da.

»Ein historischer Moment und ein historischer Fleck ...«, sagt Brocken-Benno wie zu sich selbst. »Genau hier standen wir ... Der Grenztruppenoffizier auf der anderen Seite des Tores rief sichtlich erregt: ›Keine Gewalt! Wir sind unbewaffnet!‹

Auch uns war mulmig zumute. Ich wagte nicht, auf den Auslöser meiner Kamera zu drücken, denn hier zu fotografieren wäre bis dato eine Todsünde gewesen. Einige von uns forderten: ›Ruft in Berlin an und holt euch die Erlaubnis zur Öffnung!‹ Vermutlich telefonierte der Offizier, denn er kam zurück und sagte, er würde das Tor einen Spaltbreit öffnen. Wir sollten langsam in kleinen Gruppen durchkommen – ein Witz! Als das Tor einen Zentimeter weit aufging, drückte die Menge beide Torflügel auf, und wir strömten zum Gipfel. Zunächst Hunderte, dann Tausende, den ganzen Tag und auch die Nacht über. Und meine Frau und ich waren dabei – ich hatte ein unbeschreibliches Glücksgefühl!

Für uns Harzer war der Brocken stets das Symbol für die Einheit Deutschlands, und an jenem 3. Dezember 1989 empfand ich diese Einheit und Freiheit körperlich. Ich vergesse den Tag nie. Von all meinen Brockenaufstiegen war der am 3. Dezember der bedeutendste.«

Beim Brockenwirt holt sich Benno Schmidt den 5340. Stempel.

»Manche schütteln zwar den Kopf über mich, aber denen sage ich ›Es gibt keinen Verrückten, der nicht noch einen Verrückteren fin-

Benno Schmidt bestieg den Brocken mehr als 5500 Mal.

det, der ihn versteht‹. Ich halte es wie der Kommentator in einem Fernsehbericht, der über mich sinngemäß sagte: Es müsste mehr Menschen mit solch ›'ner Macke‹ geben. Denn all das, was ein wenig außerhalb der Norm liegt, bereichert unser Leben und ist damit auch ein Stück Kultur.«

Nachdem er ihn fast ein halbes Leben lang nur von Weitem sehen durfte, bleibt der freie Brocken für Benno Schmidt auch nach mehr als 5000 Aufstiegen ein Magnet.

Es ist eine vielschichte Beziehung zwischen dem Berg und dem tausendfachen Bezwinger, zahlreich sind seine Motive, immer wieder loszustiefeln: »Erstens: Der Brocken ist ein Mythos und das Symbol unserer Einheit; zweitens ist da meine Freude, hier in sauberer Natur zu sein; drittens komme ich täglich mit anderen Wanderern ins Gespräch; viertens hält mich die Bewegung fit: Während der letzten 19 Jahre bin ich keinen Tag krank gewesen; und fünftens möchte ich der jungen Generation durch naturnahes Leben ein Vorbild sein.«

Nur einmal hatte Benno ein Problem: Sein Knie schmerzte. »›Geh zum Orthopäden!‹, riet meine Frau. Der Doktor meinte, ich müsse Spritzen bekommen. Davon wollte ich nichts wissen. ›Ich komme heute Nachmittag wieder‹, sagte ich und ging. In der Zwischenzeit bestieg ich den Brocken. Als ich nachmittags zum Arzt zurückkam, waren die Schmerzen weg. Die Sache mit den Spritzen hatte sich von selbst erledigt …«

32 Major Kukki – König der Erbsensuppe

Ein Grenztruppen-Offizier, der jodelt, Taxi fährt und
Suppe kocht – ein Tausendsassa aus Elend!

»Ich besitze 17 Kanonen!«, sagt der Exmajor der Nationalen Volksarmee.

An einer dieser »Kanonen« hatten wir uns mit Kukki verabredet.
Wo zwischen Braunlage und Elend der von den Grenztruppen angelegte »innere Plattenweg« die heutige Bundesstraße 27 kreuzt, steht
eins dieser grünen Ungetüme. An überdachten Holztischen futtern
hier erste Gäste zum zweiten Frühstück Erbsensuppe. Eine rot um-
randete Tafel wirbt: »Kukkis Erbsensuppe mit Bockwurst«.

Spätestens hier wird klar, dass Kukki, wenn er »Kanone« sagt,
»Gulaschkanone« meint.

Und dann erzählt er uns die märchenhafte Geschichte von einem,
dessen Leben mit Erbsen begann und mit Erbsen endet. Wir verstehen zunächst zwar gar nichts, sind aber gespannt. Und während wir
mit Appetit die herzhafte Erbsensuppe löffeln, lauschen wir Kukkis
Geschichte.

Damals hätte Kukki, der mit vollem Namen Jürgen Kurkiewicz
heißt und von 1959 bis 1960 hier als junger Soldat der »Deutschen
Grenzpolizei« Dienst schob, sich niemals träumen lassen, dass
seine Mitarbeiter hier an einem einzigen Tag schon mal 1000 Portio-
nen Erbsensuppe aus der Gulaschkanone verkaufen würden.

Mit siebzehneinhalb kommt der gebürtige Groß Quenstedter aus
der Nähe von Halterstadt zur Grenztruppe. Mit 19 drückt er die Bank
der Offizierschule.

»Mit 22 wurde ich Offizier, Unterleutnant.«

Kukki singt, jodelt und lernt während dieser Zeit auch Gitarre zu spielen. »Alles selbst beigebracht, war Autodidakt bis zum Gehtnichtmehr ... Bei mir geht alles ›ohrmäßig‹.«

Man stationiert den jungen Zugführer Kurkiewicz auf dem Brocken, wo er schon bald mit anderen Soldaten ausgiebig musiziert. Titel wie *Auf meiner Ranch bin ich König* und *Bohnen in die Ohr'n* von Gus Backus sind seine Favoriten. Aber das gefällt nicht jedem.

»Zunächst haben sie mich nach Ilsenburg strafversetzt, dann nach Rügen. Nach drei Jahren holte man mich nach Ilsenburg zurück und machte mich zum ›Stellvertreter für politische Arbeit in der Grenzkompanie‹. Dummerweise wurde ich nach einer Musikveranstaltung mit 2,3 Promille erwischt, fiel wieder in Ungnade und wurde erneut strafversetzt.«

Doch mit der Vorbereitung auf die 10. Weltfestspiele 1973 in Ost-Berlin kommt für ihn so etwas wie der dienstliche Durchbruch. Natürlich hat auch der mit Musik zu tun.

»In Ilsenburg hatten wir einen offiziellen Club namens ›Rhythmus‹, in dem ich mit anderen Soldaten zunächst staatstragende Musik machte, dann aber drehte ich richtig auf. Getreu meinem Motto: Erst das Offizielle, dann das Angenehme, Rock'n'Roll und Tanzmusik. Ich muss wohl gut gewesen sein, denn 1976 machten sie mich zum Kulturoffizier im Ausbildungsregiment in Halberstadt. Tolle Zeit: Ich, der Major, mit zwei Sängerinnen und fünf Wehrpflichtigen, das ganze Jahr über die 1400 Kilometer lange Grenze hoch und runter getingelt. Wir spielten auch vor Spionagechef Markus Wolf, Erich Mielke, auf Staatsjagden und in russischen Kasernen.

Mit der politischen ›Wiedergeburt des Alten Fritz‹ in der DDR erfand ich ein Showprogramm mit Akteuren in Ulanen-Uniformen, die schon mal einen frechen politischen Witz losließen.«

Kukki wartet sofort schmunzelnd mit einem Beispiel auf: »Ein Lehrer erklärt seinen Schülern das DDR-Emblem auf der Fahne: ›Der Ehrenkranz ist die Bauernschaft, der Hammer die Arbeiterklasse, der Zirkel die Schärfe der Intelligenz.‹ Da steht Klein-Fritzchen hinten auf: ›Herr Lehrer, mein Vater ist aber nicht dabei.‹ Fragt der: ›Was ist denn dein Vater?‹ ›Parteisekretär!‹ Sagt der Lehrer: ›So einen haben wir auch: Der ist die Niete im Zirkel.‹«

»Mein damaliger Oberst warnte mich: ›Kukki, ich werde jetzt nach Erfurt versetzt und kann nicht mehr meine Hände schützend über dich halten. Wenn ich dir einen Rat geben darf: Geh vom Militär weg, sobald deine 25 Jahre ’rum sind.‹ Genau das tat ich 1984.

Habe sofort die Tanzkapelle ›Galaxis‹ gegründet und rund um die Uhr Musik gemacht. Wir spielten vor 3000 Gästen im Schweriner Kongresssaal, und bei der 750-Jahr-Feier in Berlin ... Habe gutes Geld verdient!

Ab 1987 liefen für mich auch zwei Ladas als Taxen.

Aber 1989 war mit einem Mal alles anders: Als Taxiunternehmer warst du in der DDR der Größte. Sie standen bei dir Schlange. Nach der Wende war ich als Taxiunternehmer nur einer unter Tausenden. Also pachtete ich in Elend einen alten Kiosk, riss ihn ab und baute an der selben Stelle eine Gaststätte.«

Jürgen Kurkiewicz wäre sicherlich nicht der pfiffige Allerweltskerl »Kukki«, wenn er das Lokal nicht punktgenau zum Tag der Währungsunion, dem 1. Juli 1990, fertiggestellt hätte.

»Auf einmal hatten die Leute Geld. An einem Wochenende verkaufte ich fünf Zentner Pommes. Da brachten mir ehemalige Offizierskollegen eine Feldküche.«

Und in dieser Gulaschkanone kochte Kukki hinter seiner Gaststätte das erste Hirschgulasch. Bereits im Frühjahr 1991 erwartet die »Kanone« am Ortsausgang von Elend ihre Gäste.

»Eine Erfolgsstory! Ich kaufte sofort zwei weitere Kanonen, später noch mal 12, heute sind's 17 Gulaschkanonen.«

Wann immer er Zeit hat, geht Kukki auf Reisen.

»Früher zum Russen in den Kaukasus, 1991 erstmals auf die Kanaren. ›Menschenskind, Kukki, du musst mal über den großen Teich rüber …‹, sagte mir ein Gast am Stammtisch meiner Kneipe und gab mir die Adresse von Adventure Tours in Berlin. Ich spreche zwar gut Russisch, hatte aber keine Ahnung, dass Adventure Tours ›Abenteuerreisen‹ heißt.

Zum Glück landete ich in einem prima Hotel in Honduras. Dort ließ ich gleich einen los: spielte Gitarre und sang. Das gefiel dem Hotelbesitzer so sehr, dass er mir einen Tauchkurs spendierte. Im Jahr drauf flog ich mit meiner Frau noch mal nach Honduras, anschließend ging's nach Palm Springs in Kalifornien. Offenbar sprach's sich schnell rum: Da ist ein Deutscher, der kein Wort Englisch spricht. Man schenkte mir eine CD und ich lernte: ›One, two, three …‹

Als Hans, ein drüben lebender Deutscher, uns zum Dinner einlud, machte es plötzlich bei mir ›Klick‹! Hans meinte, ich solle Erbsensuppe in Dosen nach Amerika exportieren.

Bei meiner nächsten Hondurasreise hatte ich 30 Dosen Erbsensuppe im Gepäck. Zehn davon machte ich mit Freunden in Honduras leer, mit den restlichen 20 flog ich nach Florida, wo die Dosen mich fast auf der Flughafenrolltreppe erschlagen hätten, als sich ein Gepäckwagenrad verklemmte.«

In Los Angeles dann fand ein deutscher Spezialitätenhändler Gefallen an »Kukkis Erbsensuppe« und wollte sie importieren.

Jürgen Kurkiewicz kaufte in Elend das »Harzhaus«, ein ehemaliges Ferienheim des Ministeriums für Staatssicherheit. In den Garagen dort dampften schon bald Suppen in mehreren Gulaschkanonen. Und jedem, ob er es hören wollte oder nicht, verriet Kukki: »Ich exportiere 60 000 Dosen Erbsensuppe nach Amerika.«

Das war zwar hoffnungslos übertrieben, klang aber gut. Klappern gehört nun mal zum Handwerk. Auch das ZDF kriegte davon Wind und meldete sich beim Suppenkoch, um über ihn zu berichten. Spätestens seit damals kennt man Kukkis Erbsensuppe.

»Ich sagte eingangs, dass mein Leben mit Erbsen begann«, nimmt er den verlorenen Faden wieder auf. »Da mein Vater im Krieg gefallen war und wir irgendwie über die Runden kommen mussten, machte ich es so wie die meisten nach '45. Ich hamsterte, und das in des Wortes wahrster Bedeutung: Dazu buddelte ich Feldhamster aus und verkaufte für ein paar Groschen deren Fleisch und Felle. Sogar das, was die Tiere unter der Erde hamsterten – Getreide und eben jede Menge Erbsen –, machte ich zu Geld.«

Ex-Grenztruppenmajor Jürgen Kurkiewicz an seiner Gulaschkanone.

Heute bauen die Landwirte der Umgebung speziell für Kukkis Suppen 60 Tonnen Erbsen an.

»Gelbe Erbsen ... – hätte nie gedacht, dass mein Leben mal mit gelben Erbsen enden würde ...«

Aber so weit ist es noch lange nicht.

Der Major a. D. wirft sich in die Brust und schmettert für uns: »Hohe Tannen stehen auf den Bergen, hier in Elend da sind wir zu Haus. Kochen Erbsensuppe in Kanonen, schicken sie in die weite Welt hinaus.«

Kukki blickt auf unsere Teller, erhebt sich und spendiert jedem von uns einen Nachschlag.

»Dafür, dass meine teuren Lada-Taxis nach der Wende nichts mehr wert waren, ich wieder bei null anfangen durfte und von Marktwirtschaft keinen Schimmer hatte ..., dafür haben wir die Sache doch ganz gut hingekriegt!«

Dem ist nichts hinzuzufügen.

33 Eine rote Nelke für ein bisschen Menschlichkeit

Grenzweg vom Feinsten: auf dem Rad durch den Südharz.
Die Wahl zwischen Elend und Sorge. Zwei Exgegner als
Erfolgsduo.

Die Hexen waren schon längst auf den Blocksberg zurückgekehrt, als wir mit unseren Mountainbikes von Schierke in Richtung Braunlage radelten. An der Bremke, ehedem Grenzgewässer zwischen dem Fürstentum Blankenburg und dem Königreich Hannover, stoppten wir an einem keilförmig gespaltenen Granitfindling mit der Aufschrift »Wieder vereint«. Entlang diesem unscheinbaren Bach verlief bis 1989 die innerdeutsche Grenze.

So wie zwischen Stapelburg und dem Brocken blieb der alte Kolonnenweg auch im gesamten Südharz erhalten. Brocken-Benno gehörte zu denen, die auch das touristische Potenzial dieses Wegs früh erkannt und dafür geworben hatten, den Kolonnenweg als »Harzer Grenzweg« ins Wandernetz einzubeziehen. Hans-Dieter Peters, ein Veranstalter für Wandertouren, griff die Idee auf und besorgte die Ausschilderung mit einem grünen »G«. Dem andernorts oft schwer auszumachenden Kolonnenweg zu folgen ist hier ein Kinderspiel.

Ein Dutzend in schwarzes Leder gekleidete Motorradfahrer donnerte mit sonorem Harley-Sound auf großvolumigen Fat Boys und Road Kings an uns vorbei, während wir die Fahrräder von der Straße auf den Grenzweg in Richtung Süden schoben. Bald blieben die Verkehrsgeräusche zurück, einzig das Plätschern der Bremke übertönte das Summen der Insekten.

Wo der schmale Bach in die Warme Bode mündet, gründelten Stockenten, ein Bussard strich über Tannenwipfel. Darüber wölbte sich der makellos tiefblaue Himmel. Ein Schild am Wegesrand forderte uns auf, zwischen »Elend« oder »Sorge« zu wählen. Wir entschieden uns für Letzteres, denn dieser 120-Einwohner-Ort lag unmittelbar an der innerdeutschen Grenze.

Bürgermeisterin Inge Winkel lacht: »Sorge kommt vom mittelhochdeutschen ›Zarge‹, was so viel wie ›Grenze‹ bedeutet.«

Grenzen bestimmen von jeher das Leben in diesem an der Harzquerbahn gelegenen Winzigort. Doch keine Grenze war so dicht wie die letzte.

»Seit 37 Jahren wohne ich hier«, erzählt Inge Winkel. »Nur Verwandte ersten Grades durften mich im Sperrgebiet besuchen. Und das nur, wenn sie einen Passierschein hatten, der sechs bis acht Wochen vorher zu beantragen war.« Solche Dokumente benötigten auch alle, die hier im FDGB-Ferienheim *Sorgenfrei* Urlaub machten.

Die Eisenbahn war damals für die meisten das Haupttransportmittel. Da sich der alte Bahnhof von Sorge unmittelbar in Grenznähe befand, verlegten ihn die Grenztruppen 1972 kurzerhand mitten in den Ort.

»Im Zug wachte die Transportpolizei, die Trapo, darüber, dass niemand in Grenznähe fotografierte. Ein besonders scharfes Auge warf sie auf alle Mitreisenden, um potenzielle ›Grenzverletzer‹ schon während der Fahrt aus dem Verkehr zu ziehen. Zumeist junge Leute«, weiß Inge Winkel, »die in ihren Heimatstädten Halle, Leipzig oder Dresden blauäugig mit dem Rucksack auf dem Buckel aufgebrochen waren und dachten: ›Jetzt hauen wir ab!‹ Sie schafften es nicht mal bis Sorge. Die Trapo fischte sie bereits vor Halberstadt aus dem Zug.«

Wir verließen das freundliche kleine Dorf, grüßten eine Frau, die vor ihrem Haus zwischen frisch gestapelten Holzscheiten in der Mittagssonne saß und Zeitung las. Der langhaarige Hund, der faul zu ihren Füßen lag, hob nicht mal den Kopf.

Fast 1000 Flüchtlinge verloren an der innerdeutschen Grenze ihr Leben.

Das gleichmäßige Murmeln der glasklaren Warmen Bode lag wie der entspannende Sound einer Meditations-CD über dem Land. Buschwindröschen bedeckten den Waldboden als dichter weißer Blütenteppich. Wanderern begegneten wir nicht. Anders als auf dem Brockengipfel ist man auf diesem Teil des Plattenwegs fast völlig allein.

Dem Hinweis »Freiland-Grenzmuseum Sorge« folgend, fanden wir oberhalb des Ortes das »Grenztor« im Original-Signalzaun weit offen und stoppten. Ein Schild bringt die einstige innerdeutsche Realität auf den Punkt: »Bei Grenzverletzungen wurde von der Waffe Gebrauch gemacht ...«.

Dass der Schussbefehl auch im Harz konsequent Anwendung fand, erfahren wir Stunden später nahe Hohegeiß, wo DDR-Soldaten am 1. August 1963 den 23-jährigen Helmut Kleinert erschossen.

»Ich machte mich nach der Wende dafür stark, die Grenzanlagen nicht verfallen zu lassen. Kommende Generation müssen sehen, was hier gelaufen ist …«, hatte Inge Winkel gesagt.

Wir durchfahren das geöffnete Grenztor, Zentimeter für Zentimeter wächst die Spitze des grauen Kontrollturms über der Hügelkuppe empor, auf die der dichte Nadelwald schwarze Schatten wirft. Trotz blauen Himmels und Vogelgesangs beschleicht mich dies bedrückende Gefühl, das ich immer bei solchen »Grenz-Erfahrungen« verspüre. Eine beklemmende Vorstellung: 16 Millionen Einwohner werden auf 108 000 Quadratkilometern weggeschlossen und von 91 000 hauptamtlichen, 171 000 inoffiziellen Stasi-Mitarbeitern und 45 000 Grenztruppenangehörigen lückenlos überwacht. Ein perfektionierter Abschottungs- und Bewachungsapparat, wie es ihn sonst nur für hoch gesicherte Gefängnisse gibt. Und doch gibt es in den 40 Jahren nach 1949 an der innerdeutschen Grenze unzählige Tote. Da es keine verlässlichen Statistiken gibt, schwanken die Zahlen in der Forschung zwischen 800 und 1000 Opfern.

Das Pfeifen, Stampfen, Fauchen und Schnaufen der heute wie vor 110 Jahren mit Kohle und Wasser gefütterten Harzquerbahn holt mich in die Gegenwart zurück.

Ein paar kraftvolle Pedaltritte brachten uns vom Wachturm zum »Ring der Erinnerung«, ein 1992 vom Bundesumweltminister eingeweihtes Kunstprojekt des Sprengelmuseums Hannover. Aus dem Blickwinkel des Bussards über uns muss der Ring wie eine übergroße Dornenkrone wirken. Wir fühlten uns an die Überbleibsel eines Holzeinschlags erinnert, wobei Baumstämme und Zweige einen Kreis von knapp 100 Metern Durchmesser bilden. Steinplatten mit den lateinischen Inschriften »Aer«, »Aqua«, »Flora«, »Fauna« – für Luft, Wasser, Pflanzen- und Tierwelt – markieren die vier Himmelsrichtungen. In der Mitte des Kreises steht »Terra«, Erde.

»Irgendwann wird der ›Ring der Erinnerung‹ zusammengefallen und vermodert sein«, klangen uns Inge Winkels Worte im Ohr. »Dann wird frisches Grün sprießen und neues Leben erwachen, wo einst der Todesstreifen war.«

Der bestens erhaltene Plattenweg führt jetzt in steilem Auf und Ab fast geradlinig durch dichte Wälder nach Süden, folgt kurz der Bundesstraße 4 und schmiegt sich an den Wintersportort Hohegeiß.

Wo ein Dreiländerstein die Begegnung der Bundesländer Sachsen-Anhalt, Thüringen und Niedersachsen markiert, beginnt einer der einsamsten, schönsten, für uns aber auch abenteuerlichsten Abschnitte der Harz-Radtour. Mit steilen Anstiegen und rasanten Abfahrten. Abschnittsweise sind die Kolonnenwegplatten mit Moos überwachsen und glitschig. Plötzlich rutscht mein Vorderrad auf dem schmalen Grat zwischen den Betonrillen ab. Der Reifen verfängt sich im Spalt, ich stürze.

Extrem steil ist der Aufstieg zur 500 Meter hohen »Schwangeren Jungfer«. Der Blick über den Südharz bis zum Brocken ist die Belohnung.

Zwischen Walkenried und Ellrich verlassen wir den Harz, um im Grenzlandmuseum Bad Sachsa-Tettenborn ein starkes »west-östliches Team« zu treffen.

Man stelle sich vor: Ein DDR-Grenzsoldat und ein westlicher Grenzbesucher stehen sich über viele Jahre immer wieder gegenüber, beobachten und fotografieren sich. Der eine rechts, der andere links der Demarkationslinie. Keiner der beiden glaubt, jemals im Leben dem anderen in Freiheit zu begegnen.

Dann fällt die Grenze. Und alles kommt anders.

Angetrieben vom Wunsch, »Objekte« für ein Grenzlandmuseum zu sichern, trifft der Grenzgänger aus dem Westen nach dem Mauerfall genau diesen Grenzsoldaten.

»In Nordhausen war's ...«, erinnert sich Rainer Böhle, »in der Hubschrauberstaffel der DDR-Grenztruppe saß jener Stabsoberfähnrich Schlicht vor mir, dem ich jahrelang an der Grenze gegenübergestanden hatte.

Ich bat ganz vorsichtig um Exponate für ein geplantes Grenzmuseum in Bad Sachsa-Tettenborn. Er warf mich raus. Aber ich bin zäh, kam ein zweites und drittes Mal. Immer das Gleiche: Ich flog raus. Beim vierten Mal saß zum Glück eine Frau dort. Sie ließ mich die Dinge aus der Kaserne rausholen.

Als wir wenig später in Tettenborn unseren Museumsverein gründeten, ging auf einmal die Tür auf, und es erschien Stabsoberfähnrich Wolfgang Schlicht. Der, der mich dreimal rausgeschmissen hatte ...!«

Rainer Böhle schmunzelt: »Sollte ich ihn auch rauswerfen ...?

Ich bat ihn, Platz zu nehmen.«

»›Geh mal hin‹, hatte meine Frau gesagt, ›die bauen ein Museum auf, mach mit! Zum einen kannst du dort deine eigene Geschichte aufarbeiten, zum anderen hast du die Chance, dass alles so dargestellt wird, wie es wirklich war.‹«, berichtet uns Wolfgang Schlicht.

So geschah es. Und auf einmal hatten sich die einst »sprachlosen Grenzgänger« aus Ost und West viel zu erzählen.

»Wir fuhren quer durch die noch existierende DDR, um Exponate zusammenzutragen: nach Dresden, Rostock, Berlin und Magdeburg«, erinnert sich Rainer Böhle.

Während man östlich der Grenze froh war, das »alte Zeug« endlich loszusein, schleuderte man den beiden im Westen schon mal Grobheiten an den Kopf: »40 Jahre sind wir fast mit dem Schädel gegen den Zaun gerannt! Und du willst ihn wiederherstellen. Wir brauchen dein Zeug nicht!«

Aber das »west-östliche Team Böhle-Schlicht« blieb hartnäckig. Von östlicher Seite stießen ein ehemaliger Parteisekretär und ein Politoffizier dazu, von westlicher Seite ein Bürgermeister.

11000 Arbeitsstunden investierten sie! Ihr einziger Lohn: das dankbare Lächeln der Besucher heute, die auch schon mal aus Namibia, Venezuela, Australien und Saudi-Arabien anreisen.

Es war wie so oft: Da in der Wiedervereinigungseuphorie vieles zertrümmert worden war und staatliche Unterstützung fehlte, krempelten ein paar Leute beherzt die Ärmel hoch, spuckten in die Hände und konservierten Geschichte: zum Beispiel den Heißluftballon, mit dem ein Ehepaar aus Suhl im August 1989 flüchten wollte.

»Sie hatten den Ballon daheim in der Garage zusammengebaut. Um Mitternacht wollten sie fliehen. Die aus Bettlaken bestehende Hülle war bereits aufgeblasen, als es zu regnen begann. Der Stoff wurde durch die Regentropfen für die Flucht zu schwer. Die beiden gaben auf, überquerten später mit einem Schlauchboot die Neiße, um über Polen in den Westen zu gelangen. Sie wurden gefasst und kamen in das Staatssicherheitsgefängnis von Suhl. Der Mauerfall brachte ihnen die Freiheit.«

Das Paradestück des Grenzlandmuseums Tettenborn ist die komplette Überwachungsapparatur eines Führungsturms.

»Alles funktionsfähig!«, bestätigt ein stolzer Wolfgang Schlicht. Ein kurzer Tastendruck: Kontrolllampen flackern, und man lauscht dem Sprechfunkverkehr der Grenzer.

»Über viele Jahre war dies das Ventil, um meine eigene Geschichte im DDR-System aufzuarbeiten. Der offensive Umgang damit war richtig. Ich kenne andere, die zur Flasche griffen oder sonst wie psychisch kaputtgingen. Denen sage ich: ›Ihr wolltet wohl nur an der Schokoladenseite knabbern, aber jede Medaille hat zwei Seiten, nun stellt euch auch der anderen. Macht was draus!‹.«

Das mit Unterstützung der Stadt Bad Sachsa im Tettenborner Dorfgemeinschaftshaus untergebrachte Museum ist ein großartiges Denkmal der Zeitgeschichte, in dem so manches Ausstellungsstück auf sehr unkonventionelle Weise zusammengetragen wurde.

Zum Beispiel jene Technik des Führungsteams, die in einer Pionierwerkstatt der Grenztruppe Magdeburg geschlummert hatte.

»Ehepaar Schlicht und ich fuhren dort mit einem kleinen Lkw vor. Zum Glück hatte der diensthabende Offizier gegen den ausdrücklichen Befehl verstoßen, alles zu verschrotten. Sogar Selbstschussanlagen hatte er. Die mussten wir haben! Wir gaben ihm zehn Dosen Hausmacherwurst. ›Hier hast du noch einen 50-D-Mark-Schein drauf‹, sagte ich und bekam alles«, erinnert sich Rainer Böhle und schmunzelt verschmitzt. »Heute müssten wir Zigtausend Euro dafür zahlen.«

Er lehnt sich zurück.

»Bald nach der Wende läuteten an meiner Hausglocke ein Major und ein Stabsfeldwebel der Motorisierten Schützen. Sie fragten, ob ihre Einheit gegen die Altherren von Tettenborn Fußball spielen könne. Klar doch! Beim Revanchespiel in Weißenfels/Sachsen-Anhalt kam ein Offizier mit seiner randvoll mit Orden gefüllten Dienstmütze auf mich zu. ›Die kannst du alle haben‹, sagte er, als er meinen glühenden Blick registrierte. Ich kriegte die Mütze samt Orden …, aber für jeden Orden musste ich einen doppelstöckigen Schnaps mit ihm trinken …«

Wolfgang Schlicht war einer der wenigen DDR-Bürger, die leicht in den Westen hätten türmen können. Kam ihm, dem Soldaten in vorderster Linie, der oft durch getarnte Türen auf die Westseite von Mauer und Zaun kam, nie die Idee abzuhauen?

Stabsoberfähnrich a. D. Wolfgang Schlicht vor dem Grenzmuseum Tettenborn.

»Solche Gedanken hatte insbesondere meine Frau. In meiner Funktion wäre Republikflucht kein großes Problem gewesen: Ich hätte die Führungsstelle angewiesen, die Grenzposten so zu positionieren, dass wir unbehelligt durchgekommen wären. Auch einen Flucht-Lkw hätte ich problemlos gekriegt, so wie den Torschlüssel. ›Aber ...‹, sagte ich meiner Frau, ›denk an deine Verwandtschaft: Dein Vater wird seine Arbeit in der Kreisleitung verlieren, wie mein Vater und mein Bruder in Frankfurt/Oder beim Zoll, genauso wie meine Schwester als Kaderleiterin ihres Betriebs. Bis zur Verwandtschaft dritten und vierten Grades werden alle als Folge unserer Flucht unter staatlichen Repressalien leiden.‹ Wir verabschiedeten uns von unserem Plan.«

Ein Moment im Frühjahr 1984 bleibt Wolfgang Schlicht und auch Rainer Böhle unvergesslich:

»Ich stehe mit holländischen Besuchern an der Grenze und erkläre ihnen den Grenzaufbau«, beginnt Böhle die Geschichte. »Uns gegenüber säubert Stabsoberfähnrich Schlicht mit zwei Soldaten die Tür im Grenzzaun. Plötzlich rennt ein fünfjähriger Knirps unter der Barriere durch auf DDR-Hoheitsgebiet. Ich hinterher ... auf DDR-Territorium!

Wolfgang Schlicht packt den Jungen. Ich auf ihn zu, die beiden Soldaten an seiner Seite sind irritiert, Wolfgang Schlicht gibt mir den Jungen, ich kehre um, drehe mich aber noch mal um, sehe ihm in die Augen. Schon bin ich unter der Barriere durch. Schnell rein in den Bus und weg.

Der Stabsoberfähnrich hätte mich eigentlich festnehmen müssen. Formal wäre er im Recht gewesen, zur Not hätte er auch seine Pistole gehabt. Aber er tat es nicht ...«

»Ich dachte nicht an eine Festnahme, sondern an die Sicherheit des Jungen«, erinnert sich Schlicht. »Die Wieda hatte Hochwasser, rechts und links waren lebensgefährliche Untiefen ...

Nach dem Vorfall war es zwischen den Grenzaufklärern, die mich begleiteten, und mir erst mal still. Dann sagte ich: ›Wir haben Mist gemacht! Hat das jemand gefilmt oder fotografiert?‹ ›Nein‹, sagten die beiden. Sie waren selbst zu perplex gewesen. ›Wenn wir das melden, gibt's Bestrafung und Politerziehung. Besser, wir schweigen. Und sollte es doch ans Tageslicht kommen, sagen wir, dass wir so handeln mussten, um das Ansehen der Grenztruppen zu wahren.‹«

Die Sache wurde in der DDR nie publik.

Das Ende von Wolfgang Schlichts 25-jähriger Dienstzeit und der Mauerfall kommen fast gleichzeitig.

Den 12. November 1989, den Tag, an dem zwischen Ellrich und Zorge die Grenze fiel, erlebte er noch als aktiver Soldat.

»Am 11. November saßen wir gemütlich daheim, als ein Melder mir übermittelte, sofort in die Dienststelle zu kommen. Mein Befehl lautete, mit ›Schanzsatz II‹, also schwerstem Gerät, nach Ellrich zu fahren und dort auf die Pionierkompanie zu warten.

Punkt 24 Uhr gab mir ein Regimentsoffizier die Nachricht durch, dass wir am 12. November zwischen null Uhr und sechs Uhr die Öffnung der Grenze Ellrich-Zorge durchzuführen hätten.

Da sagte ich: ›Das mache ich nicht! 25 Jahre lang habt ihr mir eingetrichtert: ›Da vorn ist Schluss. Ab da geht's nicht weiter.‹ Und ich soll jetzt auf einmal aufmachen … Nein, das mache ich nicht.‹

Oberstleutnant Thiele, der Kommandeur der GÜSt Ellrich, kam auf mich zu und sagte: ›Wenn wir es nicht machen, machen es andere …‹

Ich öffnete den Zaun. Gegen zwei Uhr nachts kam von der westlichen Seite der BGS und fragte, ob er DDR-Territorium betreten dürfe. ›Ja‹, sagte ich und ging ihm entgegen. Der erste BGS-Beamte leuchtete mich kurz an und sagte: ›Ach, der Herr Schlicht …!‹ Man kannte sich, obwohl wir nie ein Wort miteinander hatten wechseln dürfen.«

Am Morgen des 12. November 1989, 19 Tage vor Wolfgang Schlichts Dienstzeitende, überreicht ihm eine westdeutsche DRK-Helferin anlässlich der »Grenzöffnung Zorge-Ellrich« eine rote Nelke – eine kleine Geste für eine große Tat.

34 Abstecher in die Unterwelt

Mountainbiken in tausend Meter Tiefe – durchs Kalibergwerk Sondershausen. Die Hölle von Mittelbau-Dora.

Das Fitnesstraining für unsere Grenzlandreise sollte bereits im Winter beginnen. Dafür suchten wir ein paar anspruchsvolle Wege zum Mountainbiken, angenehme 20 Grad plus und eine gesunde Luft. All das fanden wir unweit vom Grünen Band in Sondershausen zwischen Südharz und Kyffhäuser. Ganz hübsch gelegen, wenn auch mit einer Menge Industrie – zumindest bis nach der Wende auch hier die »Abwicklung« einsetzte.

Auch wenn es zunächst unglaublich klingt: Hier kann man in immerwährender Wärme mountainbiken. Denn als die Grube »Glückauf« 1991 nach über 100 Jahren Salzförderung den Betrieb schrittweise einstellte, kam Geschäftsführer Dr. Helmut Springer die Idee, die älteste befahrbare Kaligrube der Welt für Mountainbiker zu öffnen. Auch andere sportliche Wettbewerbe finden unter Tage statt; der herausragendste ist der Marathonlauf im Dezember.

Die Bedingungen fürs Joggen und Biken in der Unterwelt sind angenehm: Die Temperatur liegt konstant bei mindestens 24 Grad Celsius. Die Luft ist salzhaltig wie am Meer, und auf einer Fläche von 17 mal 24 Kilometern laden unzählige Gänge zu Abstechern ein. Das Schönste aber: Es regnet nie!

Unmittelbar unter Sondershausen liegt diese Stadt unter der Stadt in bis zu 1100 Metern Tiefe. 500 Kilometer Straße gibt es dort, so breit, dass Lkw durchfahren können.

Wir vertrauen uns Friedrich Poppe an, dem einstigen Reviersteiger, der heute hier Touristen betreut. Die meisten besichtigen von einem umgebauten Unimog aus vier Stunden lang das Labyrinth unter Tage. Noch spannender aber ist das Fahrrad-Abenteuer in der Unterwelt.

Bereits 1934 bewegten sich Bergleute und andere Handwerker auf Fahrrädern durch das kilometerweite Labyrinth. Ab 1938 ersetzten Motorräder die Räder, später Autos. Selbst Bagger und riesige Lkw wurden in Einzelteile zerlegt und, unter dem Förderkorb hängend, in die Tiefe transportiert.

»Bei allem, was einmal unten im Salz war, kann man später oben zusehen, wie es rostet«, warnte Friedrich Poppe schon bei unserem telefonischen Vorgespräch.

Wir treffen entsprechende Vorsorge: Die Mountainbikes werden dick mit Wachs eingesprüht, die Ketten sorgfältig gefettet. Am Schacht 6 wartet bereits der Steiger, der uns durch die dunklen Gänge führen wird. Die Fahrradhelme dürfen wir aufbehalten, müssen sie nicht gegen die schweren Grubenhelme eintauschen. Eine Sauerstoff-Notpatrone wird im Rucksack verstaut. »Safety first«, auch wenn Friedrich Poppe versichert, dass nichts passieren wird.

Der Förderkorb bringt uns in zwei Minuten auf 700 Meter Tiefe, das sind 500 Meter unter dem Meeresspiegel. Oben waren es zwei Grad Celsius, hier unten herrschen wohlige 24 Grad Celsius. Die Winterklamotten wandern in die Rucksäcke, und wir stehen im Sommerdress am Eingang des stockdunklen Labyrinths.

»Fast so warm wie auf Hawaii«, strahlt Siggi, einer der Mountainbiker, die sich dieser Tour durch die Unterwelt angeschlossen haben.

»Na ja ..., wenn man die Temperatur betrachtet ...«, meint Friedrich Poppe ernst, denn er hatte 30 Jahre lang hier unten hart gearbeitet und gewöhnt sich nur langsam an die bunte Schar Mountainbiker, die auch in 700 Metern Tiefe Fun haben wollen.

Nach wenigen Metern erhellen nur noch die fünf Speziallampen das gleißende Weiß vor uns, alle fünf Meter zweigt ein Seitengang von der Hauptstrecke ab. Ein Unkundiger würde sich hier hoffnungslos verirren. Wir haben volles Vertrauen zu unserem Guide, der sich in diesem Irrgarten wie in seiner Westentasche auskennt.

Biken hier unten ist eine andere Sache als oben: Die Salzluft brennt in den Lungen, Schweiß fließt. Doch der verdunstet schnell und kühlt die Haut. Es ist trocken, sehr trocken sogar. Die Luftfeuchtigkeit beträgt null Prozent. Salzkristalle überziehen den Boden – Vorsicht beim Fahren! Wenigstens reflektiert die weiße Tunnelwand das Licht bestens. Kilometer um Kilometer spulen wir ab. Der »Tunneleffekt« lässt die Geschwindigkeit höher erscheinen, als sie in Wirklichkeit ist. Der Tacho zeigt einen Durchschnitt von 18,7 Stundenkilometern, der Höhen- respektive Tiefenmesser am Handgelenk verrät »minus 560 Meter«.

Nach einer Stunde Fahrzeit erreichen wir Friedrich Poppes ehemaliges Büro, eine aus dem Salzgestein geschlagene Kaverne mit Schreibtisch und Telefon.

»Das funktioniert noch«, sagt er und tritt sofort den Beweis an, indem er seine Frau anruft und Salat zum Abendessen bestellt.

»Die Heizkosten für dieses Büro waren extrem gering«, meint er und schmunzelt. Dafür mussten die Arbeiter unter Tage reichlich zu trinken mitbringen. Denn der Flüssigkeitsverlust war so groß wie in der Wüste von Nevada: rund sechs Liter pro Schicht.

Nach einer ausgedehnten Brotzeit auf Friedrich Poppes Schreibtisch können es sich Harry und Uli aus dem Hinterland bei Gladenbach nicht verkneifen, die steinerne Bürotreppe mit ihren Bikes hinunterzufahren. Etwas irritiert kommentiert unser Führer die Einlage: »Zu DDR-Zeiten habe ich an so was niemals gedacht.«

Vom Ostfeld wollen wir ins Südfeld, der tiefsten Stelle im Revier: 1100 Meter unter der Erdoberfläche und fast 40 Grad heiß. Für die Bergleute war es »die Hölle«.

Steil geht's auf gut ausgebauter Straße bergab, die Bremsen laufen heiß. Zum einen wegen der Hitze, zum anderen weil der Salzstaub auf Felgen und Scheiben die Reibung erhöht. Trotz Fahrtwind und guter Belüftung der Grube wird die Wärme unerträglich.

Nach drei Kilometern sind wir unten. Ein Laugensee markiert das Ende der Sackgasse; sein Wasser ist mit Salz so gesättigt, dass kleine Steine darauf schwimmen.

»Wie im Toten Meer kann man hier im Wasser liegend Zeitung lesen«, meint Friedrich Poppe. Die Lauge, früher ein Abfallprodukt der Kalisalzgewinnung, wurde in die tiefsten Stellen des Schachts gepumpt.

Alle weiteren Schächte sind aufgefüllt, um ein weiteres Absinken der Stadt Sondershausen zu verhindern. Ansonsten scheint unter Tage fast alles beim Alten geblieben zu sein – außer dass seit der Stilllegung 1991 statt der ursprünglich 1200 Menschen nur noch etwa 200 Arbeiter im gesamten Bergwerk arbeiten.

Bestimmte Schachtabschnitte mutierten zu Lagerplätzen für Sondermüll. Es wird sogar wieder Steinsalz abgebaut; ein Teil davon ist als Souvenir zu erwerben, als Lampe oder Kerzenständer. Helmut Springer und Friedrich Poppe pflegen gelegentlich auch Zukunftsträume: von »Rheumakuren in der Hölle«.

Kultur ist in der Unterwelt von Sondershausen ebenfalls angesagt: Im Festsaal finden, unter einer aus dem Salz gehauenen riesigen Kuppel, schon seit Langem Veranstaltungen statt. Und wer will, kann in einem repräsentativen Raum mit großem, geschmiedetem Kronleuchter heiraten oder bei einem vom Team »Mephistos Zeche« angelieferten Bergmannsessen schlemmen. Eine verführerische Vorstellung für uns, die wir nach zehn Stunden in der salzhaltigen Luft mächtigen Kohldampf verspüren.

Radfahren in 1000 Metern Tiefe ist fast wie Urlaub am Meer. Nur die Sonne fehlt …

Wir besuchten noch ein weiteres unterirdisches Tunnelsystem am Harzrand: Mittelbau-Dora nahe Nordhausen, wo wir uns mit Krieg und Terror konfrontiert sahen.

Nordhausen heute: eine idyllisch gelegene, 1000-jährige, einstmals Freie Reichs- und Hansestadt am Südostrand des Harzes. Der Dom ist das bedeutendste Bauwerk der Stadt, der Nordhäuser Korn allerdings ist noch bekannter.

Doch zwischen 1943 und 1945 starben hier 20 000 von 60 000 Häftlingen beim Bau von Hitlers »Vergeltungswaffe« V2.

Nach dem Bombardement der Raketenversuchsanstalt Peenemünde, in der die V2-Rakete zuvor gebaut und getestet worden war, errichteten die Nazis Ende August 1941 im Kohnstein bei Nordhausen ein Außenlager des Konzentrationslagers Buchenwald. Sie nannten es »KZ Mittelbau-Dora«. Bereits zehn Tage nach dem Peenemünde-Bombardement im August 1943 durch 596 britische Bomber trafen die ersten 107 Häftlinge am Kohnstein ein. Ab Januar 1944 begann die Raketenproduktion. Im Oktober 1944 lebten in den KZ-Lagern bereits 32 500 Häftlinge, sechs Monate später waren es 40 000. Unter hygienisch katastrophalen Bedingungen bauten sie hier für Hitlers »Wunderwaffe« die größte und leistungsfähigste unterirdische Fabrik auf Erden.

Das Werk bestand aus zwei in Nord-Süd-Richtung verlaufenden Hauptstollen, die mit doppelgleisigen Eisenbahntrassen ausgestattet waren. »A-Stollen« und »B-Stollen«, wie sie genannt wurden, waren jeweils 1800 Meter lang, 13 Meter breit und neun Meter hoch. Züge konnten problemlos in sie einfahren und mit Rüstungsgütern beladen werden. Die beiden Hauptstollen verbanden 46 Querstollen, in denen die Raketen montiert wurden. Jeder dieser Querstollen hatte eine Länge von 150 bis 200 Metern, sodass sich eine Gesamtproduktionsfläche von 110 000 Quadratmetern ergab.

900 Raketen des Typs V2 sollten hier laut Plan pro Monat entstehen – eine Zahl, die in den folgenden knapp zwei Jahren jedoch nie erreicht wurde. 300 waren es im August 1944, je 600 monatlich bis Dezember 1944. Danach sank der Ausstoß aufgrund der unzureichenden Belieferung mit Teilen und Treibstoffen. Annähernd 6000 Raketen produzierte die Häftlingsbelegschaft des Mittelwerkes. Abgefeuert wurde knapp die Hälfte davon.

Das Ende der Hölle von Mittelbau-Dora kommt am 3. und 4. April 1945 mit zwei massiven britischen Luftangriffen, die auch in Nordhausen schwere Schäden anrichten. Die Räumung des Konzentrationslagers beginnt am 3. April mit der Verlagerung von 4000 russischen Gefangenen nach Bergen-Belsen. Weitere Güterzüge mit Tausenden Häftlingen folgen.

Wer zu schwach ist, wird erschossen. Andere treibt die SS auf Todesmärschen durch den Harz. Wenige Stunden vor dem Eintreffen amerikanischer Soldaten pfercht die SS mehr als 1000 Häftlinge bei Gardelegen in der Feldscheune Isenschnibbe zusammen, setzt das Stroh in Brand, wirft Handgranaten hinein und schließt die Tore. 1016 Menschen sterben. Der verantwortliche NSDAP-Kreisleiter taucht unter, wird nie gefasst und stirbt 1994 als »unbescholtener Bürger«.

Am 11. April 1945 befreien US-Truppen die letzten KZ-Insassen – es waren nur noch einige Hundert verblieben – und erobern das Mittelwerk. Damit nehmen sie auch die fast unzerstörte Serienfertigungsanlage für ein Waffensystem in Besitz, das die nächsten Jahrzehnte bestimmen wird.

Sofort riegelt eine Sonderkommission den Kohnstein ab und organisiert den Transport der vielen unzerstörten, fertig montierten Raketen und der Werkzeugmaschinen in die USA. Dazu wird das

Forschungsteam, an ihrer Spitze Wernher von Braun, nach Amerika verschifft, wo es seine Entwicklungsarbeit ungestört fortsetzt. Diesmal für die Amerikaner. Nach der Vergangenheit der Forscher wird nie groß gefragt.

Wernher von Braun beeinflusst später als stellvertretender Direktor der NASA sogar maßgeblich das US-Raumfahrtprogramm und die erste Mondlandung.

Fast ein Dreivierteljahrhundert später: Die heutige KZ-Gedenkstätte Mittelbau-Dora ist Teil der von der Bundesregierung und vom Land Thüringen getragenen Stiftung »Gedenkstätten Buchenwald und Mittelbau-Dora«. Im neuen Informationszentrum und beim Gang durch die Tunnel, in denen Tausende für Hitlers V2-Waffe starben, wird Geschichte lebendig. Und macht betroffen.

35 Auf Heinz Sielmanns Spuren durchs Eichsfeld

Grenzturm als Wochenendhaus. Gorbatschow am WestÖstlichen Tor. Heinz Sielmann und »Tiere im Schatten der Grenze«.

Der Zeitungsartikel, den Grenzturmbesitzer Fredi Willig auf den Tisch legt, zeigt einen Trabant mit Anhänger. Fredi tippt mit dem Finger auf die Bildunterschrift: »Freibier aus der DDR, per Trabbi importiert.« Auf dem nächsten Foto sehen wir das von Menschen umlagerte Grenztor zwischen dem thüringischen Dorf Bockelnhagen und Bartolfelde in Niedersachsen. Im Hintergrund ein grauer Führungsturm.

»In Bockelnhagen ist heute keiner mehr ...«, steht darunter. »Wie ein Lauffeuer hatte sich gestern morgen die Nachricht verbreitet: Das Tor nach Bartolfelde wird geöffnet!« Und genau dort trafen die Thüringer auf die Niedersachsen, um mit »west-östlichem Freibier« auf den Fall der Grenze anzustoßen.

»Unser Wohnhaus stand 600 Meter von der Grenze in Bartolfelde«, erzählt Fredi Willig. »Meine ganze Jugend verbrachte ich in ihrem Schatten ... Und dann musste ich nach der Wende mit ansehen, wie dieser Turm, ein Stück deutsch-deutscher Geschichte, nach und nach verfiel ...«

Wir plaudern mit ihm in der Kanzel genau jenes Führungsturms, der in der Zeitung abgebildet ist. An der grau gestrichenen Innenwand hängt noch heute ein Bild des Staatsratsvorsitzenden Erich Honecker. Darunter ein ebenfalls mausgraues Telefon mit rotem Hörer.

Weit reicht der Blick über den Kolonnenweg, der sich bis zu den Harzvorbergen zieht, und weiter zum Brockengipfel. Nach Bad Lau-

Wochenendhaus der anderen Art: Fredi Willig und sein Grenzturm im Eichsfeld.

terberg ist es mit dem Auto weniger als eine Viertelstunde, bis Duderstadt im Unteren Eichsfeld vielleicht 30 Minuten.

»1998 kam mir die Idee, den Grenzturm zu kaufen, um eine Begegnungsstätte daraus zu machen«, erinnert sich Fredi Willig. Doch der Weg zum »Grenzturmbesitzer« war lang und dornig. Rund 5000 Kilometer war er in dieser Angelegenheit unterwegs, begegnete dem wiehernden Amtsschimmel und kämpfte sich durch Behördendschungel. 2001 stand endlich seine Unterschrift unter dem Kaufvertrag. Und da man Grenztürme allein nicht kaufen kann, erwarb er vom Bundesvermögensamt auch den Grund und Boden sowie das umliegende Land, sagenhafte 20000 Quadratmeter.

»Dabei hatte meine Frau gesagt: ›Wenn du das Ding kaufst, lass' ich mich von dir scheiden!‹«, bemerkt er augenzwinkernd, fährt jedoch erleichtert fort: »Das hat sie dann aber doch nicht gemacht …«

Etwa bei Fredi Willigs Grenzturm überqueren wir die Grenze zum Eichsfeld. Eine historische Landschaft zwischen Harz und Werra, durch die Flusstäler von Leine und Wipper in das Obere Eichsfeld (Thüringen) und das Untere Eichsfeld (Niedersachsen) geteilt. Die Böden sind fruchtbar und ertragreich. Im Frühjahr leuchten betörend gelbe Rapsfelder in dem von Mischwäldern durchsetzten Land. Seit Jahrhunderten liegt das einst zum Fürstbistum Mainz gehörende katholische Eichsfeld wie eine Insel im protestantischen Norden. Von 1945 bis 1990 verlief etwa zwischen Oberem und Unterem Eichsfeld die innerdeutsche Grenze. Doch trotz aller staatlichen Einflussnahme blieb im DDR-Abschnitt des Eichsfelds auch während der Jahrzehnte hinter dem Eisernen Vorhang eine starke katholische Volksfrömmigkeit erhalten.

Wir nähern uns jetzt dem Dreiländereck Thüringen-Niedersachsen-Hessen. Aufgrund der intensiven landwirtschaftlichen Nutzung war der Grenzstreifen hier ein bedeutendes Rückzugsgebiet für seltene Arten. Dieses Naturerbe, das uns die DDR ungewollt hinterließ, zu erhalten, ist ein besonderes Anliegen des BUND und anderer Naturschützer.

Im Juni 2002 wurde auf dem Kutschenberg zwischen Teistungen und Ecklingerode mit einer 100 000-Euro-Finanzspritze der Deutschen Bundesumweltstiftung das »WestÖstliche Tor« errichtet: zwei zwölf Meter hohe Eichenstämme, die am Boden mit einer Edelstahlschwelle verbunden sind. 66 Roteichen wurden gepflanzt, und blühende Herbst-Blausterne symbolisieren den Verlauf der Grenze. Der Protagonist der Wende, Michail Gorbatschow, weihte das Werk ein – zweifellos ein Höhepunkt in der Projektarbeit um das Grüne Band.

»Das WestÖstliche Tor ... kennzeichnet eine Grenze, aber es ermöglicht auch ihre Überschreitung, ist Eingang und Ausgang gleichermaßen ... Es gestattet damit den Blick zurück und den nach vorn«, sagte der Generalsekretär der Bundesumweltstiftung am Tag der Eröffnung.

Zwei Jahre später erwarb der BUND Thüringen zum Schutz dieses Areals 21 Hektar Fläche. Die über die Grenzen Deutschlands hinaus aktive Heinz Sielmann Stiftung engagiert sich hier fürs Grüne Band und betreibt das Natur-Erlebniszentrum Gut Herbigshagen.

Die Älteren kennen noch das markante, meist lächelnde, faltige Gesicht von Heinz Sielmann: Tierfilmer, Verhaltensforscher, Biologe, Autor, Honorarprofessor, Fernsehproduzent. Doch all diese Berufsbezeichnungen umreißen nur einen Teil des Engagements dieses »Fossils des Naturfilms«, wie ihn die *Süddeutsche Zeitung* 1994 bezeichnete.

1959 startet Heinz Sielmann seine erfolgreiche Fernsehserie *Expeditionen ins Tierreich,* für die er bis 1991 170 Folgen dreht und moderiert. Gemeinsam mit solch unvergessenen Forschern und Publizisten wie Konrad Lorenz oder Bernhard Grzimek gründet er zu Beginn der 1970er-Jahre die »Gruppe Ökologie«, um gegen einen »Fortschritt von der Natur weg« zu protestieren.

Nachdem er 1988 den Film *Tiere im Schatten der Grenze* gedreht hat, macht Sielmann sich für das Grüne Band stark. Er träumt sogar davon, das »Niemandsland« der innerdeutschen Grenze in einen von der Ostsee bis zum bayerisch-sächsischen Vogtland reichenden Nationalpark zu verwandeln. Das Engagement des unermüdlichen Naturfreundes führt 1994 zur Gründung der Stiftung, die seinen Namen trägt. Nur ein Kilometer vom Grünen Band entfernt befindet sich die Stiftungszentrale auf Gut Herbigshagen nahe Duderstadt. Hier wurde Heinz Sielmann auch bestattet, nachdem er 2006 im Alter von 89 Jahren gestorben war. Seine Witwe, Inge Sielmann, führt als Stiftungsratsvorsitzende sein Lebenswerk fort.

Holger Keil begleitet uns durch das mittelalterliche Stadtgut Herbigshagen, das heute nicht nur Stiftungszentrale und anerkanntes Niedersächsisches Umweltbildungszentrum, sondern auch ein Biolandbetrieb ist.

»Die Heinz Sielmann Stiftung engagiert sich bei zahlreichen Projekten«, erzählt uns der Umwelt- und Landschaftsplaner. »Zum Beispiel auch in der Döbritzer Heide, nur wenige Kilometer östlich von Berlin, die mehr als hundert Jahre lang militärisch genutzt wurde. Doch in ihren Offenlandschaften mit Heide, Trockenrasen und Sandflächen entwickelten sich Lebensräume für seltene Tiere und Pflanzenarten, die es nun zu schützen gilt.«

Für das von der Stiftung getragene Großprojekt »Grünes Band Eichsfeld« arbeitet Holger Keil als Koordinator, er formuliert die ökologischen Zielvorstellungen des Vorhabens. Immerhin umfasst das Projektgebiet mit 130 Kilometern Länge und 30 000 Hektar Fläche knapp zehn Prozent des gesamten Grünen Bandes.

Naturfilmer Heinz Sielmann machte sich für das Grüne Band stark.

An der nahe Gut Herbigshagen gelegenen Heinz-Sielmann-Hütte beginnt unsere Wanderung zum Grenzlandmuseum Eichsfeld. Weit reicht der Blick vom Obergeschoss der zweistöckigen Wanderhütte. »Diese und vier andere Hütten sind gleichermaßen Aussichtspunke wie auch Schutzhütten«, berichtet Holger Keil.

Der komplett erhaltene Kolonnenweg schlängelt sich durch eine liebliche, hügelige Landschaft. Wald- und Buschstreifen unterteilen die Äcker, Alleen säumen die Straßen. Dann und wann zwängt sich ein Sonnenstrahl aus dem leicht wolkenverhangenen Himmel und malt helle Flecken auf die Felder, auf denen Traktoren erdig braune Fahrspuren hinterlassen haben.

»Wir bezeichnen diese Landschaft als halb offenen Lebensraum«, erklärt er, während wir auf dem Kolonnenweg in Richtung Duderstadt und Teistungen wandern – Nachbarstädte, die die Grenze einst trennte. »Es ist Grünland, in dem wie kleine Inseln Bäume und Sträucher wachsen. Vor allem Raubwürger, Neuntöter, Braun- und Schwarzkehlchen sind hier zu Hause. Und der Greifvogel, der gerade über uns schwebt, ist der Rote Milan, die Gabelweihe.« Das Eichsfeld ist eins seiner letzten großen Rückzugsgebiete. Auch der scheue Schwarzstorch hat auf thüringischer Seite von der einst ruhigen Grenzlage profitiert.

Im Abschnitt »Grünes Band Eichsfeld-Werratal« leben 340 der Tier- und Pflanzenarten, die in der Roten Liste als gefährdet ausgewiesen sind.

»Und dennoch …«, sagt Holger Keil, »ist der Mensch hier als Besucher willkommen.«

Ganz im Sinne des Stiftungsgründers, der Naturschutz als »positive Lebensphilosophie« betrachtete.

»Durch intelligente Besucherlenkung führen wir Besucher an die Natur heran, ohne dabei ökologische und biologische Zusammenhänge zu gefährden.«

Gleichzeitig legt auch die Heinz Sielmann Stiftung Wert darauf, den Charakter der Grenzregion so zu bewahren, wie er sich während des gut 40-jährigen Dornröschenschlafs im Schatten der Demarkationslinie herauskristallisiert hat.

»Schäfer Bernd Bodmann aus Seeburg erhielt von uns den Auftrag, mit seinen 400 Leineschafen und 20 Ziegen über das Grüne Band zu ziehen. Indem die Tiere aufkeimende Büsche, Bäume und Sträucher zurückbeißen, halten wir den Bewuchs kurz. Andernfalls wäre dort längst wieder Wald«, erklärt Keil beispielhaft das Vorgehen der Stiftung. »Wobei wir natürlich steuernd eingreifen: Die Schafe dürfen nicht zu früh kommen, sonst würden Braunkehlchen und Neuntöter beim Brüten gestört. Aber auch nicht zu spät, weil dann die Gräser zu trocken wären. Das mögen Schafe nicht«, weiß der Projektkoordinator. Bei Duderstadt verabschieden wir uns von ihm. Das Grenzlandmuseum Eichsfeld ist jetzt nur noch einen Steinwurf entfernt.

Vom Pioniergeist der Vorfahren, die die Ärmel hochkrempelten, um Wälder urbar zu machen, künden die Dorfnamen hier: im Osten Ecklingerode, Bischofferode und Wintzingerode, gleich nebenan, westlich des Grünen Bandes, Gerblingerode und Immingerode. Teistungen – bis 1990 in der DDR – ist einer der größeren Orte hier.

Im Gebäude der ehemaligen Grenzübergangsstelle Duderstadt-Worbis besuchen wir das Grenzlandmuseum Eichsfeld. Auch hier führte das Engagement eines west-östlichen Teams 1995 zur Museumsgründung. Der Gymnasiallehrer Ben Thustek ist der Pädagogische Leiter.

»Wolfgang Nolte, der Bürgermeister von Duderstadt, hatte die Idee«, erinnert sich Thustek. »Horst Dornieden, der damalige Bürgermeister von Teistungen, zog mit, und so entstand im ehemaligen DDR-Zollgebäude auf einer Fläche von 700 Quadratmetern das

Grenzlandmuseum.« Das Interesse der Besucher ist groß, selbst Holländer, Israelis und Südkoreaner sind keine Seltenheit.

Und dann überrascht uns Ben Thustek mit der unglaublichen Geschichte der größten Flucht über die innerdeutsche Grenze. Sie geschah gleich nebenan in Böseckendorf.

36   Die Massenflucht von Böseckendorf

*Kornblume – nein danke! Ein Dorf flüchtet vor der
Zwangsumsiedlung.*

In den Augen der Parteiführung sind die Böseckendorfer Bauern
renitent. Die meisten hatten sich im Vorjahr geweigert, der LPG
»Neues Leben« beizutreten. Wie auch in anderen Orten setzt die
SED in Böseckendorf eine Kommission ein, die Druck macht.

»Die verhören uns wie Sträflinge«, klagen die Bauern. Das Wissen, dass sie als Gegner der »Genossenschaftlichen Entwicklung in
der DDR« jetzt auf einer schwarzen Liste stehen, macht Angst.

»Mit ihrer Meinung sind sie im Grenzgebiet eigentlich nicht tragbar. Wir könnten sie mit 30 Kilo Gepäck und unbekanntem Ziel ins
Inland versetzen«, droht ein Kommissionsmitglied. So spitzt sich
die Situation in dem kleinen Eichsfelddorf im Spätsommer 1961 zu.

Seit wenigen Wochen steht die Berliner Mauer. Wer sich in Böseckendorf gegen die Zwangskollektivierung stemmt, weiß, was ihm
blühen kann. Bereits 1952 waren bei der »Aktion Ungeziefer« drei
Familien aus dem Dorf zwangsausgesiedelt worden.

Wie überall in der DDR sind auch hier Spitzel unterwegs, die
abends vor den Fenstern der Dorfbewohner lauschen, ob im Rundfunk oder Fernsehen Westsender laufen, und die das Wissen an die
Stasi weitergeben. Damit können die Menschen hier umgehen.
Doch seit dem Mauerbau ist nichts mehr wie zuvor. Es muss sofort
gehandelt werden.

Allein im August 1961 werden im Eichsfeld 13 neue Beobachtungstürme gebaut. Am 27. September erstellen die DDR-Organe
den detaillierten Einsatzplan für jene Aktion, die unter dem Tarnnamen »Kornblume« in die Geschichte eingehen wird.

Hinter vorgehaltener Hand hört man Gerüchte über eine geplante Flucht aus Böseckendorf. Dass in dem 300-Einwohner-Ort etwas im Gange ist, kriegen sogar die Parteibonzen in Worbis mit. Doch die vertrauen auf ihre Grenztruppen.

Nach außen hin läuft das Leben der Böseckendorfer Bauern in gewohnten Bahnen. Nur Männer, die sich blind vertrauen, sprechen offen miteinander, schmieden Pläne. Viele sind bereit, alles auf eine Karte zu setzen. Ein harter Kern von Fluchtwilligen kristallisiert sich heraus, doch niemand weiß, wer sich ihnen anschließt. Aus Angst, der Stasi könne etwas zu Ohren kommen, weihen die Bauern nicht mal ihre Ehefrauen ein.

Schlaflose Nächte. Die Bauern, der Schmied, sie alle wissen, dass sie ihre über Generationen weitervererbten Höfe und Ländereien zurücklassen werden. Aber sie wissen auch, dass die hiesige SED-Führung sie als »notorische Vaterlandsverräter« einstuft und dass laut Befehl Nr. 31/61 des Innenministers vom 1. September 1961 Personen aus dem Grenzgebiet auszuweisen sind, »… die durch ihre reaktionäre Einstellung den Aufbau des Sozialismus hindern …«.

Am Sonntag, dem 1. Oktober 1961 wird der Befehl für »Aktion Kornblume« gegeben. Ab dem folgenden Tag soll es losgehen mit der Zwangsumsiedlung. Noch am selben Wochenende beginnt ein weiterer Ausbau der Grenzbefestigungen.

»Jetzt oder nie!«, sagen sich die Böseckendorfer Altbauern und treffen sich am Sonntagabend auf einem Heuboden. Morgen, am 2. Oktober, werden sie flüchten.

Alles läuft an diesem Montag so normal, so unauffällig wie sonst: Die Bauern gehen ihrer Arbeit nach, füttern abends sogar noch ihre Tiere. Ein letztes Mal … Nur noch eine Stunde bleibt für die Vorbereitung der Flucht.

Zeitgleich formieren sich die Soldaten der Grenztruppen, um loszuschlagen.

14 fluchtwillige Böseckendorfer Familien treffen sich derweil auf dem Hof von Bauer Klingebiel, wo sich Kinder und Alte auf einem gummibereiften Pferdewagen zusammenkauern. Dessen Seitenteile sind zum Schutz gegen Schüsse mit Matratzen gepolstert.

Die Flucht aus der Heimat beginnt. Schweigsam, von den Grenztruppen unbemerkt, erreicht der Treck den Zaun. Die Männer durchschneiden ihn. Die Böseckendorfer haben den Westen erreicht! Nur einmal noch stoppen sie auf ihrem Weg nach Immingerode: an einem Bildstock am Wegesrand, wo sie ein kurzes Dankgebet sprechen.

Am darauffolgenden 3. Oktober 1961 werden allein in Thüringen 1700 Menschen zwangsumgesiedelt. Drei Tage später ordnet der Minister für Nationale Verteidigung den Schusswaffengebrauch an der Grenze an.

Der Mut und das Schicksal der Böseckendorfer bewegen die Menschen in der Bundesrepublik. Bereits 1969 entsteht über diese größte innerdeutsche Massenflucht ein Fernsehfilm, 2005 folgt ein Dokumentarfilm.

Die rücksichtslose Zwangsumsiedlung, eine planmäßige Entvölkerung des Grenzgebietes und die Zerstörung zahlloser Ortschaften schuf die Voraussetzung für das menschenverachtende Grenzregime der DDR. 53 Böseckendorfer im Alter zwischen sechs Monaten und 78 Jahren aber hatten durch ihre Flucht in den Westen ein Signal gesetzt.

37 Wo Werra sich und Fulda küssen ...

Schießübung am Grenzstein. Hanstein, eine Burg wie im
Bilderbuch. Feldgieker im Klausenhof. Die Stockmacher
von Lindewerra.

Markerschütternd winselte und bellte der Fuchs, fast wie ein junger
Hund – vermutlich hatten wir seine Ruhe gestört, als wir auf den
Brachwiesen unweit des alten Grenzsteins von 1873 in unseren Zelten die Nacht verbrachten, damals, kurz nach der Wende. Wolken
trieben über den Himmel, aus dem dann und wann blass die Sichel
des Mondes hervorlugte.

Hier am Dreiländereck fanden wir erst anderntags, was wir suchten: den Grenzstein. Er stand zwischen Hohengandern und dem
Bahnhof Eichenberg in einer kleinen Senke auf dem Land von Bauer
Paul Göbel am Rand einer Wiese, die auf der Flurkarte »Im Hohle«
heißt, von den Einheimischen aber seit Generationen »Hasenkram«
genannt wird.

Seit 1990 kann der Bauer seine vorher unerreichbare Wiese wieder bewirtschaften. Am Stein ist ein kleines Biotop entstanden,
Sträucher und Büsche haben sich breitgemacht. Nur eine Tafel erinnert heute an die jüngste Vergangenheit.

Paul Göbel fand den Grenzstein nach der Wende als Erster und be-
freite ihn vom gröbsten Strauchwerk. »KP«, für Königreich Preußen, steht auf der einen Seite, ein fragmentarisches »H« aus »KFH«
für Kurfürstentum Hessen auf der anderen Seite. Im Westen grenzte
das Königreich Hannover an.

»Nach dem Zweiten Weltkrieg war das die Nahtstelle zwischen
amerikanischer, britischer und sowjetischer Besatzungszone«, erzählte uns ein Mann, der seinen Sonntagsspaziergang im alten

Grenzland macht. Heute stoßen hier Hessen, Thüringen und Niedersachsen aneinander.

Wir sehen uns den stark verwitterten Dreiländerstein mit den drei Einschusslöchern näher an.

»Was haben die zu bedeuten?«, wollten wir wissen. »Das weiß Franz G.«, sagte der Spaziergänger. Wir fragten uns durch und stießen auf eine ebenso amüsante wie überraschende Geschichte.

»Es war kurz nach Kriegsende, etwa Mitte September 1945«, begann Franz G. seine Ausführungen. »Ich war damals 14 Jahre alt, unser Spielplatz waren die teilweise zerstörten Gleisanlagen rund um den Bahnhof. Ein echter Abenteuerspielplatz: aufgebogene Gleise, Bombentrichter. Gleich neben dem Bahnhof war das Dreiländereck, so viel wusste ich noch aus dem Heimatkundeunterricht. Wir trafen uns häufig am Stein.

Es war an jenem Tag gegen Mittag«, fuhr er fort, packte sein Pfeifchen aus, stopfte es und setzte es umständlich mit einem alten Benzinfeuerzeug in Gang. »Da kam ein amerikanischer Jeep um die Ecke und drei GIs mit Gewehren stiegen aus. Wir kriegten natürlich Angst und verschwanden hinter den Büschen. Doch die drei hatten uns schon erspäht und riefen: ›Come here, don't be scared!‹ Die GIs schienen nett zu sein, so krochen wir einer nach dem anderen hinter den Büschen hervor und gingen auf sie zu.

Als der Älteste von uns dreien nahm ich meinen ganzen Mut zusammen und sagte mit meinen wenigen Englischbrocken zu dem offensichtlichen Anführer: ›How do you do?‹.

›I am Jim‹, sagte er, klopfte mir auf die Schulter und dann: ›Do you smoke?‹ Da ich mit meinen Raucherfahrungen schon vor meinen Freunden geprahlt hatte, konnte ich jetzt nicht nein sagen.«

Der alte Herr uns gegenüber zog einige Male genussvoll an seiner Pfeife.

»Jim zauberte eine *Lucky Strike* hervor und zündete sie mir mit einem Benzinfeuerzeug an. Und dann versprach mir der Truppführer das Feuerzeug, wenn ich mit seiner Maschinenpistole den 20 Meter entfernten Grenzstein treffen würde ... Schon hielt er mir die Waffe hin. Die *Lucky Strike* hatte mich zwar leicht benebelt, aber das Feuerzeug wollte ich unbedingt haben. So drückte ich den Abzug durch. Ein Feuerstoß fuhr aus dem Lauf. Ich ließ das Ding fallen. Die drei GIs lachten. Nachdem der Soldat seine Waffe gesichert hatte, sagte er: ›Dreimal getroffen!‹ und hob drei Finger in die Luft. Das imponierte meinen Kumpels, und die Amerikaner schenkten mir nicht nur das Feuerzeug, sondern jedem von uns auch eine Tafel Schokolade.«

Wir setzen unsere Reise auf dem Grenzweg fort.

Noch ist der Kolonnenweg gut erhalten und wird vorwiegend für die Landwirtschaft genutzt. Nach ein paar steilen Auf- und Abstiegen kommen wir zur Ruine der Burg Hanstein, einer der romantischsten Anblicke auf dem gesamten Grenzweg.

Malerisch erheben sich Mauer und Turm der 1200-jährigen mittelalterlichen Burg über dem Dorf Bornhagen. Noch während der letzten DDR-Jahre gelang es einer Privatinitiative, sie vor dem endgültigen Verfall zu retten.

In der Gegend erzählt man sich die Geschichte dreier amerikanischer Offiziere, die gleich nach dem Krieg die fotogene Ruine besuchen wollten. Die lag allerdings im russischen Sektor. Die unternehmungslustigen Amerikaner ließen sich davon nicht abhalten. Die Russen würden bestimmt keine Schwierigkeiten machen ...

»Machten sie aber doch und hielten uns einen Tag lang in ihrer Zone fest!« Mike Burda, einer der drei, hatte uns gleich nach der Wende von dieser Irrfahrt erzählt.

In ihrer etwas blauäugigen Art hatten die *travellin' three* einfach an der Demarkationslinie gefragt, ob sie die alte Burg besuchen könnten. Irgendjemand muss wohl genickt haben. Daraufhin kamen sie zwar leicht in den russischen Sektor rein, aber nur schwer wieder raus.

Bis zum Ort Uder verschlug die sozialistische Nachkriegsbürokratie den US-Jeep samt seiner Insassen. Und auf die Burg Hanstein wollten die Amerikaner nach dieser amtlich verordneten Odyssee letztendlich nicht mehr …

Heute ist der Hanstein-Besuch sehr viel einfacher. Und er lohnt schon allein wegen der exzellenten Gastronomie im Wirtshaus *Klausenhof* am Fuß der Burg.

»Schon seit 600 Jahren speist und trinkt man in diesem Haus«, sagt Klaus Röhrig. »Das heißt …«, fügt er augenzwinkernd hinzu, »mit Ausnahme der Jahre 1973 bis 1990, als das ›Bekleidungswerk Eichsfeld Moden‹ hier Hemden und Blusen für die Volksarmee schneiderte.«

Nachdem Klaus Röhrig und seine Frau Manuela 1991 den *Klausenhof* gekauft hatten, krempelten sie die Ärmel hoch. Röhrig renovierte die Fassade, stöberte auf Speichern und in Scheunen nach der passenden Einrichtung und möbelte damit die Gastwirtschaft auf. In dieser Gegend findet sich heute nichts Vergleichbares.

Eine echte Erfolgsstory!

Das historische Gemäuer des *Klausenhofs* verströmt den Hauch der Jahrhunderte. Und dicke Gästebücher erzählen die Wirtshausgeschichte der letzten 200 Jahre – von Professoren und Studenten aus Göttingen und Kassel, die, wenn sie einen über den Durst getrunken hatten, den Rausch gleich nebenan im Stroh ausschliefen.

Eine Spezialität des Hauses ist der Feldgieker.

»Im Eichsfeld hängt der Himmel voller Würste«, lässt Röhrig den hiesigen Volksmund sprechen und deutet auf die prallen Mettwürste. »Wir stellen die Feldgieker immer noch nach Opas Rezept her«, sagt der gelernte Koch und säbelt mit seinem scharfen Wurstmesser eine Kostprobe ab. »Die Zutaten werden natürlich nicht verraten«, lacht er. Nur so viel: Schlachtesalz, Weißer Pfeffer, Muskat, Koriander, ein wenig Zucker und ein Schuss vom selbst angesetzten Doppelkorn mit Bärlauch sorgen für das Aroma.

»Am besten gedeiht die Wurst in einer Lehmwurstekammer, ungeheizt und gut belüftet«, plaudert der Wirt, während er seinen wissbegierigen Gästen einen Appetithappen serviert. »Zunächst färbt der Gärprozess das Fleisch grau, danach trocknet die Wurst zusammen und wird rot.«

Selbst zu schlachten ist hierzulande Ehrensache, auch für Klaus Röhrig. »Das Schwein sollte man möglichst selbst füttern – erst mit Grünzeug, Runkeln, Kartoffeln, Getreide und Schrot, dann mit Brennnesseln.« Rund 15 Monate alt werden die Schweine hier. Das Motto des *Klausenhof*-Wirts: »Das Schwein muss mindestens zweimal Schnee gesehen haben.«

Wenn der Schlachttag gut überstanden ist, dann ist es auch hier an der Zeit, einen kräftigen Schluck Bärlauchschnaps zu nehmen, getreu dem Eichsfelder Motto: »Wenn das Schwein am Haken hängt, dann wird auch einer eingeschenkt.«

»Mielke Eck« heißt ein Platz hoch über Lindewerra, wo Erich Mielke, Chef der Stasi, zusammen mit Mitgliedern des DDR-Politbüros die prächtige Aussicht genossen haben soll. Genau das war dem Normalbürger strengstens untersagt, denn dies war Grenzgebiet und damit absolute Sperrzone.

Über steile Serpentinen führt der Plattenweg von der Burg Hanstein nach Lindewerra, in die »Hauptstadt der Stockmacher«.

260 Einwohner hat der Ort, der heute wieder über eine Brücke zugänglich ist – was manchen Einwohnern gar nicht so recht zusagt:

Sie trauern noch immer ein wenig der stillen Randlage nach. Denn mit Trubel und Durchgangsverkehr haben sie so gar nichts am Hut oder, besser gesagt: am Stock. Trotzdem, die Lindewerrschen, wie sie sich selber nennen, sind durchaus weltläufig – durch das Handwerk, das seit mehr als 150 Jahren den Namen Lindewerra in alle Welt hinausgetragen hat: die Stockmacherei.

Angefangen hat alles um 1830 mit Wilhelm Ludwig Wagner, einem Stockmacher aus einem Dorf bei Göttingen. Die Gründe für Wagners Ansiedlung in Lindewerra sind heute noch nicht endgültig klar. So soll er aus seiner Göttinger Heimat wegen Gotteslästerung geflohen sein. Die Legende will wissen, dass er in der Kirche eine geweihte Hostie für sein krankes Pferd gestohlen habe. Weit profanere Gerüchte erzählen von Wilderei oder einer ungewollten Vaterschaft. Letzteres halten die Dorfbewohner für den plausibelsten Grund. Jedenfalls kam Wagner bei Nacht und Nebel an, ließ sich fest nieder, fertigte die ersten Stöcke und machte das Dorf bekannt.

1990, bei der Öffnung der Grenze, gab es noch sechs von ehemals 30 Stockmachereien. Ganze zwei überlebten bis heute …

Eine typische Stockmacherfamilie sind die Geyers. Urgroßvater Conrad Geyer hatte 1830 die Familien-Stockmacherei begründet. Wilhelm Geyer und Hugo Geyer führten sie fort. Heute sind Wolfgang Geyer und sein Sohn Michael in dem Familienbetrieb tätig – die fünfte Generation, die Stöcke macht.

Die Stockmacherei ist nicht nur ein Handwerk, sondern eine »wahre Kunst«, wie schon Wilhelm Ludwig Wagner festgestellt hatte. Weitergegeben werden die handwerklichen Kenntnisse immer vom Vater zum Sohn. Den Handwerksberuf Stockmacher, der in der ehemaligen DDR ein Lehrberuf war, haben die Bürokraten wieder abgeschafft. So bleibt den Stockmachern nichts anderes übrig, als die Kenntnisse zu »vererben«.

Vier Arten von Stöcken gibt es: Da ist zum einen der Wanderstock, mit Knauf oder einer Naturwurzel als geradem Ende, dem Normalverbraucher als der typische Stock bekannt. Dazu kommt der Spazierstock, der sich sehr wohl vom Wanderstock unterscheidet. »Einen Spazierstock mit einem Wanderstock zu vergleichen ist genauso, wie New York und Lindewerra in einem Atemzug zu nennen«, sagt Wolfgang Geyer immer wieder.

Und man glaubt ihm. Denn der Spazierstock besteht aus wesentlich höherwertigen Materialien, ist oft aus Ebenholz oder Manilarohr gefertigt und wird schon mal mit einem Silbergriff verziert. Dann allerdings ist auch ein beträchtliches Sümmchen fällig für das Prachtstück aus Lindewerra. Bis zu 500 Euro!

Zu Wander- und Spazierstock kommt der Jagdstock, gearbeitet als Sitz oder Zielstock aus einer Astgabel.

Die vierte Kategorie ist der weiße Krankenstock für Blinde, Gehbehinderte oder frisch Operierte. Er hat den sogenannten Fritzgriff, bezeichnet nach dem Alten Fritz. Friedrich der Große, schon früh von der Gicht geplagt, stützte sich auf den Stock mit dem flachen Griff.

Fast eine kleine Wissenschaft ist die Auswahl des geeigneten Holzes: Buchenholz ist schlecht biegbar, dafür hart, Eiche ist zu teuer und wird heute nicht mehr verwendet, Esche ist zu weich. Das bevorzugte Holz der Stockmacher ist das der Edelkastanie. »Holz aus Mitteleuropa ist durch das langsamere Wachstum wesentlich knorpeliger als schnell wachsendes Holz aus südlichen Ländern«, erzählt Juniorchef Michael Geyer. Das heißt, Holz aus Hessen und Thüringen ist zur Stockverarbeitung weniger geeignet.

Während zu DDR-Zeiten das Holz immer angeliefert wurde, stand Wolfgang Geyer nach der Wende vor schier unlösbaren Problemen. Die KoKo – die »Kommerzielle Koordinierung« als Teil des Ministe-

Aus dem idyllischen Lindewerra »wandern« Stöcke in alle Welt.

riums für Außenhandel – von Alexander Schalck-Golodkowski funktionierte nicht mehr, und kein Mensch wusste, woher das Rohmaterial zu beziehen war.

Allerdings hatte Wolfgang Geyer noch in Erinnerung, dass vor dem Krieg fast alles Holz aus Spanien und Jugoslawien gekommen war. Also machte er sich selbst auf den Weg und fand nach viel Fragerei und noch mehr Suchen den Holzlieferanten. Die Stockmacherei der Familie Geyer wurde zum zweiten Mal gegründet.

32 Arbeitsgänge sind nötig, um aus einem Rohling einen fertigen Wander- oder Spazierstock zu machen. Einer der wichtigsten ist das

Biegen des Griffes in heißem Wasserdampf. Der Stock wird dazu mit einem Metallband oder einer starken Schnur in Form gehalten und kommt anschließend bei 80 Grad Celsius für zwei Tage in den Trockenofen. Danach wird er gefräst, gekittet, geschliffen und gebeizt. Dass das Stockmachen eine anstrengende Arbeit ist, zeigen die muskulösen Unterarme der Geyers.

Der jährliche Absatz der Stockmacher aus Lindewerra liegt heute bei etwa 100 000 Stöcken. Auch da hat sich seit der »Kommerziellen Koordinierung« vieles verändert: Wurden vor der Wende alle Stöcke automatisch von der KoKo abgenommen und 98 Prozent zu viel zu niedrigen Preisen als Export in Länder des NSW – »Nicht-Sozialistisches Wirtschaftsgebiet« – verschleudert, kümmert sich Wolfgang Geyer heute selbst um den Vertrieb.

Der damalige Verkauf zu Dumpingpreisen in Länder wie Österreich, die Schweiz oder auch die USA erweist sich heute als Bumerang: Stöcke aus Lindewerra sind nur knapp über dem Selbstkostenpreis verkäuflich. Und wenn man all die Arbeitsgänge hier sieht, glaubt man kaum, dass ein fertiger Wanderstock nur zehn Euro kosten »darf«.

Aber wenigstens ist Lindewerra, malerisch am Fuße des Höhebergs, der Harth und des Schürzebergs gelegen, dank der Stockmacherei heute wieder ein Touristenziel.

45 Autominuten von der Großstadt Kassel entfernt, ist die hufeisenförmige Werraschleife auch ein beliebter Ausgangspunkt für Wanderungen auf die 452 Meter hohe Teufelskanzel. Schon Theodor Storm schwärmte in seiner Novelle *Eine Malerarbeit* vom Ausblick.

Das mag ein wenig darüber hinwegtrösten, dass die Werra durch Versalzung der vermutlich am stärksten belastete Fluss Deutschlands ist. Aufgrund groß angelegter Kalisalzförderung im »Land der weißen Berge« in Osthessen und Westthüringen gelangen salzhaltige Rückstände über Abwässer in die Werra. Ein »runder Tisch« aller Beteiligten soll das nun beheben.

Auf dass der berühmteste Kuss zweier deutscher Flüsse bald seinen salzigen Beigeschmack verliert. Denn auf dem Weserstein in Hannoversch-Münden ist seit 1899 in Stein gehauen:

Wo Werra sich und Fulda küssen
Sie ihre Namen büssen müssen.
Und hier entsteht durch diesen Kuss
Deutsch bis zum Meer der Weser Fluss.

Der Tiefblick auf die malerische Werra an der Teufelskanzel ist herrlich. Auf unserer Reise entlang dem Grenzpfad näherten wir uns der Mitte Deutschlands.

Während unten rote und grüne Kanus den Fluss sprenkeln, erinnere ich mich an die bewegenden Erzählungen zweier mir bekannter Männer aus der einstigen DDR. Ihr Freiheitsdrang war so stark, dass sie beschlossen, die Grenze zu überwinden. Das Leben schrieb zwei unterschiedliche Geschichten.

38 Nebeltagtraum eines »Dagebliebenen«

Thomas Münzbergers Erinnerung an eine verpasste Chance,
die Freiheit zu erlangen.

Es ging uns eigentlich gut. Wir hatten unser erstes Studienjahr erfolgreich hinter uns gebracht, genossen den Ostseeurlaub. Eine heiße Sonne knallte vom blauen Himmel, wir waren noch heißer verliebt. Und doch wollte ich weg. Wer nicht in der DDR groß geworden ist, kennt wohl nicht dieses unterschwellige Gefühl: Du bist hier eingeengt, du verpasst was im Leben, du musst hier weg, du musst selbst bestimmen.

Es war nicht so, dass ich in den Westen wollte. Aber: Ich wollte in die Welt. Unsere allerdings hörte an den Grenzen der kleinen DDR auf, mit etwas Glück ein paar Hundert Kilometer weiter in Ungarn oder Bulgarien. Bereits die Ostsee war eine imaginäre Mauer. Nein, nicht erst am fernen Horizont ... Nur wenige Hundert Meter vom Ufer entfernt befand man sich, obschon in DDR-Gewässern, in gesperrtem, unerreichbarem Gebiet.

Mit meinem Faltboot vom Sandstrand abzustoßen, wäre ein »Verstoß gegen die Grenzordnung« gewesen. Aber nicht nur das! Mein Arbeitskollege und Freund war im Stadtgebiet von Stralsund, noch vor der Insel Rügen, allein deswegen festgenommen worden, weil er ein Faltboot, verstaut in den üblichen Packsäcken, aus der Eisenbahn geladen hatte. Erst nach einem Tag pausenloser Verhöre ließ man den Vorwurf der geplanten »Republikflucht« fallen, und er kam frei. Ich erfuhr davon erst Jahre später, man hatte ihm striktes Redeverbot auferlegt.

So fuhren meine Freundin und ich samt Schlafsäcken und Minizelt mit der Reichsbahn in diesem warmen Sommer 1985 bis in die

Wartburg bei Nacht: 1522 übersetzte Reformator Martin Luther als »Junker Jörg« hier das Neue Testament aus dem Griechischen.

Der von der Heinz Sielmann Stiftung unterhaltene Grüne-Band-Abschnitt durchzieht eine der reizvollsten Landschaften im Eichsfeld.

Knorrige Bäume wie strammstehende Zinnsoldaten bei Schlagsdorf im Nordwesten Mecklenburgs.

Weiter Himmel über der Elbe: Seit der kürzlich erfolgten Deicherneuerung ist das Radeln im Amt Neuhaus ein sportliches Vergnügen.

Von mehr als 600 Beobachtungstürmen aus überwachten die Grenztruppen die »Staatsgrenze West«. Nur wenige Türme blieben als Mahnmale erhalten.

Highlight für Eisenbahnfans und Fotofreunde: Täglich schnauft die Harzer Brockenbahn auf Norddeutschlands höchsten Gipfel.

In der Walpurgisnacht geben sich in Schierke am Brocken die Hexen ein Stelldichein.

Im Spielzeugmuseum von Sonneberg: Die »Thüringer Kirmes« errang 1919 auf der Weltausstellung in Brüssel einen »Grand Prix«.

Der Brockengipfel war jahrzehntelang militärisches Sperrgebiet. Heute ist er der unangefochtene Besucherfavorit im Nationalpark Harz.

Wachsamer Platzhirsch mit Harem: Im Harz und im Thüringer Wald lässt sich mit etwas Glück und Ausdauer Rotwild beobachten.

Rekordverdächtig: In der niedersächsischen Elbniederung leben mehr als 100 Storchenpaare. Auch Schwarzstorch und Seeadler sind heimisch.

Siebter Himmel für Zugvögel: 70000 Saat- und Blässgänse zieht es jedes Jahr ins niedersächsische Elbtal. 20000 zählte man an einem Tag am Arendsee.

Stilles Wanderrevier und Rückzugsgebiet für Hunderte gefährdeter Tier- und Pflanzenarten: »Grünes Band Eichsfeld-Werratal«.

Ostseeküstenstadt Barth und schleppten ohne alle Bedenken unser Faltboot, einen Pouch-Zweier, in den Hafen. Während wir das Boot zusammenbauten, erklärte ich schaulustigen Urlaubern unseren Reiseplan: über den Barther Bodden im Windschatten der Halbinseln Zingst und Bock bis an die Südspitze der Insel Hiddensee, dann entlang der Inselküste weiter gen Norden, durch den Breeder und Großen Jasmunder Bodden schließlich nach Sagard im nordöstlichen Rügen, wo wenige Meter vom Ufer ein günstiger Aussetzpunkt mit Eisenbahnanschluss bestand.

Meine Freundin paddelte in dem ihr eigenen, langsamen, aber steten Rhythmus durch die kurzen Kabbelwellen des Boddens. Ihre dicken, langen schwarzen Zöpfe wippten verführerisch.

Wir kamen gut voran. Bereits ab frühem Nachmittag hielten wir Ausschau nach einem Platz für die Übernachtung. Mir war bewusst, dass wildes Zelten entlang der Küste, auch innerhalb der Boddengewässer, äußerst problematisch war. Nicht nur wegen der Gefahr, durch uniformierte Grenzer oder Polizei entdeckt zu werden.

Nein, diese diffuse Angst, dass dich jeder aus deinem Umfeld verpfeifen könnte, kann nur jemand nachempfinden, der in einem Land lebte, wo der beste Freund, vielleicht sogar die Freundin ein zweites Leben in den Gehaltslisten der Staatssicherheit führen konnte.

Meine Freundin sang wie immer unbekümmert vor sich hin. Wenn sie etwas angepackt hatte, dann gab es für sie kein Grübeln. Und es sah so aus, als hätten wir tatsächlich Glück: ruhige See, dazu Windstille. Als die Halbinsel Bock langsam zurückblieb, öffnete sich der Blick auf die offene See. Dort hinten am Horizont lag Dänemark! Das war nicht nur Schulatlaswissen, nein, an klaren Tagen kann man tatsächlich von der Nordküste Hiddensees aus die Kreidefelsen der dänischen Insel Møn sehen.

Völlig in diese Gedanken versunken bekam ich nicht mit, wie sich ein Motorboot näherte. Es stoppte nur wenige Meter vor unserem Faltboot, und eine barsche Stimme befahl: »Legen Sie bei!«.

Man nahm uns die Ausweise ab, und wir mussten erklären, wieso wir mit dem Faltboot verbotenerweise auf der Ostsee unterwegs waren. Uns wurde klar, dass wir schon länger observiert wurden. Ein »wachsamer« Informant hatte zwei potenzielle Grenzverletzter »korrekterweise« gemeldet.

Ich erläuterte unsere geplante Reiseroute, konnte mit größter innerer Erleichterung meine Karte mit dem dick markierten Kurs innerhalb der erlaubten Gewässer vorweisen und war auch bezüglich der Grenzregeln auf den Boddengewässern sattelfest. Eine DDR-Fahne wehte am Heck, und unsere Ausweise waren in Ordnung. Dass der Name unseres Bootes – »Fram«, norwegisch für »voran«, mein Lebensmotto – vom Salzwasser verwaschen war, konnten die Grenzer von oben nicht wahrnehmen.

Eine Weile passierte nichts. Dann teilte man uns mit, dass via Funk und Telefon die Meldeämter, die heimatliche Polizei und sogar meine Universität kontaktiert worden waren. Aber da war nichts, was uns kompromittiert hätte. Das Erstaunliche geschah: Man reichte uns die Ausweise zurück, vergatterte uns, innerhalb des durch Tonnen markierten Bereichs und fern des Schutzgebietes Gellen auf Hiddensee zu bleiben. Und bei Sonnenuntergang hätten wir das Wasser zu verlassen. Man werde uns von See und von Land aus ständig im Auge behalten. Mit anderen Worten: Man gestattete uns die Weiterfahrt im Faltboot entlang der Küste von Hiddensee.

Dass mein Herz auch eine Stunde später noch schnell schlug, lag an einer kleinen Blechbüchse. In dieser Dose, die ich eigentlich bei der ersten Annäherung eines Uniformierten hatte über Bord werfen wollen – aber in diesem Moment glatt vergessen hatte –, war mein bisheriges Leben auf einer Schwarz-Weiß-Filmrolle komprimiert:

Geburtsurkunde, Fahrerlaubnis, Zeugnisse. Der nicht entwickelte Film lag unauffällig zwischen anderen Rollen, nur ich konnte ihn vom unbelichteten Negativmaterial unterscheiden. Dieser Film sollte mir den Neubeginn in Skandinavien erleichtern. Dieser Film wäre aber auch unsere Fahrkarte nach Bautzen geworden, hätten die Grenzer ihn entdeckt und ausgewertet.

Meine Freundin wusste von all dem nichts. An ihr schien wie immer alle Aufregung glatt und spurlos vorüberzugehen. Sie sang und paddelte. »Plitsch, platsch, plitsch, platsch ...«

Dämmerung zog auf. Rügens Küste war zu weit entfernt, es blieb nur Hiddensee für die Nacht. Die Insel hatte keinen Zeltplatz, das wusste ich. Aber irgendwie musste es uns gelingen, dort anzulanden. Mein ganzer Plan basierte darauf ...! Wir legten an.

Es hätte ein so schöner Urlaubstag sein können, mit der nackten Freundin im warmen Sand unter freiem Himmel. Und doch spürte ich diese fast unerträgliche Spannung. Ich wusste, dass unter der grauen Sichel im Blau dort über dem Horizont Møn lag. Ich wusste genau, wie weit es bis dorthin war. Den Kompasskurs kannte ich auswendig.

Am kommenden Abend wollte ich wieder an einer Küste schlafen, im Zelt mit ihr, aber es sollte die Küste von Møn in Dänemark sein. Darauf war mein Denken seit Monaten gerichtet. Aber vor dem kaum noch zu zähmenden Verlangen, die DDR zu verlassen, stand die Angst vor diesem Schritt, mehr noch: die Angst vor den Folgen eines Misslingens. Dem Nachspiel für mich, für uns beide, für unsere Familien ...

Die größte Sorge aber war: Wie würde meine Freundin reagieren, wenn ich ihr meinen Plan jetzt, im letzten Moment, unterbreitete? Sie hatte keine Ahnung, hatte zuvor auch nichts wissen dürfen. Niemand in der DDR, weder Freunde noch Familie, wusste etwas.

Ich war nie ein Dissident gewesen, ich wollte der DDR nicht schaden, ich betrachtete vieles an der kommunistischen Lehre als richtig. Ich hielt das soziale System der DDR für humaner und lebenswerter als das der Bundesrepublik. Aber: Der »real existierende« Sozialismus war weder Sozialismus im Sinne von sozial noch Kommunismus im Sinne von gleichen Rechten und Pflichten und gleich verteiltem Wohlstand für alle. Es war eine Parteidiktatur mit Privilegien für Parteigänger und Ja-Sager und einer ständigen Einschränkung von Persönlichkeitsrechten, die letztendlich das ganze System die Dynamik und wirtschaftliche Leistungsfähigkeit kostete.

Vor allem die fortwährende Angst vor Bespitzelung bleibt mir bis heute als unerträglich in Erinnerung. Die DDR hätte in mir einen zustimmenden Sozialisten – wenn auch ohne Parteibuch – gehabt, wäre da nicht die Stasi gewesen. Aber: Ohne Stasi hätte es die DDR nicht so lange gegeben. Darum musste es so kommen, wie es kam.

Es war damals wirkliche Liebe. Ich mochte meine Freundin, obwohl es zwischen unser beider Leben nur wenige Berührungspunkte gab. Ich war unruhig, getrieben und ständig auf der Suche, sie ruhte in sich selbst; ich wollte immer unterwegs sein, sie war gern da, wo sie gerade war, egal wo; ich lehnte das politische System ab, sie engagierte sich sogar dafür; ich war wenig zielstrebig, sie guckte auf ihrem geraden Weg kaum nach rechts und links. Sie war ein ganz lieber Mensch ... Und doch war da in mir die alles überschattende Furcht: Was, wenn dieses nette Mädchen neben dir genau die Motte ist, die sie dir in den Pelz gesetzt haben?

Bei einer Flasche Wein plauderten wir in die aufziehende Nacht hinein. Ich versuchte, das Thema konkreter anzusprechen. »Was wäre, wenn ...? Könntest du dir vorstellen, dass ..., man möchte eigentlich in dieser schönen Nacht auf die Ostsee rausfahren ...«

Sie plauderte unverbindlich, wurde zunehmend müder und legte sich nieder. Entweder wollte sie mich nicht verstehen, oder ich hatte nicht gewagt, mich deutlich genug auszudrücken.

Die Nacht blieb lau, doch ein dichter, feuchter Bodennebel zog über das Schilf. Ich konnte nur noch wenige Meter weit sehen, dabei funkelten über uns die Sterne. Die Nebelbank lag dicht und flach über Hiddensee.

Sie drehte sich in ihrem Schlafsack. Ihr Schnarchen klang nicht, als ob sie wirklich schliefe, aber auf mein Flüstern kam keine Antwort.

Ich kroch aus dem Zelt. Das Boot lag, nebelfeucht, mit Verpflegung und Getränken reichlich beladen, daneben. Allein hätte ich es nicht tragen können. Auch nicht wollen. Die Brandung war so schwach, dass man ein Faltboot hätte problemlos einsetzen können. Der Wind wehte kaum merklich. Alles schien zu sagen: heute, jetzt! Haut ab!

Aber ich lief zurück zum Zelt. Kroch in meinen Schlafsack. Die Filmspule in der Hosentasche drückte unerträglich. Endlos langsam erlebte ich die Morgendämmerung. Der Himmel wurde strahlend blau, aber eine Sonne ging nicht auf. Die tief liegende Nebelbank bedeckte jetzt auch eine verschenkte Zukunft.

Wir rollten das klamme Zelt ein und schoben das Boot unbemerkt ins Wasser. Hiddensee träumte noch still seinen Nebeltagtraum. Ich orientierte mich nach dem Kompass und fuhr dennoch in die »falsche« Richtung.

»Plitsch, platsch« klang es von vorn, mit den immer gleichen, etwas zu langen Pausen zwischen den Schlägen. Die Nebelbank hob sich lange nicht, wir glitten durch diese »Wattetarnung« in die entgegengesetzte Richtung. Ich berechnete die »verlorene« Fahrtstrecke und damit die verlorene Freiheit. Meine Freundin sang wie immer, was schlimmer als Schweigen war. Plötzlich tauchte ein Geist aus dem Nebel auf. Ein Fischer in Gummihose stand mitten im Bodden bis zur Hüfte im Wasser, neben ihm das Boot. »Petri heil!«, rief ich. »Moin ook«, kam es zurück. Dann schluckte die Waschküche den Mann und sein Boot.

Meine Freundin drehte sich zu mir um und sprach die ersten Worte seit Stunden: »Es hätte mich bei dir gar nicht gewundert, wenn dieser Angler dänisch gesprochen hätte …!«

Im selben Pouch-Boot paddelte ich schließlich doch noch zur Insel Møn, fast 20 Jahre später und ganz legal. Und habe von dort in der Ferne Hiddensee auszumachen versucht. Nichts war zu sehen. Vielleicht ist alles nicht gewesen. Nur ein Nebeltagtraum.

Damals.

39 »So leicht geht das von Ost nach West …«

Vom Grenzwächter zum Republikflüchtling. Die Geschichte von André Rothe.

Ich begegnete André Rothe erstmals zu Beginn der 1990er-Jahre. 1959 in Leipzig geboren, wuchs André in Magdeburg auf. Dort ging er auch zur Schule. Sein Hobby war bereits damals das Fußballspiel; in seinem Schrank hing ein Bild »seines Vereins«, des 1. FC Magdeburg. Als 18-Jähriger trat André den anderthalbjährigen Grundwehrdienst am »Antifaschistischen Schutzwall« an.

Der Grenzsoldat von einst ist heute Journalist und Moderator beim Hessischen Rundfunk, er war Stadionsprecher bei der Fußball-WM 2006 und ist die »Stadionstimme« von Eintracht Frankfurt. Die Geschichte seiner Flucht lässt ihn auch knapp 30 Jahre später nicht los. Heute hängt in seinem Arbeitszimmer neben einem Wimpel vom Europacupsieg des 1. FC Magdeburg von 1974 auch ein Wimpel von Eintracht Frankfurt mit den Autogrammen aller Spieler.

Wir trafen uns mit André Rothe, um seine Geschichte zu hören.

»Wie hast du die Wende erlebt?«, frage ich ihn.

»Am 9. November 1989 fiel nicht nur die Mauer, dieser Tag gab mir auch die Hoffnung, meine Eltern und meinen Bruder nach langer Trennung zu Hause in Magdeburg besuchen zu können«, sagt er nachdenklich.

Sieben Jahre zuvor hatten sich für ihn die Tore zwischen Ost und West geöffnet … Damals ging die Fahrt zunächst von Karl-Marx-Stadt, dem heutigen Chemnitz, zur hessischen Grenze.

»Ich gehörte zu einer kleinen Schar von ›Freigekauften‹, wie sie in unregelmäßigen Abständen die Fahrt aus dem DDR-Gefängnis in Richtung Auffanglager antraten.«

Nach für DDR-Verhältnisse fast lächerlichen zehn Monaten Haft in Brandenburg wegen »Republikflucht« saß Rothe nun im voll klimatisierten Bus Richtung Grenzübergangsstelle Wartha-Herleshausen.

»Eine Kontrollspur wurde extra für uns freigehalten«, erinnert er sich. »Der Bus rollte mit langsamer Geschwindigkeit auf die DDR-Abfertigungshallen zu, stoppte aber nicht, sondern fuhr mit seiner ›teuren‹ Fracht Richtung Herleshausen. Erst in Herleshausen hielten wir auf einem Parkplatz. Dem Busfahrer fiel in dem Moment nichts Passenderes ein als: ›So leicht geht das, von Ost nach West zu kommen.‹ Ein Hohn, wenn man bedenkt, dass einige ›Reisende‹ bis zu 20 Jahre getrennt von ihren Familien in verschiedenen Gefängnissen der DDR-Staatswillkür ausgesetzt gewesen waren.«

»War es deine erste Berührung mit dem Westen?«
»Ja ... und doch auch nein. Denn zwischen November 1977 und April 1979 war ich an der ›Staatsgrenze West‹ Grenzsoldat gewesen. Unser Grenzregiment 44 stand im schönen Örtchen Potsdam-Babelsberg. Auffallender als am Berliner Griebnitzsee konnte das innerdeutsche Dilemma nicht sichtbar werden: Die Mitte des Sees bildete die Grenze. Auf Westberliner Gebiet tummelten sich die Sportboote in Viererreihen. Auf der Ostseite fuhr hier und da ein Kontrollboot der Grenztruppen.

Die Seite mit den vielen bunten Booten und Badegästen war also die unseres Feindes! Vor diesen bösen Mächten hatten wir unsere Mitbürger zu beschützen!

Kein Wort davon, dass die Grenzanlagen nach Osten ausgerichtet waren.

Ein Fahnen schwenkender, überzeugter DDR-Bürger war ich eigentlich nie gewesen. Aber dennoch überwog bei mir zu Anfang die Neugierde. Schließlich gehörte ich damals zu den wenigen, die die DDR-Sperranlagen aus nächster Nähe betrachten konnten. Mehr noch: Da war der freie Blick nach Westberlin. Ich erinnere mich noch genau an Details ..., drüben der Bus-Wendeplatz, daneben eine Bungalowsiedlung, in der – so hieß es – die Eltern eines westdeutschen Stars wohnten.

Natürlich gehen dir da Gedanken durch den Kopf: ›Warum stehst du hier, was machst du hier?!‹

Mir wurde damals schnell klar, auf wen ich aufzupassen hatte: die eigenen Landsleute.«

»Gingen dir damals Fluchtgedanken durch den Kopf?«
»Konkret noch nicht. Aber ich fing an, das System stärker zu hinterfragen ...

Nach meiner Wehrdienstzeit begann für mich ein neues Lebenskapitel. Ich studierte Betriebswirtschaftslehre. Im dritten Semester BWL begann das Fach ›Politische Ökonomie des Sozialismus‹. Das klang hochtrabend, war aber im Grunde genommen nichts anderes als eine etwas fachlichere Version der Parteitagsreden zur Wirtschaft in der DDR.

Da mein Vater ein Mann der Praxis war und nie mit Parteitagsgeschwätz etwas anfangen konnte, hatte ich gelernt, die Realität von der Fahnen schwingenden Scheinwelt der Uni zu trennen. Gerade gegen Ende der 70er- und Anfang der 80er-Jahre hatte in der DDR der stetige wirtschaftliche Abstieg begonnen, der auch für den größten Laien ersichtlich war. Je schlechter die Lage wurde, desto lauter wurden offizieller Jubel und ›schönes Wetter‹ befohlen. Da blieb natürlich nicht aus, dass ich auch an der Universität mit den Lehrern zusammenprallte. Insbesondere mit dem Prorektor, der mich damals mit abenteuerlichen sozialistischen Wirtschaftsphantasien drangsalierte. Damit konnte ich nicht leben. Der Gedanke an eine Flucht in Richtung Bundesrepublik kam mir jetzt immer häufiger.«

»Über die innerdeutsche Grenze?«

»Weniger, aufgrund der Erfahrungen aus meiner Wehrdienstzeit kam die nicht infrage.

Am laschesten bewacht war zu jener Zeit die Grenze zwischen Ungarn und Jugoslawien. Da war aber für meine Begriffe zu viel plattes Land ohne Deckung. Außerdem wusste ich nicht, ob die Jugoslawen an die DDR ausliefern würden. Daher kam eigentlich nur die Grenze zwischen Österreich und Ungarn in Betracht.«

»Wolltest du allein oder mit anderen flüchten?«
»Ursprünglich waren wir zu dritt, eine Freundin, die noch im letzten Moment absprang, und einer meiner besten Freunde. Unsere Fluchtvorbereitungen verliefen glatt.

Wir erzählten jedem, wir würden Urlaub in Ungarn machen. Der ›Urlaub‹ sollte in der Tat mit zwei Wochen echten Ferien beginnen. Danach stand die Weiterfahrt nach Sopron auf dem Programm. Diese ungarische Stadt lag nur wenige Kilometer von der österreichischen Grenze entfernt, unweit des Neusiedler Sees. Dennoch waren wir auch bei der Einreise in diesen Ort vorsichtig. Als Alibi hatte ich den Besuch der römischen Ruinen in der Altstadt vorgeschoben. Wir wussten auch, welchen Zeltplatz wir ansteuern würden. Dass diese Vorbereitung nötig gewesen war, zeigte sich bereits auf der Busfahrt vom Plattensee nach Sopron, wo auf halbem Wege eine Grenzpatrouille zustieg. Sie kam direkt auf mich und meinen Begleiter zu.

Ich spulte bei den Fragen nach dem Wohin und dem Warum der Reise meine vorgefertigten Informationen herunter. Und die klangen für die Soldaten offensichtlich glaubhaft. Man ließ uns nach Sopron einreisen.

Wie wir später erfuhren, wurden die meisten Fluchtverdächtigen aus der DDR bereits aus den Bussen in Richtung Grenze gefischt, da ihre Alibis nicht stichhaltig waren. In Sopron angekommen, wurden wir sofort Test Nummer zwei unterzogen. Ein alter Mann bot uns auf dem Busbahnhof an, die Flucht nach Österreich zu organisieren. Es war wirklich schlimm, dass der Ostblock alte, vertrauenerweckende Herren zur Fluchtverhinderung einspannte. Wir nahmen damals 1981 die ›Hilfe‹ des alten Mannes natürlich nicht in Anspruch.

Am späten Nachmittag begann der ›Weg ohne Wiederkehr‹, wie wir dachten. Wir hatten nur einige geschmuggelte Dollars und D-Mark dabei – ›für das Taxi nach Wien‹, wie ich meinem Gefährten gegenüber immer wieder betonte.

Auf einem Waldweg ging es in Richtung Grenze. Die nächsten 200 Meter bis an den ersten Zaun legten wir kriechend zurück, genau so, wie ich es in der Grundausbildung gelernt hatte. Die Grenzanlagen bestanden – anders als an der innerdeutschen Grenze – aus mehreren Zäunen in T-Form, relativ locker bespannt mit Stacheldraht. Das Hauptproblem aber lag in der elektrischen Ladung der Drähte, die bei einem Kontakt sofort Alarm ausgelöst hätten.

Mittlerweile war es 21 Uhr geworden und leicht schummrig. Eine Streife hatte vor gut 30 Minuten die Zäune passiert, das hatten wir beobachtet. In der kommenden Stunde war keine weitere zu erwarten. Der nächste Turm war einen halben Kilometer entfernt, von dort konnte man uns sowieso nicht sehen. Wir hatten also alle Zeit der Welt …

Und dennoch ging es schief! Mein Begleiter zitterte vor Nervosität und drückte mich beim Durchstieg in das Stacheldrahtgeflecht des

Zaunes. Ein ohrenbetäubender Lärm folgte. Nun gab's erst recht kein Zurück mehr. Ohne groß nachzudenken, ging es durch Zaun Nummer zwei und über Zaun Nummer drei. Links und rechts waren in weiter Ferne Lichter zu sehen. Die österreichische Grenze sollte nicht mehr allzu weit weg sein ... Da verlor mein Kumpel seine Brille, ohne die er nichts mehr sehen konnte. Sollte ich ihn zurücklassen? Nein!

20 Minuten suchten wir nach seinen Gläsern, bis wir sie fanden. Danach ging es weiter. In gut 300 Metern Entfernung konnten wir vor uns einen hellen Schein ausmachen. Das musste der Ort Deutschkreuz sein – und der lag in Österreich.

Leicht geduckt wollten wir den Weg durch die kleine Schonung überqueren. Da peitschten Schüsse ...«

»Was empfandest du in diesem Moment?«

»Nichts ... Da war nur Leere. Ich bewegte mich wie in einem dunklen Tunnel. Heute noch erlebe ich alles wie im Film: Sehe den Freund, der sagt ›Lass mich zurück!‹

›Unsinn!‹, sage ich, ›wir finden deine Brille.‹

Dann sehe ich den Soldaten, der uns festnimmt und dabei nicht weniger erschrocken wirkt als wir. Ich sehe auch den ungarischen Vernehmungsoffizier, der mir in seinem Büro später freundlich lächelnd eine Marlboro anbietet und mir sogar Hinweise gibt, wie eine andere – eventuell spätere – Flucht besser ablaufen könnte.

Ein oder zwei Tage waren wir im Gewahrsam der ungarischen Grenztruppen. Während dieser Zeit kam auch jener Grenzer, der uns festgenommen hatte, in meine Zelle und bat mich für seine Schüsse um Entschuldigung ...

All das gab mir später den Mut gegenüber der Stasi zu sagen: ›Ich haue sowieso wieder ab!‹«

André Rothe sieht nachdenklich hoch.

»Aber dazu kam es nicht …«

Nach vergleichsweise kurzer Stasi-Haft von zehn Monaten überquerte er den Eisernen Vorhang im Bus von Reicherts Reisen. Die Bundesregierung hatte ihn freigekauft.

40 Grenzgerangel bei Whiskey und Wodka

Die Oberriedener Brücke als Zankapfel der Weltmächte.
Das Wanfrieder Abkommen: Menschen als Spielball der
Geschichte.

Dass 1945 beim Zusammentreffen der östlichen und westlichen
Systeme nicht alles glatt gehen konnte, liegt auf der Hand. Insbesondere in den Sommermonaten, als die Amerikaner, die bis an die
Elbe vorgestoßen waren, sich hinter die im Londoner Protokoll
1944 vereinbarte Linie zurückzogen. Innerhalb weniger Tage musste die neue Demarkationslinie gefunden werden. Die aber lief oft
kreuz und quer über Berg und Tal und orientierte sich an Flurgren-
zen aus vergangenen Jahrhunderten.

Bei der Festlegung dieser Linie ging es schon mal unkonventio-
nell zur Sache. Wie bei Bad Sooden-Allendorf.

Wir stießen auf die außergewöhnliche Geschichte einer eigentlich ganz normalen Eisenbahnlinie zwischen Bebra und Göttingen.
Gleich hinter der nächsten Flusskrümmung bei Lindewerra überspannt die Oberriedener Brücke die Werra – ein Bau, um den die
Weltmächte nach dem Krieg heftig stritten. Als *Whiskey-Vodka Line*
oder »Viadukt zwischen den Weltmächten« ging sie in die Geschichte ein.

An einem Apriltag des Jahres 1945 stießen amerikanische Truppen
von Südhessen auf breiter Front nach Osten vor. Es war die End-
phase des Zweiten Weltkriegs.

Am 7. April besetzten die Amerikaner Witzenhausen, am 8. April
auch die damals thüringischen Dörfer Werleshausen, Neuseesen sowie weitere Gebiete Thüringens. Erst im Juli, rund zwei Monate nach
der deutschen Kapitulation, wurden – wie im Londoner Protokoll

vorgesehen – auch Werleshausen und Neuseesen, rechts der Werra gelegen, von den Amerikanern geräumt und vereinbarungsgemäß von der russischen Armee besetzt. Die amerikanischen Streitkräfte zogen sich daraufhin aus Sachsen und Thüringen zurück.

Was bis dahin nur als Gerücht die Runde gemacht hatte, war jetzt Wirklichkeit geworden: Die Rote Armee war bis in die Mitte Deutschlands vorgestoßen. Trotzdem, die Menschen in den kleinen Dörfern waren so verwurzelt, dass kaum einer seinen Heimatort oder seinen Besitz verließ.

Der Warentransport auf der Straße spielte in jenen Monaten nach dem Krieg keine große Rolle, Güter wurden auf der Eisenbahn transportiert. Insofern war den westlichen Besatzungsmächten ein reibungsloser Schienenverkehr wichtig, auch um den eigenen Nachschub sicherzustellen ... Die wichtigste Nord-Süd-Verbindung Bremen–Hannover–Göttingen–Bebra verlief allerdings nicht nur durch britisches respektive amerikanisches Besatzungsgebiet, sondern bei Werleshausen – zwischen Streckenkilometer 219,021 im Bebenroth-Tunnel und Kilometer 223,063 in der Mitte der Werratal-Brücke – auch durch die sowjetische Besatzungszone. Da waren Komplikationen vorprogrammiert ...

Da die Soldaten an dieser Nahtstelle zwischen den Besatzungsmächten auch schon mal kräftig Whiskey und Wodka tauschten, brachte das der Eisenbahnlinie den Namen »Whiskey-Wodka-Linie« ein. Dieser »kleine Grenzverkehr« konnte allerdings nicht verhindern, dass bald tief greifende Meinungsverschiedenheiten zwischen Sowjets und Amerikanern sichtbar wurden.

Kurz vor Wiederherstellung der gegen Kriegsende zerstörten Oberriedener Eisenbahnbrücke sperrten die Russen diesen Streckenabschnitt, da er über ihr Gebiet führte. Auf der Brückennordseite errichteten sie ein rot-weiß gestreiftes Wachpostenhäuschen. Ein »lokales Säbelrasseln« begann ...

Die amerikanische Antwort auf diese russische Provokation war bald deren Postenhäuschen auf der Südseite.

Dessen ungeachtet arbeiteten amerikanische Pioniere fieberhaft weiter, um die Brücke als Bestandteil der für sie wichtigen Nord-Süd-Verbindung wieder funktionstüchtig zu kriegen. Am 10. August war es so weit: Der immer noch recht provisorisch anmutende Viadukt sollte einer Belastungsprobe unterzogen werden. Der Testlauf war so simpel, wie er für die Lokbesatzung lebensgefährlich war: Die amerikanischen Verantwortlichen ließen kurzerhand eine Lokomotive auf die Brücke fahren, um zu sehen, ob diese der Belastung standhält. Der deutsche Lokführer muss eine Höllenangst ausgestanden haben ...

Am Nordende der Brücke stoppten russische Posten die Lok und blockierten somit die Strecke. Erst nach längeren Verhandlungen wurde sie am 28. August 1945 wieder freigegeben. Allerdings kontrollierten russische Posten ab jetzt jeden durchfahrenden Zug. Die Abfertigung soll nach Lust und Laune, aber auch je nach Durst der russischen Grenzposten verlaufen sein: mal stundenlange Schikane, mal flottes Durchwinken. Das hing auch davon ab, was die Zugbegleiter dem Posten zuschoben.

Ältere Einwohner von Werleshausen und Oberrieden sprachen noch lange von den »W-Ausweisen«. Das »W« stand für *American Whiskey,* der die Abfertigung ungemein beschleunigte.

Trotzdem kam es zu Zwischenfällen. Ein deutscher Lokführer, der von den Grenzquerelen angeblich nichts wusste, stoppte am Brückenende trotz mehrmaliger Aufforderung nicht und wurde auf seiner Lok erschossen. Der Heizer brachte den Zug im letzten Moment zum Stehen.

Nach diesem Zwischenfall sperrte der russische Kommandant die Strecke erneut, und der Verkehr wurde komplett über Kassel umgeleitet.

Das konnte keine Dauerlösung sein. Die Amerikaner gingen das Problem auf dem Verhandlungsweg an. Man traf sich am 17. September 1945 im amerikanischen Quartier in Wanfried an der Werra.

Verhandlungsführer waren auf amerikanischer Seite Brigadegeneral W. T. Sexton und Captain Mike Burda, auf russischer Seite Generalmajor Wassili Askalepov. Das Ergebnis war ein Gebietsaustausch, dessen Eckpunkte auf einer Landkarte festgehalten und der im Rittergut Kalkhof unterzeichnet wurde.

Letztendlich ging es im Wanfrieder Abkommen um einen Gebietsaustausch von acht Quadratkilometern. Dadurch sollte die den Amerikanern so wichtige Eisenbahnlinie aus dem sowjetischen Einflussbereich genommen werden.

Allerdings veränderten die Unterschriften von Sexton und Askalepov auch das Leben der vom Gebietstausch betroffenen Menschen: Die thüringischen Orte Werleshausen und Neuseesen mit 560 Einwohnern kamen zur Amerikanischen Zone. Die hessischen Orte Asbach-Sickenberg, Vatterode, Weidenbach und Hennigerode mit 429 Einwohnern wurden als Flächenausgleich an die Sowjets abgetreten.

Die Bewohner in den hessischen Dörfern ahnten noch nichts von ihrem Schicksal. Lediglich Gerüchte kursierten, und einige Familien saßen auf gepackten Koffern, um sofort in den amerikanischen Sektor flüchten zu können. Andere waren viel zu bodenständig, um Haus und Hof zu verlassen.

Während im Vertrag der 19. September, 18 Uhr, als Beginn für die praktische Umsetzung des Abkommens angegeben wird, be-

Wanfrieder Abkommen: Ein Federstrich veränderte das Leben vieler Menschen.

setzten die Russen sofort am 17. September 1945 Teile ihres zukünftigen Gebiets. Und nicht nur das: Sie drangen gleich bis an die
Werra vor und nahmen auch Wanfried ein. Schon früh am Morgen
des 18. September wurde der damalige Wanfrieder Bürgermeister
Müller im Quartier von Mike Burda, dem Rittergut Kalkhof, vor-
stellig.

»Die Russen haben Wanfried besetzt«, brachte er nur stockend
heraus. Auch Captain Burda war überrascht, sich plötzlich im
sowjetischen Sektor wiederzufinden. Eine untere russische Stabs-
stelle hatte offensichtlich eigenmächtig versucht, den bei den Russen als Grenzlinie so beliebten Fluss auch hier als Demarkationslinie zu nehmen.

Sofort nach dem Hilferuf des Bürgermeisters machte Burda den
Sowjets klar, dass sie sich auf *American territory* befänden. Sein be-
stimmtes Auftreten hatte Erfolg. Wanfried kam noch mal davon!

Wie vereinbart zogen die Russen am 19. September auch aus Werleshausen und Neuseesen ab. Von da an gab es keine Störung mehr an der *Whiskey-Vodka Line.*

Vor allem aber bewegt das Schicksal jener 429 Menschen in den Dörfern Asbach-Sickenberg, Vatterode, Weidenbach und Hennigerode, die eine »pragmatische Grenzlösung« der Generäle, eine kurze Protokollnotiz und ein paar Striche auf einer Karte jahrzehntelang hinter den Eisernen Vorhang verbannte.

Der beim Wanfrieder Abkommen von Askalepov und Sexton ausgehandelte Gebietsaustausch spiegelt sich noch heute in der bundesstaatlichen Realität wider: Die früher thüringischen Orte gehören zu Niedersachsen, die einstmals niedersächsischen Gemeinden sind Teil des Freistaats Thüringen.

41 Wo Stasi-Schlapphüte in die Röhre guckten

Am Brunnen vor dem Tore. »Kundschafter des Friedens«
im Zickzackkurs. Deutschlands Nabel liegt im Moor.

Wie in Franz Schuberts Volkslied besungen, steht in Bad Sooden-Allendorf neben einer Linde der »Brunnen vor dem Tore«. Im Hintergrund erhebt sich der 394 Meter hohe Lindenberg. Es heißt, der Dichter jener Zeilen, ein Wilhelm Müller, habe sich zu Beginn des 19. Jahrhunderts auf einer Reise von Dessau nach Worms hier ein Päuschen gegönnt. Und während die Knechte die Postkutschenpferde tränkten, flossen Müller jene Worte aus der Feder, die später, verbunden mit Schuberts Melodie, in keinem Gesangsvereins-Liederbuch fehlen durften.

Wer über die Werrabrücke von Bad Sooden-Allendorf fährt, stößt auf der Allendorfer Seite bald auf das Hinweisschild »Grenzmuseum Schifflersgrund«.

Noch reizvoller allerdings ist es, das Museum auf dem Kolonnenweg anzusteuern: Man fährt etwa drei Kilometer in Richtung Wahlhausen, wo die ehemalige Grenze und damit auch der Kolonnenweg nach rechts abzweigt. »Für Motorfahrzeuge verboten« heißt es, mit dem Fahrrad allerdings ist der Weg gut befahrbar. Steil geht es bergan auf der Direttissima, der der Trail in vielen Passagen folgt. Auf dem ersten Absatz des Hochplateaus sollte man nach Bad Sooden-Allendorf zurückschauen: ein 360-Grad-Panoramablick, sogar bis zum Sender des Hessischen Rundfunks auf dem Hohen Meißner.

Am Ende der Tour durch die Trockenschlucht erreichen wir den an das Museum angegliederten Beobachtungsturm. Auch der Grenzzaun steht noch. Ein Ort zum Verharren, zum Erinnern!

Genau hier wird in den frühen Nachmittagsstunden des 29. März 1982 Heinz-Josef Große aus Sickenberg von DDR-Grenzsoldaten getötet – einer von insgesamt 26 Grenztoten an der innerdeutschen Grenze zwischen Hessen und Thüringen.

Der bei Grenzbauarbeiten beschäftigte Radladerfahrer sieht in einem unbeaufsichtigten Moment seine große Chance gekommen: Er fährt mit seinem Frontlader an den Zaun heran, legt die Schaufel auf einen der Pfosten, übersteigt den Zaun und springt auf die andere Seite.

Wie so viele andere gescheiterte Flüchtlinge weiß auch er nicht: Der Zaun ist nicht die Grenze, die Bundesrepublik beginnt erst ein paar Hundert Meter weiter westlich.

Seine Flucht wird bemerkt, und DDR-Grenztruppen schießen ihm – nach einem Warnschuss und zweimaliger Aufforderung, stehen zu bleiben – kaltblütig in den Rücken.

Auch an diesen Vorfall erinnert die mit viel Engagement zusammengetragene Museumsausstellung, zu der auch Hans-Josef Großes Original-Frontlader gehört.

»Fast 20 Jahre sind vergangen, seit 1990 Bürger aus Thüringen und Hessen an der Stelle des heutigen Grenzmuseums zusammentrafen, um eine Gedenkstätte für Heinz-Josef Große zu planen. Unser Ziel war es, Nachkriegswirklichkeit für nachfolgende Generationen erlebbar zu machen«, schildert Wolfgang Ruske, Leitender Polizeidirektor a. D. und Vorsitzender des Arbeitskreises Grenzinformationen e. V., die Beweggründe. An diesem Grundanliegen hat sich bis heute nichts geändert.

Bereits ein Jahr nach der Wiedervereinigung wird das Museum eröffnet. Mit der Errichtung eines Grenzmuseums als Gedenkstätte betritt man Neuland. Nutzungs- und Eigentumsfragen sind zudem zu klären.

Der originale Grenzsicherungszaun bleibt auf zweieinhalb Kilometer Länge erhalten, ebenso Spurensicherungsstreifen, Kolonnenweg, Fahrzeugsperrgraben und Beobachtungsturm.

»In unserem Außengelände haben wir fünf Hubschrauber der ›Grenzsicherung Ost-West‹, fünf Kettenfahrzeuge und 20 Grenzsicherungsfahrzeuge«, erzählt Wolfgang Ruske. »Und unsere Dauerausstellungen wie ›Das Grüne Band – Flora und Fauna im Grenzgebiet‹ werden durch Exponate anderer Einrichtungen wie der Bundesstiftung ›Aufarbeitung‹ ergänzt.«

Als eins der großen Grenzmuseen am Grünen Band verzeichnet Schifflersgrund bis heute mehr als 600 000 Besucher. 15 ehrenamtliche Betreuer führen die Interessierten auf Englisch, Französisch, Russisch, Polnisch, Italienisch und Spanisch durch die Anlage.

Scheinwerfer, Beobachtungsbunker, Minen und Kontrollfahrzeuge lassen den Perfektionismus der Grenzabschottung noch heute erahnen. Drinnen im Museum sind vor allem Schriftstücke und längst vergangene Insignien ausgestellt: Beim Schmökern im Tagebuch eines Grenzkontrollpostens erlebt man die rasante Veränderung vor dem Mauerfall.

Aber auch dem heimtückischsten Erbe, das uns die Grenze hinterließ, begegnen wir: Minen in allen Formen und Variationen – von der schweren russischen Holzkastenmine, die in den 50er-Jahren verlegt wurde, bis zur modernen Personen-Druckmine, die bis in die 80er-Jahre Verwendung fand.

Dokumentiert ist hier auch die Geschichte des einst hessischen Ortes Asbach-Sickenberg. Er war 1945 im Rahmen des Wanfrieder Abkommens zur Grenzkorrektur für die »Whiskey-Wodka-Linie« der Sowjetischen Besatzungszone zugeschlagen worden.

»Asbach hatte immer unter einem ungünstigen Stern gestanden«, sagt uns Georg Thomas, einer der Einwohner der heute etwa 120 Seelen zählenden Gemeinde. Sein Haus stand direkt an der Grenze, und er durfte sich – so nah der Grenze – nichts zuschulden kommen lassen, um das Wohnrecht in seinem Elternhaus nicht zu verwirken.

Die Abtrennung von Hessen kam für ihn wie für so viele andere Bewohner über Nacht oder, besser: nach einem arbeitsreichen Nachmittag bei der Heuernte im Juli 1945. Plötzlich sah er an der einzigen Dorfkreuzung Russen statt Amerikaner.

Und obwohl sich gut die Hälfte der damals 200 Dorfbewohner in den Westen aufmachte, war Flucht für den Ur-Asbacher kein Thema. Schließlich stand sein Vieh im Stall, Wiesen und Felder waren zu bewirtschaften. Daran, dass fast alle Ländereien im Westen lagen, dachte er in diesem Moment nicht. Ab 1952 war aber genau diese für den Hof lebenswichtige Grundlage nicht mehr zugänglich.

Was blieb Familie Thomas anderes übrig, als die Kühe bei befreundeten Bauern in Pension zu geben. Die fütterten sein Vieh und bekamen dafür die Milch. Beim Verkauf einer Kuh blieb dann eine bescheidene Summe für Georg Thomas übrig.

Als Glücksfall erwiesen sich die in Hessen liegenden Grundstücke schließlich doch noch. Mithilfe westlicher Verwandter, die von dort zwar in die Küche der Familie Thomas hineinsehen konnten, aber selbst nicht nach Asbach durften, traf er sich außerhalb der Fünf-Kilometer-Schutzzone mit Bauern aus dem Westen, um die Verpachtung seiner Ländereien dort zu regeln. Ein kleines Sümmchen der wertvollen Westmark stand daher immer zur Verfügung.

Auf der gegenüberliegenden Seite von Asbach befand sich auch Ernst Volkmars Gartenhaus. Der hatte sich rechtzeitig hierher abgesetzt, war nun auf eigenem Grund und Boden im Westen und blickte von dort auf sein altes Heimatdorf.

Manchmal winkte er der zurückgebliebenen Mutter und Schwester von fern zu, miteinander sprechen durften sie nicht. Für die beiden Frauen hätte das die sofortige Aussiedlung aus dem Grenzgebiet und somit den Verlust der Heimat bedeutet. Stattdessen bediente man sich einer Art geheimer Zeichensprache: auffälliges Haarekämmen oder indem sie Gartengeräte in bestimmter Weise aufstellten. Der andere wusste dann schon Bescheid. Doch Vorsicht war geboten, denn permanent wurden sie von dem rund um die Uhr besetzten Beobachtungsturm aus überwacht.

Bei Ostwind waren die Gespräche der zwei bis drei Posten dort oben zu verstehen, einmal wehte der Wind sogar einen Zettel über die Grenze: mit den Namen der Personen, die an diesem Tag Ernst Volkmar besucht hatten, samt den Kennzeichen ihrer Autos ...

Noch etwas hatte uns Ernst Volkmar in Asbach erzählt: Etwa sieben Kilometer vom Dorf entfernt gebe es ein leicht zugängliches »Stasiloch« direkt neben dem Kolonnenweg, problemlos zu finden und in jedem Falle eine Attraktion.

Und wirklich: Gut verborgen an einer Weggabelung westlich der ehemaligen Grenze, führt ein Rohr unter den Plattenweg. Wie ein Kanalrohr, etwa 75 Zentimeter im Durchmesser. Doch bei genauerem Hinsehen erkennt man, dass kein Gewässer in die Röhre mündete. Hier krochen vielmehr Erich Mielkes Agenten durch.

Heute noch könnte der Tunnel der Stasi-Schlapphüte genutzt werden, allerdings würde man sich beim Durchkriechen die Knie schmutzig machen.

Noch gut erkennbar sind die Angeln für das Gitter, das damals den Einlass verschloss. Das Rohr führt im Zickzack unter dem Grenzsperrsystem hindurch. Der Ausgang lag hinter einem Busch auf DDR-Gebiet verborgen. Bei Nacht-und-Nebel-Aktionen krochen die »Kundschafter des Friedens« hier durch, um in der einsamen Region unterzutauchen. Der Abschnitt war dann tagelang für Grenztruppen tabu, nur hohe Stasi-Offiziere hatten Zutritt. Bezeichnenderweise lag ein Hubschrauberlandeplatz in der Nähe.

Seit einigen Jahren ist der alte Kolonnenweg in dieser Region Teil eines weitverzweigten Wegenetzes.

Reizvoll ist das von Hügeln eingeschlossene Bergdorf Kella. Besonders aus der Perspektive der hier startenden Drachenflieger fällt die kleine Kreuzwegkapelle auf. Warum ein Bauer namens Johannes Hübenthal 1857 »auf dem Rödchen« dieses Kapellchen erbaute, weiß niemand mehr. Über lange Zeit war es ein Wallfahrtsziel, bis der Grenzbereich unter sowjetische Kontrolle kam. Anfangs war die Kapelle noch zugänglich, sie wurde sogar vergrößert ... Ab 1952 durften allerdings keine Gottesdienste mehr im 500 Meter breiten Grenzstreifen abgehalten werden. Zehn Jahre später die nächste Attacke auf das Kirchlein: Der Wald »auf dem Rödchen« wurde abgeholzt, und das kleine Gotteshaus diente von nun an Grenzsoldaten als Unterstand.

Wir folgen dem Grenzweg auf die Ostseite des Kellaer Baches. Steil geht es hoch zum Großen Dachsberg und weiter nach Großtöpfer. Hier befinden wir uns fast schon in der Mitte Deutschlands. Der geografische Mittelpunkt liegt nur zehn Kilometer entfernt.

Die genaue Mitte Deutschlands kannte lange Zeit niemand. Weder die geografischen Institute der Universitäten noch die Regierung hatte sich mit ihr befasst. Wie sagte doch der Alte Fritz: »Grenzen sind wichtig«, Zentren haben offenbar weniger Bedeutung.

Erst ein Streit zwischen zwei »Mittelpunktsanwärtern« machte die Mitte Deutschlands zum Medienthema. So wollten sowohl Mühlhausen in Thüringen als auch Wanfried in Hessen als Nabel der Republik gelten. Doch beide lagen falsch, denn da gab es ja noch Niederdorla ...

Etwas südlich von Mühlhausen liegt das kleine Dorf, etwas versteckt und abseits der Straße. Mit rund 1500 Einwohnern ist es neben Oberdorla und Langula eines von drei Vogteidörfern. Es wäre normalerweise in der Versenkung der Weltgeschichte geblieben – wäre es nicht zum geografischen Mittelpunkt des geeinten Deutschlands erhoben worden.

»Früher waren wir am A… der Welt, heute sind wir in der Mitte«, so hat ein Einwohner von Niederdorla die neue Situation drastisch, aber zutreffend charakterisiert.

Ein gewisser Dr. Förge von der Universität Göttingen war der Erste, der Berechnungen zu Deutschlands Mitte anstellte. Wanfried in Hessen war für ihn der geografische Mittelpunkt. Das aber wollten die Thüringer nicht auf sich sitzen lassen und bestimmten das nur 21 Kilometer entfernte Mühlhausen zum Mittelpunkt.

Also bestand Klärungsbedarf durch einen Experten: Dr. Finger von der Universität Dresden. Nach der Anfrage einer Fernsehstation ermittelte er den Mittelpunkt bei Niederdorla. Da dies von Dr. Förges Berechnung abwich, nahm sich ein deutscher Fernsehsender der Sache an. In seiner Reihe *Außenseiter – Spitzenreiter* brachte er die beiden Kartografen zusammen. Nach längerer Klausurtagung stand fest: Dr. Finger hat recht. Niederdorla ist der Mittelpunkt Deutschlands.

Genau genommen befindet er sich einige Hundert Meter außerhalb der Ortschaft in einer Flur mit der Bezeichnung »Rieth«, einem Moor, in dem von 1947 bis 1964 Torf gestochen wurde.

Am 12. Oktober 1990 wurde dem Bürgermeister des thüringischen Städtchens Niederdorla die Nachricht übermittelt, dass seine Gemeinde der Nabel Deutschlands sei – sehr zur Freude der Bürger, die darin natürlich sofort touristisches Potenzial erkannten. Sie pflanzten im Februar 1991 als Wahrzeichen eine Kaiserlinde und suchen »die neue Mitte« seitdem auch entsprechend zu vermarkten. Heimlich schmunzeln sie vielleicht darüber, dass nach anderen Berechnungsmethoden auch ein paar andere Orte als »Mittelpunkt« infrage kommen könnten ... Aber das sind wohl eher »akademische Fragen«, für Wissenschaftler.

So feiert man hier jedes Jahr das »Mittelpunktfest«. Dabei kommt »Vogteier Geschmink« – wie das Essen in der Vogtei heißt – auf den Tisch, und zwar in Gestalt von Thüringer Rostbrätl.

Von alledem ganz unbeeindruckt entwickelt sich der neue Mittelpunkt zu einem richtigen Idyll: Kormorane, Lachmöwen und Reiher haben den inzwischen gefüllten Moorsee als Biotop angenommen und kümmern sich nur wenig um die überraschend zahlreichen Besucher.

Bringt man ein bisschen Phantasie mit, kann man sich tatsächlich vorstellen, dass es nach Flensburg, Saarbrücken, nach Berchtesgaden und Frankfurt/Oder gleich weit ist ...

Eine Stadt allerdings war nicht glücklich mit den neuen Fakten: Herbstein im Vogelsbergkreis. Denn dieser Ort galt als Zentrum der alten Bundesrepublik. Aber Herbstein zeigte sich als guter Verlierer und schenkte Niederdorla einen Gedenkstein, der jetzt am neuen Mittelpunkt steht.

Als wir von der Grenze zwischen Hessen und Thüringen über die Werra nach Westen blickten, sahen wir in rund 15 Kilometer Entfernung den Hohen Meißner, die höchste Erhebung Nordhessens.

Der 754 Meter hohe wuchtige Berg bietet eine der schönsten und eindrucksvollsten Waldlandschaften Deutschlands. Zudem ist es hier wahrlich »märchenhaft«. Wir wollten das zunächst nicht glauben, folgten aber einem wohlmeinenden Rat und erreichten an der Ostflanke des Hohen Meißners in 600 Metern Höhe den Frau-Holle-Teich. Hier soll die nette Dame aus dem Märchen der Gebrüder Grimm wohnen. Wer nach einem warmen Sommerregen an den

Frau-Holle-Teich kommt, dem erscheint das sogar glaubhaft. Dann dampft und brodelt der See, als ließe Frau Holle – die Hüterin der Häuslichkeit – von der fleißigen Stieftochter in der Tiefe gerade ihren Frühlingsputz erledigen.

In der Tat, hier ist es so verzaubert wie im Grimm'schen Märchen. Leicht kann man sich vorstellen, wie die fleißige Stieftochter auf Geheiß der garstigen Stiefmutter ins Wasser springt, in der Fabelwelt die gute Frau Holle trifft, die sie Betten ausschütteln lässt, woraufhin es auf der Erde zur Freude aller Kinder schneit. Als das arbeitsame Mädchen seinen Abschied von Frau Holle nimmt, wird es von einem Goldregen überschüttet. Und zu Hause begrüßt es der Hahn: »Kikeriki, unsere goldene Jungfrau ist wieder hie!«

Geologen fehlen diese romantischen Ansätze, sie sehen den See nüchterner: Für sie entstand er während der Eiszeit aus abgerutschtem Hangschutt. In dem etwa neun Meter tiefen Gewässer befindet sich eine Quelle, deren kaltem Wasser der See seinen erstaunlichen Reichtum subarktischer Flora und Fauna verdankt. Neben Frau Holle wohnen also noch Millionen anderer Lebewesen im Teich. Wer genau hinsieht, bemerkt Molche, Frösche, aber auch Fische.

In dieser urwüchsigen Landschaft darf weder ein Baum gefällt noch Windbruch beseitigt werden. Hier wächst der Urwald von morgen.

Am hinteren Teichende entdecken wir die überlebensgroße Frau-Holle-Statue mit einem Kissen in der Hand. Diese junge Dame mit dem vollen Busen soll die gute Frau Holle sein? War die nicht eher rundlich und alt? Oder ist es vielleicht die fleißige Stieftochter, die so brav die Kissen aufschüttelte? Wie auch immer, die Statue beflügelt die Vorstellungskraft. Und wegen ihrer ausgeprägten Rundungen rief sie sogar die Frauenbeauftragte des Landkreises auf den Plan.

Märchenhaft ist es hier auf jeden Fall.

42 Mit dem Wartburg zur Wartburg

Wildschweingrunzen statt Motorenlärm – eine Autobahn wird
Naturschutzgebiet. 20 Jahre warten auf den Wartburg.

Kolonnenweg und Grenze zerschnitten auch die A 4. Über viele
Jahrzehnte herrschte auf der kurz vor Kriegsende fertiggestellten
Autobahn im Abschnitt Herleshausen-Eisenach-Sättelstädt eine
fast gespenstische Stille. Nach der Wende lösten das Brummen von
Autos und das Gedröhn der Motorräder den Gesang der Lerchen
ab – für die Menschen im vorher so stillen Grenzgebiet eine Belastung. Aus einer Autobahn, auf der man früher den Sonntagsspaziergang machen konnte, wurde eine der meist frequentierten Durch-
gangsstraßen Europas.

Doch das soll bald ganz anders werden. Die Natur erhält auf der
Trasse wieder Vorfahrt.

Fast mediterran mutet der Aufstieg zum Großen Hörselberg bei
Sättelstädt an. Krüppelkiefern im Kalkstein erinnern an Pinien am
Mittelmeer, und eine Bank lädt zum Verweilen ein. Es ist idyllisch –
wäre da nicht der Höllenlärm der in fünf Meter Entfernung vorbei-
führenden A 4, wo die Autos fast über die Dächer des Ortes brausen.
Noch ist sie die wichtigste Durchgangsstrecke zwischen Frankfurt
und Erfurt. Noch! Denn in absehbarer Zeit wird in den Hörselber-
gen wieder jene Ruhe einkehren, die vor der Wende hier herrschte.
Das fügt sich gut, denn unweit der Hörselberge befindet sich der
Nationalpark Hainich, und südlich erstreckt sich der Naturpark
Thüringer Wald.

Die Veränderung könnte drastischer nicht sein: Ab 2010 wird die
viel befahrene Autobahn zum Wanderweg zurückgebaut, wie es in

der Sprache der Verkehrsplaner heißt. Das 24-stündige Donnern über den Dächern der Sättelstädter gehört dann der Vergangenheit an. Nur mit einem ist es dann unwiederbringlich vorbei: mit dem im Vorbeifahren schnell erhaschten Blick auf die Wartburg.

Wir wollen die Trasse am Fuße der Hörselberge entlangwandern. Und wir haben Glück, denn kurz vor dem 1932 gebauten Kochbrunnen, unmittelbar an der heutigen Autobahntrasse, treffen wir Jürgen Bergmann. Er ist pensionierter Revierförster, aber noch täglich vor Ort und kennt jeden Baum und Strauch.

»Mein Revier Nessegrund war 760 Hektar groß«, berichtet er, »reich an Pflanzen und Tieren. Die Bejagung erfolgte durch die Jagdgemeinschaft Wutha, der 23 Jagdgenossen aus den umliegenden Ortschaften angehörten. Ein Jagdleiter wurde gewählt, behördlich bestätigt, und der durfte dann immer die besten Stücke schießen. Wie es eben so war, zu DDR-Zeiten …

Das Revier war ruhig, auch wenn man sich das heute kaum noch vorstellen kann. Auf der Autobahn fuhren fast keine Autos. Die Grenze war nahe, und gleich hinter Eisenach war die Welt zu Ende. Wenn wir mal 'ne lange Nacht mit ein paar Bierchen gehabt hatten, gingen wir auf kürzestem Weg nach Hause – und der war die Autobahn.«

»Im Herbst 1966 übernahm ich die Betreuung des Reviers Nessegrund«, fährt Jürgen Bergmann fort, »ein Gebiet, wie ich es bis dahin noch nie gesehen hatte: artenreicher Baumbestand mit seltenen Pflanzen, zum Beispiel Orchideen, reichlich Rehwild, Hase, Marder und enorm viele Dachse. Noch heute kann man sie am Würzborn grunzen hören … fast wie Schweine. Da der Dachs auch den Fuchsbau mit benutzt, der Fuchs jedoch als Tollwutüberträger gilt, wurde leider auch Meister Grimbart zu DDR-Zeiten vergast. Durch Tollwutimpfungen ist die Krankheit heute fast gänzlich verschwunden, und Dachse können wieder ungehindert ihre Delikatesse fressen.«

Wir sehen ihn fragend an: »Delikatesse ...?«.

»Blumenzwiebeln ...«, antwortet der ehemalige Förster lachend.

Mittlerweile haben wir den Aussichtspunkt »Wartburgblick« erreicht. Von der zwischen 1937 und 1943 gebauten Autobahntrasse A 4 wird man die Burg allerdings nur noch kurze Zeit bewundern können. Ab 2010 wird die neue A 4 nördlich der Hörselberge vorbeiführen – moderner, schneller, sicherer, aber ohne Aussicht auf die Wartburg. Was für die Bewohner der Dörfer am Fuße des Lärmbandes ein Segen sein wird, bedeutet dann für den Autofahrer das Ende des Wartburgblicks.

In Wutha verabschiedet sich Revierförster a. D. Bergmann mit einem Ausblick in die Zukunft: »Kommt wieder, wenn es hier wieder ganz still geworden ist. Dann kann ich euch vielleicht grunzende Dachse zeigen, die sich ganz ungeniert in Richtung Wartburg durchbuddeln.«

»Wart Berg, hier will ich eine Burg errichten!«, soll Ludwig der Springer im Jahr 1067 ausgerufen haben. So entstand eine der schönsten mittelalterlichen Burgen Thüringens: die Wartburg.

»Wartburg« hieß auch 900 Jahre später das – neben dem Trabbi – »beliebteste Spielzeug« in der DDR: der Personenwagen, der zu Füßen der Burg in Eisenach gebaut wurde. Allerdings musste der DDR-Bürger – Nomen est omen – auf einen Wartburg zuletzt knappe 20 (zwanzig!) Jahre warten, wenn er nicht in der Lage oder bereit war, auf dem Gebrauchtwagenmarkt für ein bis zu zehn Jahre altes Auto den Neupreis und mehr zu berappen. Kaum ein Auto landete je auf dem Autofriedhof, am Wochenende werkelte und schraubte die Republik unter Trabant und Wartburg. Kein Wunder also, dass noch in den 1990er-

Jahren von der ersten ab 1956 gebauten Serie über 100 000 Fahrzeuge zugelassen waren. Das ist knapp die Hälfte aller insgesamt gebauten 311er Wartburg! Welche anderen »Oldtimer«, mal abgesehen von Porsche oder Mercedes, können da schon mithalten …?

Das alte Automobilwerk mitten in Eisenach ist Geschichte. Am 10. April 1991 rollte der letzte Wartburg vom Band und direkt ins kleine Werksmuseum. Doch auch dort wurde ihm wenig später die Tür gewiesen.

»Die Treuhand wollte bei der Werksliquidation alle erhaltenen Fahrzeuge und Prototypen einzeln meistbietend verkaufen«, erzählt uns fassungslos eine ehemalige Arbeiterin des Autowerks. Nur der Initiative eines eilig gegründeten Vereins sei es zu verdanken, dass der reiche Bestand an Museumsfahrzeugen zusammengehalten und einige wenige Exponate der über 100-jährigen Automobilbaugeschichte Eisenachs in den Räumen einer Bank gezeigt werden konnten. 2005 eröffnete endlich die neue Ausstellung »automobile welt eisenach« auf dem Gelände des ehemaligen Autowerks. Sammler alter Autos fanden und finden hier auch Rat und Tat zur Erhaltung ihrer Schätze. Wartburg-Besitzer bieten Ersatzteile und Reparaturfachwissen an oder treffen einfach nur Gleichgesinnte zum Fachsimpeln.

Bei unserem Besuch wurden wir kurz entschlossen zu einer Runde mit dem DDR-Oldtimer eingeladen. Tief in die durchgesessenen Sitze des alten Wartburgs versunken, brummten wir auf kurvenreichen Straßen durch den Thüringer Wald. Der Zweitakter schnaufte mit blauer, gekräuselter Fahne am Auspuff zuverlässig und stinkend wie seit 1959 die dicht bewaldeten Steigungen hinauf.

Hier muss es damals passiert sein: Aus dem Unterholz preschen plötzlich vier Reiter und stoppen eine Kutsche. Einer der Insassen

»Beliebtes Spielzeug« in der DDR, heute ein Oldtimer: der Wartburg.

wird herausgerissen und gewaltsam in den Wald verschleppt. Von
dem Entführten aber findet man keine Spur mehr.

Das ist bekanntlich Geschichte, und der Entführte ist kein Gerin-
gerer als Martin Luther, der hier aus der Kutsche entführt wird. Es
ist der Mai 1521.

Mit dem Anschlag seiner 95 Thesen an die Tür der Schlosskirche
in Wittenberg wider den vom Papst unterstützten Ablasshandel
hatte Luther an den Grundfesten der Kirche gerüttelt. Vor dem
Reichstag zu Worms weigerte er sich, seine Forderungen zu wider-
rufen, »weil wider Gewissen etwas zu tun weder sicher noch heil-
sam ist«. Da wurde über ihn die Reichsacht verhängt. Damit war er
vogelfrei. Auf dem Rückweg von Worms nach Wittenberg ereignete
sich der Überfall.

Doch der Handstreich – Luther war freilich eingeweiht – rettete
ihm das Leben. Kurfürst Friedrich der Weise von Sachsen, ein An-

hänger der Reformation, hatte die Entführung vortäuschen lassen. Unerkannt wurde Luther auf die Wartburg gebracht. Getarnt als Junker Jörg begann er dort seine bedeutendste Arbeit: die Übersetzung der Bibel ins Deutsche.

Zur Wartburg ritt man früher auf einem Pferd oder Esel, erklärt uns ein Kenner. Mag sein … Wir kommen mit dem alten Auto, dessen Firmenemblem die Burg zeigt, und finden das nicht weniger passend.

Obwohl jedes freie Fleckchen zu Füßen der Wartburg zu Parkplätzen umfunktioniert wurde, findet man dort nur zeitig morgens einen Platz für den fahrbaren Untersatz.

Entlang der ehemaligen innerdeutschen Grenze gibt es – abgesehen vom Brocken – kaum einen anderen Ort, an dem sich auch nur annähernd die Wege so vieler Reise- und Erlebnishungriger kreuzen. Kein Wunder, die Wartburg ist nicht nur einmalig schön gelegen und gut erhalten, sondern auch ein Brennpunkt deutscher Geschichte. Und das nicht nur dank Luther: 1206 tobte hier der »Minnesängerstreit« mit Walther von der Vogelweide als populärstem Gast. Und 1817 wurde mit dem Wartburgfest deutscher Studenten der Ruf nach einem einheitlichen Deutschland unüberhörbar. In jenem Jahr wehte erstmals, wie auch heute wieder, die schwarz-rotgoldene Fahne über der Wartburg.

Nur fünf Kilometer südlich der Burg verläuft der Rennsteig, der wohl bekannteste deutsche Wanderweg, durch den Thüringer Wald. Erst mit dem Fall der Mauer ist er wieder in voller Länge, stolze 168 Kilometer, begehbar. Aber Achtung: Man sage nicht »begehen«, sondern: rennen! Und man macht eben auch keine Rennsteig-Wanderung, sondern eine »Runst«! Gegessen wird unterwegs auch nicht, sondern »geatzt«. Und der Eingeweihte wird niemals einem anderen Wandersmann einen Gruß wie »Guten Tag!« oder

»Grüß Gott!« zurufen. Nein, am Rennsteig heißt es: »Gut Runst!« Bereits seit 100 Jahren, freilich zu DDR-Zeiten etwas leiser und moderater, pflegt der Rennsteigverein sein Brauchtum. Die klassische Runst dauert sechs Tage und wird mit der Überreichung des »Ehrenschildleins« besiegelt.

Wem das alles zu deutschtümelnd klingt, der schnüre einfach den Wanderschuh oder schnalle im Winter die Bretter unter und laufe nach eigener Lust und Laune los, das Rennsteiglied auf den Lippen: »Ich wandre ja so gerne am Rennsteig durch das Land …«

Wandern macht hungrig.

Ein würziger Duft lockt zu einem Imbisswagen. Davor brutzeln auf offenem Rost Bratwürste und Thüringer Rostbrätl.

In den 1990er-Jahren wäre fast das Aus für diese in Thüringen nicht wegzudenkenden Bratwurststände gekommen: Die Bundesregierung wollte eine Vorgabe der Europäischen Gemeinschaft umsetzen, nach der unter offenem Himmel kein Essen zubereitet werden darf.

Eine Wirtin schimpfte damals: »Das hätten wir uns nicht mal vom Erich und seinen Genossen verbieten lassen!« Als Zeichen des Protestes nahm sie Cola und Pepsi aus dem Angebot. Wer Durst hatte, bekam bei ihr »Osta-Cola«, produziert nach DDR-Rezeptur in Thüringen. Die Wogen haben sich seither geglättet, die Wurstbrater sind geblieben, selbst die Ost-Cola behauptet sich neben den großen amerikanischen Marktführern.

43   Hot Spot des Kalten Krieges

*Brennpunkt Point Alpha. Philippstal und das Haus auf der
Grenze. Es lebe das Rhönschaf! Im Land der 20000 Tierarten.*

Es war eiskalt auf dem Beobachtungsturm, auf dem der NVA-Soldat
Heinrich Wingartner vom »Kommando Grenze« Dienst schob. Wie
so oft verfluchte er die Wache hier auf 411 Metern Meereshöhe,
wenn tagelang eiskalter Rhönwind durch die Ritzen des nur spär-
lich abgedichteten Turms pfiff. Immer wenn Heinrich Wingartner
durch sein Fernglas nach »drüben« spähte, erblickte er neidvoll den
anderen Turm. Den des Klassenfeindes, in diesem Fall den der US-
Truppen. Die GIs saßen auf dem gut geheizten Beobachtungsraum
von Point Alpha und taten genau dasselbe wie er: Man beobachtete
sich gegenseitig und schlug ansonsten die Zeit tot.

Die Dienstzeit von Lieutenant Joe William Wingart vom 11. amerikanischen *Armored Cavalry Regiment Blackhorse* (Panzeraufklärer) war
schon zur Hälfte vorüber. Er war einer von 40 Soldaten, die in diesem
Winter 1968 auf Point Alpha Dienst taten. Auch wenn es keiner der
GIs zugab, aber des Nachts in den Baracken, nur wenige Meter hinter dem Eisernen Vorhang, hatte man manchmal schon ein mulmiges
Gefühl. Im Handstreich könnten Ostblocktruppen den Vorposten
besetzen. Noch dazu lag Point Alpha inmitten der sogenannten *Fulda
Gap,* der »Fuldaer Lücke«, einem potenziellen Hauptaufmarsch-
gebiet des Warschauer Paktes. Joe W. Wingart ahnte, dass für solch
einen Fall die fertigen Abwehrpläne bereits in den Schreibtischen
des Pentagon lagen.
   Aber heute schien alles ruhig, und nur manchmal beobachtete Joe
William Wingart sein Gegenüber durchs Glas. Wer war der Mann?

Erst kürzlich hatte ihm sein Vater aus Arkansas im Brief eröffnet, dass seine Vorfahren aus *Thuringia* in *Germany* stammten. Das beschäftigte ihn, nach der Dienstzeit würde er weitere Nachforschungen anstellen.

Lieutenant Wingart erschien Point Alpha als Hot Spot, eine der heißesten Stellen im Kalten Krieg. Hier war einer von vier US-Beobachtungspunkten an der innerdeutschen Grenze. »Point Alpha« deshalb, weil er der erste *OP – Observation Post* – gewesen war.

Bereits 1965 war dieser Abschnitt westlich von Geisa der US-Armee überlassen worden. Unterkunftsbaracken entstanden, auch ein hölzerner Beobachtungsturm. Der noch heute vorhandene Betonturm wurde 1985 errichtet.

Es gab in Point Alpha einige Agreements, ungeschriebene Gesetze, die rigide zu befolgen waren. Alles andere könnte die Gegenseite als Provokation auffassen und entsprechend reagieren. So durfte ein gemauerter roter Streifen, der sich noch heute quer über die Straße von Point Alpha zieht, niemals von Panzern überfahren werden.

Joe W. Wingarts Bauchgefühl, hier an einem der Brennpunkte zu sitzen, deckte sich allerdings nicht ganz mit der politischen Realität: *US Border Observation Points* dienten einzig und allein der Beobachtung der Gegenseite. Beim Anzeichen eines Konfliktes hätte sich die Besatzung ins Hinterland zurückgezogen, Kampfhandlungen waren nicht vorgesehen.

Jahre später, nach dem Fall der Mauer, sah Joe W. in Arkansas Bilder der deutsch-deutschen Grenze, und er erinnerte sich an die einsamen Nächte von Point Alpha. Auch die Worte seines Vaters waren ihm nicht aus dem Kopf gegangen: Deine Wurzeln liegen in *Thuringia, Germany.*

So verfolgte er irgendwann seine alte Idee. Er recherchierte in Salt Lake City in der *Familiy History Library,* der berühmten Ahnendatei, nach seinen Vorfahren. Joe wurde fündig und flog nach Erfurt. Es dauerte einige Zeit, bis er seine Verwandten fand. Als sie sich erstmals trafen, war er perplex: Ihm gegenüber stand sein ehemaliges Pendant von der Grenze, von Point Alpha. Und am Abend bei einem Bier stellten sie fest, dass sie – Joe William Wingart und Heinrich Wingartner – vor 160 Jahren dieselben Vorfahren gehabt hatten.

1991 verließ die US-Armee Point Alpha.

Hätte sich nicht eine Bürgerinitiative für den Erhalt der Anlage eingesetzt, wären die historischen Gebäude wie so viele andere an der innerdeutschen Grenze vermutlich abgerissen worden. Zunächst als Asylbewerberunterkunft genutzt, wurde das Gelände 1995 unter Denkmalschutz gestellt. Der noch im selben Jahr gegründete Förderverein Point Alpha e. V. begann mit dem Aufbau der heutigen Gedenkstätte. Seit 2008 ist die unter anderem von den Ländern Hessen und Thüringen getragene Point Alpha Stiftung Trägerin der Mahn-, Gedenk- und Bildungsstätte.

Der ehemalige US-Stützpunkt ist der einzig erhaltene ehemalige Beobachtungsstützpunkt auf hessischem Boden, der unter Denkmalschutz steht. Alles hier ist authentisch – Gebäude wie auch die Ausstattung.

Von Point Alpha führt der Weg über die frühere Grenzlinie nach Thüringen. Auf dem Freigelände am Grünen Band steht eine »Mustergrenze« mit der Darstellung ihrer Ausbaustufen. Nach etwa 500 Metern erreichen wir das »Haus auf der Grenze«. Der Kolonnenweg führt direkt durch dieses Gebäude – jetzt ein Museum – und ist Teil der Ausstellung, die auf 600 Quadratmetern die Einwirkung des Grenzregimes auf Mensch und Natur dokumentiert.

»Haus auf der Grenze« – das weckt Erinnerungen an einen Bau in einem Ortsteil von Philippstal bei Vacha, ein paar Kilometer nördlich von Point Alpha. Direkt auf der Grenze stand er, in zwei Teile gespalten – einen hessischen und einen thüringischen. Und er steht noch immer dort!

1890 wurde das Haus unmittelbar an der damaligen Landesgrenze zum Königreich Preußen und dem Großherzogtum Sachsen-Weimar von einem Adam Hoßfeld errichtet. Er war Drucker, und die Hoßfeldsche Hofbuchdruckerei versorgte von 1893 bis 1941 den benachbarten Thüringer Raum mit der *Rhönzeitung.* Aus steuerlichen Gründen wurde das Anwesen 1928 um einen Ausbau über die Landesgrenze hinaus nach Thüringen erweitert. Auch die Haustür öffnete man nach Osten. Ab diesem Zeitpunkt gehörte das Gebäude politisch zur Stadt Vacha – und damit zu Thüringen. Bei der Aufteilung Deutschlands führte das zu Problemen – eine Situation, die am besten Hildegard Abraham, geb. Hoßfeld, die Urenkelin des Erbauers, beschreibt:

»Um dem Zugriff der Sowjets zuvorzukommen, entschlossen sich meine Großeltern und Eltern, den östlichen Gebäudeteil vom westlichen zu trennen, und mauerten den Durchgang zwischen den Gebäudeteilen in der Silvesternacht 1951/1952 einfach zu. Nun wies unser Ein- und Ausgang wieder nach Philippsthal in Hessen, und damit unterstand meine Familie den amerikanischen Truppen. Der östliche Gebäudeteil wurde daraufhin enteignet und durfte, obwohl unmittelbarer Teil des Haupthauses, nicht benutzt werden. Erst nach Abschluss des Grundlagenvertrags wurde besagter östlicher Gebäudeteil am 1. Januar 1976 wieder an meine Familie zurückgegeben. Die Grenze führte jetzt sozusagen als ›gedachte Linie‹ um das Haus herum. Dieser Status blieb bis zur Grenzöffnung am 11. November 1989 bestehen. Wir erhielten für die vielen Jahre der Enteignung keinerlei finanzielle Entschädigung.

Ich wurde 1953 im ›Haus auf der Grenze‹ geboren und lebte 50 Jahre dort. Als Kind verstand ich die Zusammenhänge nicht, nahm die Gegebenheiten hin. Doch mit zunehmendem Alter stellten sich mir Fragen: ›Wieso ist da eine Grenze? Warum sind dort Soldaten …?‹

Meine Eltern betrieben weiterhin die Druckerei, doch die Grenze brachte uns große wirtschaftliche Einbußen. Das Vertriebsgebiet in Thüringen war komplett weggebrochen, und wir mussten uns in bestehende Märkte im Westen eingliedern. Ein harter Überlebenskampf!

Alles änderte sich am 11. November 1989: Ich war mit meinem Mann abends auf einer Vereinssitzung. Um 23 Uhr kamen wir zurück … Wir trauten unseren Augen nicht: Soldaten der Volksarmee demontierten die Grenzanlagen! Schnell benachrichtigten wir unsere Freunde und Bekannten. Es ging wie ein Lauffeuer durch Philippsthal: Die Grenze geht auf!«

Das Haus wurde verkauft. Nur noch in solch bewegenden Erinnerungen lebt die verrückte Geschichte des »Hauses auf der Grenze« fort.

Wir wandern weiter durch die Rhön. Anfang 2007 begann der BUND im Rahmen des Projekts Grünes Band mit dem Ankauf von Renaturierungsflächen an einer Flussausbuchtung namens Ulstersack, um seltenen Pflanzen und Tieren bessere Lebensräume zu schaffen.

Der Ulstersack war eine dieser vielen historisch gewachsenen Kuriositäten entlang der ehemaligen Grenze. Er befindet sich bei Wenigentaft in der Kuppenrhön, wo die Grenze wieder mal einem Flusslauf folgte: der in der Rhön entspringenden Ulster. Die bildet jenen »Sack«, der von westlicher Seite nur durch eine Engstelle zu erreichen war. So entstand eine etwa 20 Hektar große hessische Enklave, begrenzt auf einer Seite von der Ulster.

Die Ulsterufer hatte man früher hier mit Basaltsteinen verbaut, Brutmöglichkeiten für Uferschwalbe und Flussuferläufer gab's fast gar nicht mehr. Der BUND setzte sich dafür ein, den Fluss aus diesem steinernen Korsett zu befreien, und sorgte für natürliche Uferzonen. Seitdem finden Vögel bessere Brutmöglichkeiten und neue Lebensräume durch Überschwemmungsflächen. Der Ankauf weiterer Flächen im Ulstersack ist geplant. Als wir von Wenigentaft aus entlang der Ulster weiterwanderten, ahnten wir bereits eine blühende, fast schon wieder natürliche Flusslandschaft …

Gestaltungsmöglichkeiten gibt es auch im UNESCO-Biosphärenreservat Rhön, Heimat von 20 000 Tierarten, darunter Birkhuhn und Graureiher. Der BUND engagierte sich hier auch maßgeblich für die Erhaltung des Rhönschafs.

Das Rhönschaf – Kenner wissen: Nur der Kopf ist schwarz – war fast ausgestorben, weil Schafwolle nicht mehr profitabel war. Dabei ist dieses Schaf perfekt an das raue Klima und die mageren Weiden angepasst. Außerdem hatte es eine »naturpflegerische Funktion«: Durch die Beweidung verbuschen die Hochflächen nicht. Das Rhönschaf ist also ein Bewahrer des »Landes der offenen Fernen«, wie man diese Landschaft gern nennt. In den 1980er-Jahren kauften die Naturschützer eine der letzten Rhönschafherden und wiederbelebten so die Tradition der Rhönschafzucht.

Während unserer langen Wanderung über die Rhön hatten wir guten Appetit bekommen. Da kam es gelegen, dass das Rhönschaf – die Tiere mögen uns verzeihen … – äußerst schmackhaft ist. Wir haben es im Rhönschaf-Hotel *Krone* in Seiferts gekostet. Und die Familie Krenzer hat uns nicht nur exzellentes Essen, sondern auch mehrere Wandertipps serviert, zum Beispiel den »Hochrhöner«, einen 180 Kilometer langen Wanderweg quer durch die Rhön.

44   Ins Potemkinsche Dorf der DDR-Granden

Umbruch im »Thüringer Zipfel«. Mit Goethe zum Kickelhahn.
Reality-Erlebnis: Stasi-Bunker am Rennsteig.

Nur wenige Minuten Fahrzeit sind es heute auf der Autobahn A 4 von Herleshausen nach Eisenach. Noch vor Jahren war dieser »Thüringer Zipfel« ein Nadelöhr, in dem Verkehrsstockungen an der Tagesordnung waren. »Honiwood« war der Spitzname für den hier befindlichen 1500 Hektar großen Staatsforst, der zu DDR-Zeiten Stasi-Generälen und eben auch dem Staatsratsvorsitzenden persönlich vorbehalten war. Gleich an der Autobahn, die aufgrund ihrer Grenznähe außer Betrieb war, begann die Sperrzone.

Die alte Reichsautobahn führte auf nur wenigen Kilometern zweimal über die innerdeutsche Grenze, ließ sich nur schlecht bewachen und wurde darum komplett gesperrt. Zaun und Kontrollstreifen verliefen auf der Fahrbahn, selbstverständlich war deren Betreten verboten. Vielleicht trug gerade dieser Gegensatz »Autobahn – große Stille« zu der eigentümlichen Faszination dieses Ortes bei.

20 Jahre später kann man es sich kaum noch vorstellen, dass in der Fahrbahnmitte kleine Bäumchen ihre Wurzeln in Straßenritzen zwängten und eine Autobahn komplett von der Natur vereinnahmt worden war.

Seit 1995 ist die Autobahnwirklichkeit eine völlig andere: Knapp zwölf Kilometer lang ist der vierspurige Abschnitt von Wildeck-Obersuhl bis nach Wommen; markante Brücken bestimmen das Bild dieser hessisch-thüringischen Mittelgebirgslandschaft. Am eindrucksvollsten ist die neue Weihetalbrücke, die vor 1945 Richelsdorfer Talbrücke hieß. Während der Weltwirtschaftskrise der 1930er-Jahre war sie für Tausende eine Arbeitsbeschaffungsmaßnahme. Die sandsteinverkleideten Pfeiler der Richelsdorfer Talbrücke überdauerten nicht nur den Krieg, sondern auch weitere 40 Jahre im DDR-Grenzstreifen.

»Die sieben Pfeiler« nannten die Einheimischen den Torso, der Mitte 1992 mithilfe von 700 Kilogramm Sprengstoff für den Bau einer neuen Brücke Platz machte. Zwei Pfeiler ließ man als Monument stehen – zur Erinnerung sowohl an die beim Bau umgekommenen Zwangsarbeiter als auch an das DDR-Grenzregime.

Wer noch die Stille im Thüringer Zipfel kannte, schaut schon mal – trotz aller Lärmschutzwände – mit einem Hauch Wehmut in die Vergangenheit. So wie Hartmut Meiner, der seine blau gestrichene Laube in einem Schrebergarten direkt neben der Autobahn hat. Früher war sie von der Straße aus gut zu sehen, heute verbirgt sie eine Lärmschutzwand vor den Augen der Vorbeihuschenden.

»Steht genau an der Stelle, an der einst der Warnzaun stand«, bemerkt Hartmut sarkastisch, der damals als erster »Ossi«, wie er noch heute stolz erzählt, das Autobahnteilstück bis an die Grenze befahren hatte. Gleich nach der Wende war das ein richtiges Abenteuer. Entlang allen Brücken verliefen Gitter, jedes noch so kleine Drainagerohr war zur Fluchtvereitelung mit einem Schloss gesichert.

All das hat uns Hartmut Meiner schon 1989 in seinem Gartenhäuschen bei einer Flasche Radeberger Bier erzählt. Und er freute sich darüber, endlich auf jener Autobahn entlanggehen zu dürfen, die 40 Jahre Sperrzone gewesen war.

Wer heute ohne freiwillig auferlegte Geschwindigkeitsbegrenzung durch diese Landschaft rauscht, versäumt viel: den Blick auf die kleinen thüringischen Orte im Werratal zum Beispiel. Mit ihren roten Dächern und den aus dem Ortsbild herausragenden Kirchtürmen. Die zahlreichen Sandsteinbrücken über Bäche und Rinnsale und die malerisch gelegene rote Wommener Brücke. Er bemerkt zum Glück auch nichts mehr vom einstigen Krater in der Fahrbahn, den die von einem amerikanischen Jagdbomber abgeworfene Bombe gerissen hatte.

Genau dort trafen wir gegen Ende der DDR-Zeit zwei Grenzsoldaten. Sie waren bereits unbewaffnet, dennoch hatte man ein mulmiges Gefühl, schließlich war der Aufenthalt im Grenzbereich noch nicht gestattet. Prompt hielten sie uns an und fragten nach unseren Zielen. Erst der Vorschlag, sie zu fotografieren, brach das Eis. Wir schickten ihnen später Fotos, sie schickten als Gruß ihre alten Dienstmützen zurück.

»Honiwood« bedeutet für uns aber auch Walter Barth und sein Pferd Max. 17 Zentner wiegt der Kaltblüter, bewegt sich dennoch beim Holzrücken im Wald wie eine Gämse in den Bergen. Beim Rücken werden die Stämme an die Straße gezogen, wo Walter Barth sie mit einer modernen Maschine auf seinen Holzlader verfrachtet.

»Für uns Arbeiter war das Leben im DDR-Staatsforst gar nicht so leicht«, erinnert er sich. »Bei Staatsjagden durfte niemand das Gebiet betreten, bei schlechtem Wetter oder Nebel auch nicht.«

Mit Einschränkungen lebte auch der ehemalige Revierförster Heinz Weck, der einige seiner besten Leute durch Ehescheidungen verlor … Denn jeder Geschiedene war ein potenzielles Fluchtrisiko und durfte nicht mehr im »Thüringer Zipfel« arbeiten.

Die Natur setzt sich wieder durch. Dennoch findet man auch 20 Jahre nach der Wende im Grenzstreifen noch Spuren von Gift. Bedenkenlos kippte man damals tonnenweise Pflanzenvernichtungsmittel auf den Boden, um das Keimen jeglicher Vegetation zu verhindern –

so kriegte man besseres Sicht- und Schussfeld. Wie eine schmerzende Narbe nimmt man diesen Streifen noch heute wahr.

Uns entschädigen beim Wandern die herrlichen Aussichten. Zunächst geht es hinunter ins Werratal nach Vacha, wo eins der schönsten Rathäuser Deutschlands steht. Zu DDR-Zeiten wirkte der Ort wie eine mittelalterliche Burg, umgeben von der Mauer, die die eigenen Bewohner am Weglaufen hinderte. Über die historische Brücke – heute wieder ein Schmuckstück – verlief ein Zaun. Auf einem Brückenerker stand ein Wachturm, selbst die Brückenbögen waren durch armdicke Gitter geteilt. Gerade mal das stark salzhaltige Werrawasser kam noch durch ...

Vor rund einem Jahrzehnt wurde die Brücke für umgerechnet anderthalb Millionen Euro saniert. Viel zu teuer, murren manche. Doch sie heißt heute »Brücke zur Einheit«, und für die ist nichts zu teuer.

Fast alle Hinweise auf die einstige deutsch-deutsche Grenze verschwanden wie auch die Betonplatten. Der Boden wurde umgepflügt. Nur schwer ist der Grenzverlauf noch zu erkennen.

In der Form eines Pilzkopfes umschloss die DDR-Grenze den hessischen Ort Tann in der Rhön. Den Bewohnern stand nur der Weg nach Süden offen, Richtung Hilders und Gersfeld.

Bis auf 700 Höhenmeter führt hier der Kontrollweg, über 750 Meter Meereshöhe sind es später am Schwarzen Moor.

Südlich steht der mit 950 Metern nicht nur höchste Berg der Rhön, sondern gesamt Hessens: die Wasserkuppe. »Über allen Gipfeln ist Ruh« hätten wir dort gern gesagt, doch neben einer ehemaligen Radarstation der *US-Air Force* aus der Zeit des Kalten Krieges, einem Segelflugzentrum, Hotels und Souvenirläden sind hier auch sehr viele Besucher.

Mehr Ruhe hingegen fanden wir weiter östlich im Thüringer Wald. Auf dem Kickelhahn, jenem Berg, auf dem Goethe »Über allen Gipfeln ist Ruh« dichtete. Er liegt etwa auf der geografischen Breite von Tann und Point Alpha. Unser Abstecher führte uns über die wunderschöne Fachwerkstadt Schmalkalden nach Ilmenau, wo wir in Goethes Fußstapfen traten.

Schon die Zugfahrt nach Ilmenau ist ein Erlebnis, windet sich doch die Bahn in hundert Kurven den Thüringer Wald hoch. Zugegebenermaßen etwas weniger romantisch als früher, denn die schnaufenden, paffenden Dampfloks wurden durch Dielselloks ersetzt. Nur für Sonderfahrten holt man die Dampfrösser gelegentlich aus dem Stall. Während der Zug langsam über hohe Viadukte und durch enge Kurven zockelt, spürt man die »Entschleunigung«.

Der Ilmenauer Bahnhof ist fünf Gehminuten vom Stadtzentrum entfernt. Von dort hält man am besten direkt auf den Kirchturm zu. Gleich hinter der Kirche liegen Marktplatz, Rathaus und das Amtshaus, in dem sich das Goethemuseum befindet, frisch renoviert und im November 2008 neu eröffnet. Und auf einer Bank sitzt der Geheimrat von Goethe, als lebensgroßes Kunstwerk und beliebtes Fotomotiv. Denn Goethe hat diese Region erst so richtig auf die Landkarte gebracht. Durch ein paar Zeilen eines unvergessenen Gedichts …

Punkt zehn Uhr kommt Silke Leisner um die Ecke des Amtshauses und öffnet das informative Museum. Hier beginnt unsere Wanderung »über alle Gipfel«.

»In diesem Gebäude wohnte der in Frankfurt am Main geborene Johann Wolfgang von Goethe während seiner insgesamt 220 Aufenthaltstage in unserer Bergbaustadt«, schwärmt Silke Leisner.

Goethe kam erstmals 1776 auf einer Inspektionsreise hierher. 1831, an seinem 82. Geburtstag, stattete er Ilmenau den letzten seiner insgesamt 28 Besuche ab. Seine wichtigsten Anliegen dabei waren die Ankurbelung des Bergbaus und die Unterbindung der Steuerkorruption – bei Ersterem scheiterte er, in Letzterem war er erfolgreich.

Das wertvollste Exponat im großen Wandschrank des Museums ist die eher unscheinbare Fotografie eines Gedichts, das um die ganze Welt ging:

Über allen Gipfeln ist Ruh
In allen Wipfeln spürest du
Kaum einen Hauch
Die Vögelein schweigen im Walde
Warte nur, balde
Ruhest du auch.

Goethe schrieb diese Zeilen mit Bleistift an die Südwand einer Berghütte auf dem Kickelhahn. Dass überhaupt ein Foto davon existiert, hat einen eher merkwürdigen Hintergrund: Ein Goethe-Verehrer versuchte, das Holzstück mit dem Vers aus der Wand zu sägen. Vergeblich. Die Ilmenauer kriegten das mit, wachten auf und erkannten, welchen Wert ihre unscheinbare Jagdhütte durch die Zeilen des Dichterfürsten bekommen hatte. Ein Fotograf erhielt den Auftrag, das Gedicht unter dem Südfenster zu fotografieren – mit der Technik von anno 1850 kein einfaches Unterfangen. Tagelang experimentierte der Lichtbildner, bis er das Abbild der Zeilen im Kasten hatte. Ein wertvolles Dokument, denn 1870 brannte die Jagdhütte samt dem Original von »Über allen Gipfeln ist Ruh« ab. 1874 wurde zwar eine neue Hütte gebaut, die heute noch besteht, allerdings ohne Herrn von Goethes handschriftliches Vermächtnis.

Wir wollten die Hütte besuchen. Doch vor den Erfolg haben die Götter bekanntlich den Schweiß gesetzt. Unser Weg führte vom Ilmenauer Amtshaus auf dem »Goetheweg« zum Kickelhahn, der mit seinem steinernen Aussichtsturm von 1855 sogar 882 Meter misst.

Etwa eine Stunde dauerte unser Aufstieg über das Jagdhaus Gabelbach und das Goethehäuschen. »Herrlich« sei die Aussicht, schrieb Goethe, und wer wie wir einen Tag mit klarer Luft erwischt, wird das bestätigen. Der gesamte Kamm des Thüringer Waldes lag uns zu Füßen: Großer Beerberg, Oberhof, Inselsberg. Und während die Sonne langsam unterging und den Horizont glutrot färbte, fühlten wir uns wie Johann Wolfgang von Goethe an jenem Abend des 6. September 1783, als er schrieb: »Über allen Gipfeln ist Ruh«.

In den Thüringer Wald waren wir vor allem der Berge und Wälder wegen gekommen. In Frauenwald, etwas südlich von Ilmenau am Rennsteig gelegen, machten wir allerdings eine Erfahrung der anderen Art: ein Besuch im Stasi-Bunker.

Nur wenig blieb von der militärischen Vergangenheit der DDR erhalten, denn viel wurde nach der Wiedervereinigung zerstört oder verschrottet. Einige Objekte aber überdauerten. Mindestens 15 Bunker unterhielt die Stasi in der DDR, doch nur die wenigsten sind heute zugänglich. Der auf dem Gelände des heutigen *Waldhotels Rennsteighöhe* gelegene gehört dazu.

Hier wäre im Ernstfall die Crème de la Crème der Stasi-Genossen untergekommen. Trinkwasser gab es genug, und gegen den Bunkerkoller hatte man Unmengen ruhigstellende Medikamente »gebunkert«.

Wer in die Anlage hineinfährt, glaubt mitten in einer Feriensiedlung zu sein. Potemkinsche Ferienhäuschen und eine große Kantinenbaracke verschleierten den eigentlichen Zweck der Anlage.

Wir nehmen an einer »Gruseltour am Rennsteig« teil. Die Kommandos unseres »Genossen Führer« sind militärisch – kurz, klar und einfach. Zack, zack fühlen wir uns ein gutes Vierteljahrhundert zurückversetzt.

Der zwischen 1979 und 1985 errichtete Bunker war nicht atombombensicher und besteht aus einem 60 mal 60 Meter großen Rechteck mit einer 80 Zentimeter starken Betondecke. Darauf stand eine überdachte Montagehalle. »Nicht nur zur Tarnung«, schnarrt der »führende Genosse«, »sondern auch um die Versorgung der Bunkerbesatzung vor neugierigen Satellitenblicken zu verbergen.«

20 Leute waren ständig hier im Einsatz. Im Krisenfall wäre der Bunker innerhalb weniger Stunden einsatzbereit gewesen.

Wir gehen zum Eingang der Anlage. Er ist getarnt als Wasserspeicher.

»Den westlichen Geheimdiensten war dieses Objekt bekannt« – so viel gibt »Genosse Führer« gerade noch zu, betont aber gleichzeitig die haushohe Überlegenheit des östlichen Systems. Bei acht Grad liegen sommers wie winters die Temperaturen in den unterirdischen Räumen, die sich noch im Originalzustand befinden. Es ist eng wie in einem U-Boot, im Ernstfall hätte die Anlage einen Stab von 130 bis 140 Mitarbeitern völlig unabhängig von der Oberwelt für mehrere Wochen aufnehmen können.

Der Bunker ist wie ein Ameisenhaufen aufgebaut: Überall gibt es Belüftungsschächte, und je weiter man ins Innere vordringt, umso eindrucksvoller wird die technische Einrichtung der einzelnen Räume.

Nichts für schwache Nerven und klaustrophobe Naturen, denkt man. Alles war hier auf unheimliche Weise präzise durchgeplant, auch wenn die technische Ausrüstung noch aus den 50er-Jahren stammte.

Den Mittelpunkt der Anlage bildete die Befehlszentrale mit etwa 20 Telefonen. Eines davon war die Standleitung nach Berlin mit direktem Zugang zur Parteiführung. Und obwohl der »Genosse« uns strengstens ermahnt hatte, im Bunker ja nichts zu berühren, muss ich – einem inneren Zwang gehorchend – genau diesen Hörer abnehmen. Doch niemand von der alten Garde meldet sich am anderen Ende, die Leitung ist tot …

Nach 30 Minuten in der Unterwelt sind alle Besucher wieder an der Ausgangstür angelangt, zugegebenermaßen mit gewisser Erleichterung.

Man lädt uns ein, die DDR-Vergangenheit auch als 16-stündiges »*Reality*-Erlebnis« zu erfahren – in Form einer Übernachtung im 3600-Quadratmeter-Bunker in dreistöckigen Kasernenbetten. Auch das Kochen mit Gulaschkanone gehört zum Programm. Eine Zeitreise in die DDR-Vergangenheit. »Nicht nur etwas für ›Ostalgiker‹, sondern auch für Bunker- und *History*-Fans«, versichert man uns.

Wir hatten uns ein Stück vom Grenzweg entfernt. Nach diesem Abstecher fuhren wir zum Plattenweg zurück und schnürten unsere Stiefel. Es war noch weit bis zum Dreiländereck an der tschechischen Grenze.

45 On Tour – vom Schwarzen Moor zum Thüringer Wald

Ein Moor sollte Kartoffelacker werden. Der Untergang von Grenzsäule »2017«. Die ungleichen Gleichberge und die Russen.

Wo im UNESCO-Biosphärenreservat Rhön die Länder Hessen, Thüringen und Bayern zusammentreffen, entdecken wir wieder mal einen Dreiländerstein. Eine halbe Stunde wandern wir vom Parkplatz dorthin, denn Motorfahrzeuge sind im Biosphärenreservat nur sehr eingeschränkt erlaubt. Doch der Weg lohnt. An einem sanften Abhang grasen Rhönschafe. Dick eingemummelt steht der Schäfer daneben.

Hier auf dem »bayerischen Zipfel« liegt in 700 Meter Höhe eins der letzten Hochmoore Deutschlands: das Schwarze Moor, ein weitgehend unberührtes und intaktes Regenmoor, eins der bedeutendsten Hochmoore Mitteleuropas. 2007 wurde es in die Liste der 100 schönsten Geotope Bayerns aufgenommen.

Gleich zu Beginn des Schwarzen Moores stoßen wir auf das steinerne Tor eines Lagers des Reichsarbeitsdienstes, heute ein Mahnmal. Von 1934 bis 1936 versuchten 300 »Arbeitsmänner« – wie auch in anderen Moorgebieten Deutschlands –, diese Region trockenzulegen. Wie bedeutsam das Moor als Wasserspeicher ist und welche Tier- und Pflanzenwelt sich in dem von Menschen kaum berührten Gebiet über Jahrhunderte entwickelt hatte, bedachte niemand. Natur machte man sich eben untertan ...

Die Trockenlegung wurde durch den Zweiten Weltkrieg unterbrochen – zum Glück für das Moor und die vielen Tausend Besucher, die heute über den Holzbohlenweg die seltene Naturlandschaft erkunden. Nach 1945 erklärte man das Schwarze Moor zum

Naturschutzgebiet. Die meisten Entwässerungsgräben wurden wieder verblockt, das Hochmoor erholte sich und gehört heute ganz den Naturfreunden. Auf dem Moorlehrpfad, einem knapp zwei Kilometer langen Knüppeldamm, wandern wir durch ein wieder erwachtes Naturparadies, in dem die Nazis eigentlich vorhatten, Kartoffeln anzubauen.

Leider ist der Grenzweg in der südlichen Rhön fast völlig zugewachsen. Hilfreich bei der mühsamen Orientierung ist die Detailkarte 1:25 000. Wir folgen dem Grenzpfad talwärts bis zu dem kleinen Rhöndörfchen Melpers. Früher war es eins jener Ziele für Besucher aus dem Westen, die mal einen Blick »nach drüben« werfen wollten. Die Grenze verlief 100 Meter unterhalb des Ortes. Allerdings ist das Gelände heute dermaßen von Unkraut überwuchert, dass Grenze und Todesstreifen kaum noch sichtbar sind.

Steil führt der Trail auf den Abtsberg, auf dem eine der schönsten Grenzwegetappen beginnt. An klaren Tagen sieht man 50 Kilometer weit zum Thüringer Wald im Nordosten und bis Fulda im Westen.

Weil die Rhön keine Kulturlandschaft mit im Zickzack versetzten Flur- und Landesgrenzen ist, zieht sich der Plattenweg jetzt gradlinig durchs Biosphärenreservat Rhön nach Süden. Wir folgen ihm über die Rhön-Ausläufer abwärts. Bald nach Verlassen des Waldes stehen wir auf offenem Feld einem einsamen Transformatorenhäuschen gegenüber. Merkwürdig ... Zu diesem blassgelben Gebäude führt keine Straße ... Erst als unser Pfad die nächste kleine Straße quert, entdecken wir den Hinweis »Dorfruine Schmerbach, 200 Meter«.

Bis in die 1970er-Jahre war die »Dorfruine« eins der schönen Rhöndörfer. Dann befand die Stasi, dass Schmerbach zu nahe an der Grenze liege. Das genügte, um auch hier ein über Jahrhunderte gewachsenes Dorf von der Landkarte zu tilgen. Die Einwohner von Schmerbach wurden außerhalb der Fünf-Kilometer-Sperrzone angesiedelt, ihre Häuser machte man dem Erdboden gleich. Nur Trafohäuschen und Dorffriedhof blieben wie Mahnmale wider den Irrsinn des Grenzregimes bestehen ...

Kilometerweit wandern wir danach durch Staatswald, oft gegen den Wind, kommen auch schon mal bis auf 20 Meter an Rehe und Füchse ran. Bussarde und Habichte ziehen über uns ihre Kreise. Erst bei Henneberg wird der Mittelgebirgspfad wieder zum Feldweg durch Kulturland.

In Henneberg, an der Landesgrenze von Thüringen und Bayern, erreichen wir den ehemaligen Grenzübergang Eußenhausen.

Noch vor Jahren registrierten wir hier eine trostlose Brache. Jetzt treffen wir auf den Skulpturenpark mit der 16 Meter langen »Goldenen Brücke« – den Gegenpol zum alten Wachturm.

Unvergessen bleibt, wie hier bei einer Gedenkfeier über einem zweieinhalb Meter hohen stählernen Bundesadler ein hölzerner Reichsadler errichtet wurde.

Es war dunkel. Dann wurde, stimmungsvoll von Musik untermalt, der Reichsadler angezündet. Und während das lodernde Symbol des Dritten Reichs zusammenstürzte, erhob sich – wie Phoenix aus der Asche – der heutige Bundesadler.

Auf der Fläche des Skulpturenparks befand sich bis 1989 ein ganz anderes Symbol: die DDR-Grenzsäule Nummer »2017«.

Da »2017« von der Straße im Westen gut erreichbar war, galt ihr DDR-Emblem als beliebtes Souvenir. Nach wiederholten »Diebstählen« hatten die Chefs der Grenztruppen die Nase voll vom ständigen Ersetzen der Metalltafel. Die Bewachung der Grenzsäule wurde intensiviert. Die Wildwest-Methoden der Grenzer gingen so weit, dass sie sich gut getarnt stundenlang auf die Lauer legten, um diese Art »Grenzverletzer« auf frischer Tat zu ertappen. Was heute wie ein Katz-und-Maus-Spiel anmutet, war noch vor Jahren bitterer Ernst.

Natürlich zeigten auch Fotografen Interesse an der Grenzsäule »2017«. Das Emblem sollte möglichst bildfüllend sein. Dafür mussten sie dicht ran und dabei kurz DDR-Staatsgebiet betreten. So auch ich …

Da der kurze Pfad von anderen vor mir ausgetreten war, machte ich mir wenig Sorgen, schließlich konnte jeder sehen, dass ich das Emblem nur fotografieren wollte. Aber die Grenzposten waren humorlos und stürmten mit lautem »Halt!« vor. Hätte ich jetzt cool auf den Kameraauslöser gedrückt, wäre das »Foto des Jahres« im Kasten gewesen. So cool war ich dann doch nicht und sprang mit einigen Sätzen zurück. Die DDR-Grenzer untersuchten ihre unbeschädigte Säule, notierten die »Grenzverletzung« und zogen sich auf ihren Horchposten zurück.

Nach der Wende war ich sofort wieder zur Stelle. Gefahrlos hätte ich jetzt das Hoheitszeichen fotografieren können – aber da war nur noch ein trauriger Stumpf. Stahlstreben ragten wie Krallen in den Himmel, das populäre Fotomotiv hatte seinen Liebhaber längst gefunden. Heute ist Gras über den Standort von Grenzsäule »2017« gewachsen.

Hinter Henneberg folgt das Grüne Band alten Gemarkungsgrenzen; in Windungen, mit tausend Ecken und Kanten geht es im Zickzack durchs Land. Bei Schwickershausen zerschneidet die Eisenbahnlinie Meiningen–Mellrichstadt den Kontrollweg. Bis an die Bahntrasse reicht der Plattenweg, dann ist Schluss. Der Schienenverkehr auf der eingleisigen Strecke ist lebhaft, und gelegentlich hört man heute noch Diessellokomotiven aus DDR-Produktion, die »Taiga-Trommeln«.

Reizvoll in die Landschaft eingebettet ist das 2003 ins Leben gerufene Deutsch-deutsche Freilandmuseum Behrungen: Neben Grenzturm und Führungsstelle stehen hier 30 Meter Grenzsignal- und Sperrzaun sowie ein Grenztor. Es heißt, dass hier noch in diesem Jahrhundert Minen gesucht wurden. Nach menschlichem Ermessen sollte die ehemalige Grenze auf ganzer Länge minenfrei sein, doch ein unangenehmes Kribbeln im Bauch bleibt.

Mit etwas Phantasie erinnern die beiden gut 600 Meter hohen Gleichberge an ein urzeitliches Zwillingspaar, das sich steil aus der sanft gewellten, sattgrünen Hügellandschaft des fränkischen Grabfeldgaus zwischen Rhön und Thüringer Wald erhebt. Als eigenständige Kleinlandschaft bieten sie ideale Lebensbedingungen für Lurche, Insekten und Kriechtiere.

Wie auf anderen markanten Bergen entstanden auch auf den Bergen Trutzburgen. Sie galten lange Zeit als uneinnehmbar. Erst Schießpulver und Kanonen machten sie verwundbar. Es waren Kanonenkugeln, die das trockene Balkengerüst der Burgen in Brand setzten. Die abgefackelten Festungen wurden nie wieder aufgebaut.

Nach 1945 war der Große Gleichberg wegen seiner unmittelbaren »Zonengrenznähe« unter Kontrolle der sowjetischen Streitkräfte; dank der exponierten Lage galt er als wichtiger Standort. Auch lange nach dem Abzug der Russen findet man ihre Hinterlassenschaften: Fragmente von Unterkünften, aber auch ölverseuchten Boden. Die Soldaten hielten auf dem Gipfel Kühe und Schweine, die jedoch in dem rauen Klima in fast 700 Meter Höhe nicht ganzjährig im Freien leben konnten. Kurzerhand ließen die Soldaten ihre Militärfahrzeuge draußen stehen, und Schweine und Kühe tummelten sich in den Garagen.

Mit dem Wirt am Gleichberg wurde kräftig gekungelt: Da ging schon mal ein Ferkel im Gegenzug für einen warmen Wintermantel über den Tisch. Gleich nach der Wende setzten die Russen ihren Handel mit den ersten Bergtouristen fort: Ein Armeeabzeichen kostete zehn Mark, eine Offizierskappe 30. Später stürzten die Preise ins Bodenlose ...

Unsere Grenzwegwanderung führt über Berg und Tal in Richtung Bad Rodach. Das heutige Naturschutzgebiet Heldburger Zipfel ist einer der landschaftlich reizvollsten Abschnitte unserer Reise.

Der Kolonnenweg ist hier oft sehr steil. Man glaubt kaum, dass die Grenzposten solche Abschnitte mit 27-PS-Trabants meisterten. Doch wer den Trabbi kennt, weiß um die Nehmerqualitäten des Plastezwergs. Und war der Berg für den frontgetriebenen Wagen doch einmal zu steil, fuhr man halt rückwärts hoch ...

Auf unserer Wanderung hatten wir jetzt die fast 400 Meter hoch gelegene und von weiten Wäldern umgebene Kühlitze erreicht, die höchste Erhebung bei Bad Colberg. Nach 20 Jahren hat sich der durch Pflanzengifte malträtierte »Todesstreifen« einigermaßen erholt. Birken und Nadelbäume wachsen. Nach weiteren 20 Jahren wird er kaum noch zu sehen sein.

46 Von Püppchen und Glasaugen

Gedenkstätte Billmuthausen. Sonneberg lässt die Puppen tanzen, Augen für die Welt aus Lauscha, Pralinen aus Lauenstein.

Nahe Bad Colberg lag das Dörfchen Billmuthausen – einer dieser Orte, die als Folge der Grenzsäuberung von der Landkarte verschwanden. Ein altes Dorf: Bereits 1340 wird das Rittergut erwähnt, 1850 leben hier in 14 Häusern 68 Einwohner. Das Leben wäre noch mindestens weitere 200 Jahre seinen gewohnten Gang gegangen, hätte das Dorf in den Augen der Staatssicherheit nicht zu dicht »feindwärts« gelegen, zu dicht an der »Staatsgrenze West«.

Am 20. Juni 1952 flüchteten sieben Familien Hals über Kopf in den Westen: 34 Personen, die nur das Lebensnotwendigste mitnehmen konnten. Bereits 1948 war auf russischen Befehl das Gutshaus geschleift worden, in einer Nacht-und-Nebel-Aktion riss man 1965 die Dorfkirche ab. 1977 war die Mühle dran, dann begann die vollständige Räumung des Dorfes. 1978 wurde die letzte Familie zwangsausgesiedelt, das Dorf geschleift und die Grenzbefestigung mitten durch den Ort gebaut. Die Einebnung des Friedhofes war geplant, wurde aber nie durchgeführt.

Ein weiterer Ort hatte aufgehört zu existieren.

Ein 1994 gegründeter Förderverein »Gedenkstätte Billmuthausen« erbaute 2004 eine Gedenkkapelle und ein Mahnkreuz. Der nicht weit vom Dorf gelegene Grenzturm ist heute ein Fledermausquartier.

Nachdenklich schultern wir bei der Wüstung Billmuthausen unsere Rucksäcke und folgen dem Pfad steil bergauf.

Vorbei an Hetschbach und Herbartswind schlängelt sich der Kolonnenweg bis zum Grenzübergang Rottenbach-Eisfeld. Bis zur

Wende war hier ein von Bundesbürgern gut besuchter Aussichtspunkt, von dem man über die Grenzbefestigungen hinaus weit ins DDR-Hinterland sehen konnte.

Steil geht es auf dem Plattenweg hinunter zu dem rund zwei Kilometer langen Froschgrundsee, einem Biotop, in dem während 40-jähriger Isoliertheit eine erstaunliche Pflanzen- und Tiervielfalt heranwuchs. Doch nun wird gebaut: Die neue ICE-Trasse Nürnberg – Erfurt führt hoch über den von Wäldern und Wiesen gesäumten See hinweg.

Vom Froschgrundsee sind es nur wenige Kilometer bis zur thüringischen »Spielzeugstadt« Sonneberg. In einer tiefen Ausbuchtung der Grenze gelegen, wurde sie quasi auf zwei Seiten – im Westen wie im Osten – durch diese eingeengt. Und dennoch war Sonneberg auch zu DDR-Zeiten eine geschäftige Stadt. Denn hier lässt man schon immer die Puppen tanzen.

Spielzeug hat Sonneberg weltberühmt gemacht. Der Rohstoff Holz war reichlich vorhanden, und kreative Handwerker gab's genug. Der Sonneberger Volksmund hat deshalb auch mit dem offiziellen Wappentier der Stadt, dem Meißner Löwen, nicht allzu viel im Sinn, sondern rühmt sich des »Reiterleins auf Pferdlein mit Pfeiflein und Ärschlein«. Natürlich war dieser Verkaufsschlager der frühen Spielwarenindustrie aus Holz geschnitzt.

Doch die Thüringer ersannen auch komplizierte mechanische Antriebe; so konnten sie schon früh Dampflokomotiven durch Modelllandschaften schnaufen lassen. Vor dem Ersten Weltkrieg gingen über 70 Prozent der Waren in den Export. Auf Weltausstellungen in Chicago, Paris, St. Louis und Brüssel erregten die von Sonneberger Werkstätten gefertigten Exponate Aufsehen. Nach dem Ersten Weltkrieg bauten hier große amerikanische Konzerne Einkaufshäuser. Sogar Woolworth zog an der Ecke Köppelsdorfer

Puppen, Teddys und Gulliver sind die Stars im Sonneberger Spielzeugmuseum.

Straße/Beethovenstraße 1926 ein Einkaufshaus mit fünf Etagen hoch. Selbst Gleisanschluss und eine Einfahrt für Gespanne und Autos hatten die Planer integriert. Doch mit dem Zweiten Weltkrieg kam der Einschnitt, von dem sich die Teddy-Metropole nie wieder richtig erholen sollte. Am letzten Kriegstag zerstörten Freund und Feind das historische Woolworth-Gebäude, in dem Kleidung und Zubehör gelagert waren. Bis in die 70er-Jahre lag die Grenzstadt im unzugänglichen Sperrgebiet, erst später wurde der Besuch ohne Passierschein möglich.

Als habe Sonneberg diese graue Zeit wie einen Spuk hinweggewischt, ist heute kaum noch etwas davon zu spüren.

Wir besuchen das Deutsche Spielzeugmuseum, stärken uns mit einer würzigen Sonneberger Rostbratwurst und wandern auf dem Grenzweg nordwärts in Richtung Probstzella weiter.

In diesem entlegenen Teil des Thüringer Schiefergebirges zieht sich der Betonpfad abschnittsweise über schwarzes Schiefergestein – ein eigenartiger Anblick. Ohne Rücksicht auf die Natur hatten die Grenztruppenpioniere den Pfad direkt am Fuße eines kohlrabenschwarzen Berges aus glänzenden Schiefertafeln gebaut. Noch heute schlängelt er sich wie ein Lindwurm über diese Rehbachhalde, aus der vereinzelt frisches Grün sprießt. Es hatte bei unserer Ankunft geregnet, doch unversehens riss der Himmel auf, und die Abendsonne schien golden auf das schwarze, nasse Gestein, von dem aus sich ein bunt leuchtender Regenbogen zum Plattenweg wölbte. Auf einem Baumstamm sitzend schauten wir zu, wie die Sonne die Tröpfchen trocknete und der Regenbogen unmerklich langsam verschwand.

Was Spielzeug für Sonneberg bedeutet, ist Glas für Lauscha. Westlich des sich noch immer nordwärts nach Probstzella schlängelnden Grünen Bandes besuchten wir das malerische, schiefergraue Städtchen mit einer der schönsten Holzkirchen Thüringens in einem Seitental der Steinach. Auf 611 Meter Meereshöhe liegt es, und das beschert der Glasbläserstadt auch in der Zeit des Klimawandels lange, kalte Winter.

Schon das Stadtwappen des 3900-Einwohner-Städtchens, der gläserne Hirsch mit Weihnachtsbaum, zeigt, worum sich hier alles dreht: Glas, vor allem in Form der Weihnachtskugel.

Was aber die wenigsten wissen: Lauscha bläst auch »Augen für die Welt«.

Begonnen hat alles im Januar 1597, als Herzog Johann Casimir zu Sachsen-Coburg den Glasmachern Hans Greiner und Christoph Müller die Konzession zum Betreiben einer Glashütte verlieh. Der erste Glasofen stand am heutigen Hüttenplatz. Jeweils sechs Stände an der Westseite gehörten der Familie Müller, die an der Ostseite der Familie Greiner.

1835 fertigte Ludwig Müller-Uri erstmals ein künstliches Menschenauge aus Glas in nie zuvor gesehener Qualität. Erst dadurch konnten Menschen, die durch Unfall, Krankheit oder Krieg ein Auge verloren hatten, medizinisch-kosmetisch versorgt werden.

Nach Studien in Frankreich und der Zusammenarbeit mit Würzburger Chirurgen kam Ludwig Müller-Uri zu der Erkenntnis, dass nur ein gewebeverträgliches Glas eine dauerhafte Lösung für eine Augenprothese sein könne. Mit dem grönländischen Mineral Kryolith fand er 1868 den Stoff, der sowohl verträglich war, als auch eine natürlich weiße Farbe des Augapfels wiedergab. Er blies eine kleine Glaskugel und brachte sie in die richtige Form. Die Iris wurde aufgemalt und eingebrannt. Rund zweieinhalb Stunden brauchte man, um ein Auge herzustellen – alles in Handarbeit.

Die Farben für das Glas wurden dabei selbst hergestellt: Schwarz fürs Pupillenglas, Rubinglas zur Äderung des Augapfels. Was heute allenfalls noch ein kleines Betriebsgeheimnis ist, wäre noch vor 200 Jahren ein »Staatsgeheimnis« gewesen – Rubinglas, das rote Glas der Könige, durfte nur am Königshof hergestellt werden. Die Rezeptur war streng geheim. Heute kennt sie jeder Glasmacher: ein Drittel Salz, zwei Drittel Salpeter mit Gold, aufgelöst in Säure.

Noch zu Lebzeiten wurde der Okularist Müller-Uri mit seiner bahnbrechenden Technologie Weltmarktführer.

Die Ausbildung zum Augenprothetiker ist hart und dauert heute sechs Jahre. Der Nachwuchs kommt zumeist aus Glasmacherfamilien, in denen der Beruf von Generation zu Generation »weitervererbt« wird.

Lauschas Technologie gilt als weltweit führend, auch wenn Asien wesentlich preisgünstigere Kunststoffprothesen anbietet.

»Ungefähr 250 Euro kostet derzeit ein künstliches Auge, das komplett von der Krankenkasse übernommen wird«, verrät uns ein Fachmann.

Aber auch andere zerbrechliche Kostbarkeiten werden in Lauscha produziert. Der ehemalige Trainer der deutschen Skispringer, der verstorbene Reinhard Hess aus Lauscha, formulierte es uns gegenüber einmal so: »Lauscha lebt und stirbt mit Glas.«

Etwa zur gleichen Zeit wie das Glasauge fertigten Lauschaer Glasbläser erstmals farbige »Weihnachtskugeln«. Schnell ist klar: Das wird ein Renner. Bereits 1860 bietet der findige Sonneberger Spielzeugverleger Dressel ein »Musterbuch für verspiegelte Glaskugeln aus Lauscha« an. Damals wie heute ist Amerika *der* Markt. *Big business* wittert wieder mal der amerikanische Unternehmer Frank W. Woolworth. Bereits zu Beginn des 20. Jahrhunderts verkauft er jährlich mehr als 200 000 gläserne Weihnachtskugeln aus Lauscha.

Strahlend präsentiert sich heute die Glasbläserstadt zur Adventszeit. Dann spannen sich Lichterketten über den dreieckigen Hüttenplatz nahe der Kirche. Festlich geschmückte Bäume tauchen die Besucher des großen Kugelmarktes in feierlich-besinnliche Vorweihnachtsstimmung. Dicht an dicht drängen sich an den ersten beiden Adventswochenenden kleine Verkaufsstände auf dem Hüttenplatz – genau dort, wo mehr als 300 Jahre lang die Mutterhütte der beiden Meister Greiner und Müller stand, denen Lauscha seine Glaskunst verdankt.

Noch eine weitere Attraktion entdecken wir in der Nähe des Grenzwegs: Nördlich von Lauscha fährt die steilste Bergbahn der Welt mit Normalspur, die Oberweißbacher Bergbahn.

Stolz schiebt die *Old Lady* eine goldene »85« mit Ährenkranz – für ihr honoriges Alter – vor sich her, wenn sie sich leise ächzend den steilen Berghang hochwindet. Eine alte Dame – aber sie ist prächtig in Schuss.

Ihre tolle Geschichte beginnt 1919, als der isoliert auf einer Hochfläche liegende Ort Oberweißbach einen Bahnanschluss beantragt – wegen der steilen Zufahrt eine technische Herausforderung.

In der Eisenbahndirektion Erfurt kratzt man sich zunächst ratlos die Schädel. Doch dann hat Regierungsbaumeister Bäseler eine geniale Idee, die anfangs niemand so recht ernst nimmt: Von der bereits bestehenden Staatsbahn im Schwarzatal will er eine Abzweigung schaffen, indem er deren Gleise bis an eine neu zu bauende Drehscheibe verlängert. Hier sollen die Eisenbahnwaggons um 90 Grad in Bergrichtung gedreht, von dem Waggon einer ebenfalls erst zu errichtenden breitspurigen Seilbahn huckepack genommen und den Berg hochtransportiert werden. Bis zum Bergort Lichtenhain soll die knapp 1400 Meter lange Reise auf dem sogenannten Aufsetzwagen führen. An der Bergstation werden die Eisenbahnwaggons wieder an eine normale Bahn gehängt.

Der Clou dieser pfiffigen Idee ist eine knapp 1400 Meter lange Steilrampe. Um die Energie für den Transport optimal einzusetzen, fährt zeitgleich ein Wagen bergauf und ein anderer talwärts.

Vier Jahre nach den ersten Arbeiten besteigen am 1. März 1923 erstmals Passagiere das technische Meisterwerk, dessen Fahrzeuge mit einer Durchschnittsgeschwindigkeit von anderthalb Metern pro Sekunde den Berg hochkriechen.

Oben angekommen, bummelt der Zug romantisch wie eine Modelleisenbahn bis zur Endstation Cursdorf. Noch heute hält der Tourismus die Bahn am Leben. Waren es 1923 15 000 Besucher pro Jahr, reisen derzeit jährlich 180 000 Fahrgäste auf Baumeister Bäselers Spuren.

Seit gut 85 Jahren ist die »alte Lady« schon *on tour,* das volle Hundert will sie auf jeden Fall noch schaffen. Doch auch dann wird sie kein bisschen leise sein …

Knapp zehn Kilometer Luftlinie sind es von der Oberweißbacher Bergbahn zum Grünen Band. Im Herbst, wenn die Bergmischwälder sich rotgolden färben, ist es besonders reizvoll hier. Eine gute Zeit auch für eine Wanderung auf dem Plattenweg.

Wir nähern uns jetzt dem vielleicht einsamsten Teil unserer langen Reise: dem Abschnitt Probstzella–Hirschberg.

Probstzella war ein zwar kleiner, aber doch wichtiger Ort für alle, die hier von Westdeutschland in die DDR einreisen wollten: In Probstzella war die »Grenzübergangsstelle für Züge«, über die im deutsch-deutschen Grenzverkehr sowohl der Güter- als auch der Personenverkehr abgewickelt wurde.

Genau genommen gab und gibt es einen weiteren Grund, hierherzufahren: Pralinen. Im oberfränkischen Lauenstein, Probstzella gegenüber, stellt die »Lauenstein Confiserie« im Schatten der gleichnamigen Burg leckere Pralinen her – Chocolatier-Kunst nach traditioneller Art und von Hand gemacht. Ein willkommener Anlass, uns vor dem nächsten Wegabschnitt verwöhnen zu lassen.

Von Probstzella folgen wir dem steilen Grenzpfad zum Wachturm oberhalb des Ortes, wo sich heute ein kleines Grenzmuseum befindet.

Der Rennsteig, der in dieser Region 16 Kilometer durch die alte Bundesrepublik führte, zieht die Grenzlinie zwischen Thüringer Wald und Frankenwald. Östlich von Steinbach am Wald teilen sich »Rennsteig-Wanderweg« und »Rennsteig-Radweg«. Der mit einem »R« gekennzeichnete Wanderweg folgt kurz dem Kolonnenweg, bis er nahe dem Kurfürstenstein auf eine Schutzhütte trifft. Informationstafeln erinnern hier an die erste grenzüberschreitende Rennsteigwanderung nach der Wende.

Auf dem Rennsteig-Radweg hingegen machen wir einen kurzen Abstecher zum 2000-Einwohner-Städtchen Lehesten.

»Wunderwaffen« und Höllenlärm statt Schiefer.
Und das im Fröhlichen Tal!

Nichts erinnert mehr an jene Trümmer der verblichenen DDR, auf die wir noch Mitte der 90er-Jahre zwischen Probstzella und Blankenstein gestoßen waren. Auf einer Hochebene hatten wir damals einen Lagerplatz für wertlose Grenzeinrichtungen in der Größe von drei Fußballfeldern entdeckt: zerborstene Wachtürme, übereinandergestapelte schwarz-rot-goldene Grenzsäulen und Grenzzäune. »Dinosaurierfriedhof«, sagte jemand. Die ausgestorbenen, bedeutungslos gewordenen »Saurier« einer vergangenen Epoche waren hier zwischengelagert worden, bevor ihre Überreste recycled als Fundament für Bundesautobahnen endlich sinnvolle Verwendung fanden.

Die Natur heilte auch diese Wunden. Zarte blaue Glockenblumen wuchsen schon damals zwischen dem Abraum. Heute ist der alte Grenzstreifen größtenteils von Heide bedeckt. Nur die Rillen in den Betonplatten des Kolonnenwegs blieben durch die Reifen der Holztransporter und Forstfahrzeuge frei von Bewuchs.

Im »Naturpark Thüringer Schiefergebirge-Obere Saale«, am Rennsteig-Radweg und nur wenige Kilometer abseits vom Grünen Band liegt in 600 Meter Höhe das Städtchen Lehesten. Eine »Berg- und Schieferstadt«, wie sie sich selbst nennt, denn das »Blaue Gold«, wie Schiefer auch heißt, machte Lehesten bekannt. Ein reizvoller Ort, wo sich alte Tagebaulöcher inzwischen in idyllische Seen und geschützte Biotope verwandelt haben.

Oberhalb des Ortsteils Schmiedebach stießen wir im Fröhlichen Tal auf die Mahn- und Gedenkstätte »Laura«. Bis 1945 stand hier eine Außenstelle des KZ Buchenwald. »Laura« gehörte zum Rüstungsbetrieb »Vorwerk Mitte«, in dem Häftlinge – ähnlich wie am Kohnstein bei Nordhausen – für die Produktion der V2-Rakete eingesetzt wurden.

Was für die KZ-Häftlinge gegen Ende des Zweiten Weltkriegs zur Leidensstätte wurde, hatte Anfang des 19. Jahrhunderts eigentlich ganz hoffnungsvoll begonnen: Ernst August Oertel gründete im Fröhlichen Tal den Schieferbruch – damals eine prosperierende Industrie, die zwischen 1865 und 1890 ihre Blütezeit hatte. Bis zu 900 Mitarbeiter waren damit beschäftigt, hier das Blaue Gold abzubauen und zuzuschneiden. Immerhin so viele Beschäftigte, wie auch Carl Zeiss in Jena hatte.

Die nächste Generation unter Karl Oertel erhöhte den Umsatz, die dritte Generation verspielte vieles, die Firma stand vor dem Ruin. Erst durch Hitlers Machtübernahme und den nachfolgenden Bauboom erwachte die Schieferindustrie zu neuem Leben. Schiefer wurde zunehmend auch für Kasernendächer und zur Verblendung der Gebäude verwendet.

Die Tätigkeit im Bruch war hart, aber die Arbeiter waren frei. Das änderte sich am 15. September 1943, als das Heereswaffenamt ohne lange Verhandlungen und gegen Zahlung eines kleinen symbolischen Betrags die Betriebsübergabe an das Reich anordnete.

Natürlich blieb streng geheim, dass hier Triebwerke der V2, der »Vergeltungswaffe« nach Hitlers Sprachgebrauch, getestet werden sollten. Im V2-Sonderprogramm hieß der Oertelsbruch ab jetzt nur noch »Vorwerk Mitte«, und die Verhältnisse glichen denen von »Mittelbau-Dora« im Südharz. Mehr als 1000 Häftlinge bauten in Rekordzeit den Schieferbruch zu einem Waffentestgelände aus. Sicherheitsvorkehrungen gab es für KZ-Häftlinge nicht, lediglich Torpedonetze schützten vor herabfallendem Gestein. Rund ein Drittel der Häftlinge überlebte die Arbeit nicht. Aus Sicht der Nazis war der Einsatz erfolgreich: Zwei Triebwerksprüfstände waren installiert und die unterirdischen Stollen erweitert worden.

30. Januar 1944: Eine heftige Detonation zerreißt die Stille über Thüringer Wald und Frankenwald. Ein Donnern wie aus mehreren Gewittern gleichzeitig, dann ein ohrenbetäubendes Fauchen. Menschen stürzen aus ihren Häusern und versuchen das noch nie zuvor gehörte Geräusch einzuordnen. Eine neue Waffe der Alliierten? Ein Naturphänomen?

Eine weiße Staubwolke steigt über Lehesten in den Himmel. Also doch eine Katastrophe in der Grube Schmiedebach? Nach einer Minute ist es wieder so ruhig wie zuvor.

Was die Bevölkerung in große Unruhe versetzte, wird in dem Werkstagebuch – heute im Archiv des Deutschen Museums in München – trocken als »erster Versuch der Triebwerkserprobung im neu errichteten rechten Prüfstand« bezeichnet.

Und weil der Höllenlärm sich von nun an wiederholte, hatten die Menschen schnell einen Namen dafür: das »Lehestener Rauschen«.

In Wahrheit war es das Dröhnen der Raketen-Antriebsaggregate, auch Ofen genannt. Denn jedes System musste hier vor dem Einbau getestet werden, bevor es zum »Mittelwerk« von Nordhausen weitertransportiert wurde.

Die unterirdische Fabrik ist heute nicht mehr zugänglich. Die Kavernen sind teilweise eingestürzt, und ein Betreten wäre lebensgefährlich. Lediglich der Luftansaugtrakt blieb erhalten.

Akribisch erfasste die KZ-Leitung in den Lagerakten 510 Todesopfer. Amerikanische Truppen stießen am 13. April 1945 auf die Dokumente, als sie das Lager mit einigen wenigen Häftlingen, die die SS nicht abtransportierte, kampflos übernahmen.

Das Versuchsgelände war für die Amerikaner ein toller Fund, denn die Hightechanlage war dank guter Tarnung und extremer Abschottung nicht bekannt gewesen. Binnen Kurzem waren US-Techniker zur Stelle, die mit den verbliebenen Antriebsaggregaten weitere Versuche durchführten.

Werner Liebeskind, ein Thüringer, der nach Kriegsende zum Arbeitseinsatz im Oertelsbruch verpflichtet wurde, berichtet:

»Den ersten Testlauf machten die Amerikaner mithilfe ehemaliger Häftlinge, die allerdings in der Zwischenzeit mit vernünftiger Kleidung und Schuhen ausgestattet worden waren und für ihre Arbeit auch bezahlt wurden. In Dollars natürlich. Auch lokale Arbeitskräfte wurden angeheuert, und man versuchte die intakten, aber etwas vernachlässigten Prüfstände wieder in Gang zu bringen. Die US-Fachleute hatten noch nie einen Triebwerk-Probelauf durchgeführt und waren dementsprechend sorglos. Fast neben der Schurre, dort wo der Abgasstrahl des Triebwerks abgelenkt wurde, wollten sie ihre Kameras aufbauen. Erst der massive Hinweis erfahrener Arbeitskräfte ›Dort werdet ihr gegrillt!‹ hatte einen Umbau zur Folge. Allerdings standen die Geräte immer noch zu nahe, als der Zündschlag den Boden erschütterte. Alle Fotos des Testlaufs sind verwackelt, denn die Urgewalt und Kraft des Aggregats ist schier unvorstellbar. Etwas verschreckt kam der Testleiter nach dem Versuch auf mich zu und stammelte etwas, das so ähnlich geklungen hat wie: ›When hell freezes over …‹.«

Anfang Juli 1945 ziehen die Amerikaner aus Thüringen und Sachsen ab. Allerdings nicht ohne zuvor die wesentlichen Teile der Testanlage abgebaut und eingepackt zu haben.

Den Russen verbleibt nur ein gefleddertes Gelände ohne Zeichnungen und Dokumente. Doch auch sie erkennen dessen Bedeutung. Mithilfe zwangsverpflichteter Arbeiter richten sie die Prüfstände leidlich wieder her und bauen einen dritten Teststand. Sie unternehmen nur einen Versuch, dann wird alles irgendwie Verwertbare in die Sowjetunion abtransportiert.

Nach 1945 übernehmen die früheren Betreiber wieder den Schieferbruch. Allerdings werden sie 1951 als »Kriegsverbrecher« abgestempelt, ihre Grube wird Staatseigentum.

Seit der Wende wird das Blaue Gold wieder privatwirtschaftlich gefördert. An die Opfer der NS-Zeit erinnern eine Gedenkstätte und ein Museum in jener Scheune, die den KZ-Häftlingen als Unterkunft diente.

Das Lehestener Rauschen ist zum Glück schon lange verstummt.

48 Vom Todesstreifen zur Lebenslinie

Grüne Sternstunde im Eisteich. Liana Geidezis und ihre Visionen für den Biotopverbund Eismeer – Schwarzes Meer.

Wir waren jetzt auf dem Weg vom Fröhlichen Tal im Thüringischen Schiefergebirge zur Rodach im Frankenwald. Seit einigen Jahren ist auch dieser Abschnitt entlang der ehemals innerdeutschen Grenze Teil eines »Grünes Band«-Modellprojekts.

Wenn Liana Geidezis vom Grünen Band erzählt, spürt man, mit wie viel Herzblut sie an der Sache arbeitet. Die promovierte Biologin ist die deutschlandweit zuständige BUND-Projektreferentin für das 1393 Kilometer lange Biotop zwischen der Ostsee und Bayern.

»Übrigens ist es der einzige länderübergreifende Biotopverbund in Deutschland«, betont sie gleich zu Anfang.

Erste Ansätze der Idee vom Grünen Band keimten bereits Mitte der 70er-Jahre auf. Kai Frobel, heute Projektleiter und von manchem als »Vater des Grünen Bandes« bezeichnet, beobachtete schon damals mit dem Fernglas die Tier- und Pflanzenwelt in der noch tödlichen Sperrzone; er ahnte, welchen Wert die Natur in diesem Bereich einstmals erlangen könnte. In Sichtweite der Grenze im Landkreis Coburg aufgewachsen, wurde er früh ein Experte der deutsch-deutschen Grenze.

Aber erst nach der Wende nahm die Idee vom Grünen Band als deutschlandweiter Biotopverbund Gestalt an, genau gesagt am 9. Dezember 1989 in Hof: »Es war eine kleine Gaststätte mit dem bedeutungsvollen Namen *Eisteich,* in die der bayerische Landesverband des BUND zum ersten Treffen von Naturschützern aus Ost und West geladen hatte. 20 Leute wurden erwartet, mehr als 400 kamen ...!«, erinnert sich Geidezis. »Dennoch war langer Atem nötig, um diesen einzigartigen Lebensraum dauerhaft vom Todesstreifen zur Lebenslinie werden zu lassen.

Ein herber Rückschlag für den Naturschutz war 1996 das Mauergrundstücksgesetz, das die Restitution, also die Rückgabe privater Grundstücke entlang der ehemaligen Grenze an die ursprünglichen Eigentümer, vorsah. Der Grenzstreifen wurde zerstückelt, rund 20 Prozent seiner Fläche wechselten in Privatbesitz, etwa 3500 Hektar von insgesamt 17 656 Hektar.«

Doch der BUND nahm sich der Sache an und kaufte seit dem Jahr 2000 private Flächen auf, fast 400 Hektar. Das Geld kommt durch Spenden für sogenannte Grüne-Band-Anteilscheine zusammen.

Eine grüne Sternstunde schlägt im Juli 2003, als festgelegt wird, dass die am alten Grenzstreifen gelegenen Bundesflächen nicht mehr verkauft, sondern stattdessen kostenlos den Bundesländern zum Erhalt als Grünes Band übertragen werden – ein Meilenstein auf dem Weg zum durchgängigen Lebensraumverbund zwischen Travemünde und Hof.

Am 9. November 2008, auf den Tag genau 19 Jahre nach dem Mauerfall, erfolgt durch Bundesumweltminister Gabriel und den thüringischen Ministerpräsidenten Althaus im Grenzlandmuseum Teistungen die Übereignung von 3800 Hektar Bundesfläche an das Land Thüringen. Weitere Bundesländer wie Sachsen, Sachsen-Anhalt, Brandenburg, Mecklenburg-Vorpommern und Niedersachsen werden nach Klärung der Folgekosten ebenfalls Flächen erhalten.

Ein langer Atem ist aber auch hier nötig.

»Eins der drei Modellprojekte am Grünen Band betrifft die Region ›Thüringer Wald-Thüringer Schiefergebirge-Frankenwald‹, die sich über etwa 120 Kilometer zwischen Mitwitz und Mödlareuth erstreckt. Das vom Bundesamt für Naturschutz geförderte Vorhaben entwickelt neue Wander- und Radrouten unter Einbeziehung bestehender Wanderwege, Übernachtungsmöglichkeiten und Sehenswürdigkeiten«, erläutert Projektreferentin Geidezis. »Bei Bedarf begleiten zertifizierte Natur- und Landschaftsführer die Besucher. Man kann auch mit GPS-Empfängern oder MP3-Geräten bestimmte Info-Punkte erwandern, wo die moderne Technik komplexe Zusammenhänge erläutert. Denn auch die Grenzgeschichte soll lebendig werden, zum Beispiel durch Originalstimmen von Zeitzeugen, die unterwegs von sogenannten TOMIS-Stationen abrufbar sein werden«, schwärmt Liana Geidezis.

»Unsere Schwerpunkte sind nicht nur der Erhalt von Tier- und Pflanzenwelt, sondern auch pflegerische Maßnahmen wie das ›Entbuschen‹ von Geländestreifen. Für unsere Jugendlichen eine Investition in die Zukunft. Nur was der Mensch kennt, schützt er auch.«

Die Erfolge geben ihr recht: Vielerorts siedelten sich vom Aussterben bedrohte Arten neu an, Schwarzstorch, Braunkehlchen, Heidelerche und Fischotter zum Beispiel. Für den Fadenmolch sind extensiv genutzte oder gar ungenutzte Teiche wie im Steinachtal überlebenswichtig.

Noch mehr Entschlossenheit bekommt die Stimme der Projektreferentin beim Blick in die Zukunft. »Unser deutsches Grünes Band soll sich zum Grünen Band durch ganz Europa entwickeln: 12 500 Kilometer vom Eismeer bis zum Schwarzen Meer, immer entlang dem Eisernen Vorhang. Das wäre der längste zusammenhängende Verbund geschützten Lebensraums auf Erden. Eine realisierbare Vision«, meint Liana Geidezis, »auch wenn der Weg dorthin mit Hindernissen gespickt sein wird.«

Wer die ersten Erfolge in den Naturparken Thüringer Wald, am Harz, entlang der Elbe und an anderer Stelle des Grenzwegs sieht, darf hoffen. Die Zukunft am Grünen Band hat längst angefangen. Und eine lange Reise beginnt bekanntlich immer mit dem ersten Schritt.

49 »Es hot Freiwassa« auf der Rodach

Wallenfels – hier hat das Wasser Balken. Ein Wald auf großer Fahrt. Einstige Ledermetropole Hirschberg.

Die Aussichten sind blendend – oder genauer gesagt: blond. Denn vor uns auf dem Floß sitzen Kathrin und Anja, zwei Blondinen aus Kulmbach, von denen ein betörender Parfumduft ausgeht. Der vernebelt etwas die warnenden Hinweise unserer Zimmervermieterin, die schon während des ganzen Vormittags »richtige Kleidung« empfohlen hatte. Denn eins hatte Sandra deutlich gemacht: Nass wird's auf der Floßfahrt …!

Wallenfels ist eine kleine Stadt im Naturpark Frankenwald an der Wilden Rodach, unweit der ehemaligen innerdeutschen Grenze. Die Rodach, ein rechter Zufluss des Mains, entspringt direkt an der bayerisch-sächsischen Grenze und ist 53 Kilometer lang. Die Wilde Rodach hingegen quillt oberhalb von Wallenfels in Bayern aus dem Boden, wo die Große Rodach sie kurz nach der Staatsgrenze aufsaugt. Die Strecke bis zur Mündung können Besucher von Mai bis September auf Flößen befahren.

Der Name »Wilde Rodach« täuscht etwas, denn normalerweise gibt sich der Fluss eher zahm, und kein Mensch glaubt zunächst, dass auf diesem Flüsschen ein mächtiges Floß fahren könnte. Und dennoch ist Wallenfels gerade wegen seiner Flößerei bekannt. Bereits seit der Mitte des 12. Jahrhunderts nennt es sich Flößerstadt.

»Es hot Freiwassa« – frei übersetzt: Das Wasser ist tief genug – ist der Spruch, mit dem die Flößer von Wallenfels seit mehr als 800 Jahren »in See stechen«. Eine anstrengende Beschäftigung, die allerdings nicht immer ausreichend Lohn in die Familienkasse brachte.

Um überleben zu können, gingen die Flößerfrauen meist einer kleinen Nebenerwerbs-Landwirtschaft nach oder verdingten sich in Heimarbeit als Näherin. Und doch war es die Flößerei, die diesen besonderen Menschenschlag prägte.

Nachdem die Flößerei 1945 aus Kostengründen eingestellt wurde, verfielen die Flößer-Anlagen. Erst Mitte der 70er-Jahre wurde das Floßfahren wiederentdeckt, und eine grundlegende Renovierung der Wehranlagen begann.

Und so hocken wir in Schnappenhammer, rund fünf Kilometer vor Wallenfels, auf der Stange vor dem ersten Wehr und warten geduldig auf die Abfahrt. »Stange« ist das richtige Wort, denn etwa 25 Personen kauern rittlings auf einer schmalen Bank und halten sich am Vordermann respektive der Vorderfau fest.

Wir sitzen auf Floß Nummer eins, und Heinz Ring, der Vorsitzende der Flößergemeinschaft Wallenfels, macht uns klar, dass gleich zu Beginn »des beste Wassa« sei. Wir sind gespannt, was »bestes Wasser« hier bedeutet. 25 Flösse sind es insgesamt, und weiter hinten kann das kostbare Nass auch schon mal knapp werden. Da ist diszipliniertes Nacheinanderfahren angesagt, sonst beißen den Letzten, wie immer, die Hunde.

Im März, wenn der Schnee taute, begann die Arbeit der Flößer und Floßknechte. Etwa acht Stämme wurden zu einem Floß zusammengezimmert, »gekuppelt«, wie sie sagen, und mithilfe eines ausgeklügelten Systems von Stauwehren den engen Fluss hinabgeflößt.

Früher fuhren die Flößer allerdings nicht nur die fünf Kilometer von Schnappenhammer bis Wallenfels, sondern zimmerten nach dem Erreichen des Mains die Stämme zu einem weit gewaltigeren »Mainfloß« zusammen: gut 120 Meter lang und acht Meter breit, dabei wurden 400 Festmeter Holz bewegt – 35 Stämme nebeneinander. Eine Herausforderung, dies Monstrum gerade zu halten und durch die engen Flusspassagen zu bugsieren! Und auf dem Rhein wurden die Flöße noch mal vergrößert: Bis zu 4000 Festmeter Holz wurden jetzt transportiert und von 80 Kilo Nägel zusammengehalten. Ein Wald auf großer Fahrt!

Die Flößer wohnten auf dem Floß in kleinen Hütten. Alles war improvisiert: Betten, ein kleiner Ofen und eine Sitzbank. Nach der Ankunft blieb alles zurück. Die Arbeit war hart und schweißtreibend, man aß deftige Hausmannskost – also Eintopf mit viel Fleisch –, und an flüssiger Nahrung soll kein Mangel geherrscht haben. Ein Bericht aus den 1930er-Jahren spricht von »fünf Fass süffigem bayerischen Bier«. Offenbar schwebte immer ein Schutzengel über den Flößern, denn es gab wenige Unfälle. Bis Amsterdam dauerte die Fahrt drei bis vier Wochen.

»Amsterdam wurde auf Pfählen erbaut und ein Gutteil davon stammt aus dem Frankenwald«, behauptet Heinz Ring noch am Start in Schnappenhammer.

Nach dieser Einstimmung geht's zur Sache: Beim Anblick des etwa drei Meter hohen ersten Wehres zieht sich der Magen etwas nervös zusammen.

Nach einer zuvor genau einstudierten Choreografie werden die einzelnen Wehrtore geöffnet, denn das Floß gleitet auf dem Wasserkamm schneller als das Wasser selbst und würde sonst schon bald vor dem Wasser auf dem Trockenen liegen.

Floßführer Reinhold Franz, den alle nur Pico nennen und der nach Aussage des Chefs mit 25 Dienstjahren der Erfahrenste ist, stößt mit einem »in Gotts Noma« das 16 Meter lange Monstrum ab. Wir klammern uns fest.

Zwei Helfer reißen Brett für Brett aus dem Wehr, schon stürzt das Wasser drei Meter tief. Das Loch ist gerade breit genug für unser Floß, das immerhin sechs Tonnen wiegt. Wir schießen hindurch.

Anja, die vorne sitzt, taucht für einen Moment lang völlig ab. Der vordere Teil des Floßes versinkt und wird sekundenlang zum U-Boot. Wasser spritzt, gurgelt. Dann schießen wir mit 30 Stundenkilometern flussabwärts.

Picos Erklärung, dies sei das »schlimmste Wehr« gewesen, tröstet nur wenig. Alle sind pitschnass. Pico allerdings nur bis zu den Knien, denn er blieb stehen und zog nur den Schädel ein, als die Brücke kam.

Die hohe Kunst des Flößens besteht darin, das Gefährt immer in der Flussmitte zu halten. Da es schwer und träge ist, muss rechtzeitig die nächste Bewegung eingeleitet werden. »Antizipieren«, sagt Pico. Wir nicken ergeben wie begossene Pudel. Er wird's schon richten …

Die Landschaft hier im Frankenwald ist wunderschön, weite Wiesen und felsige Steilhänge. Ob die Flößer damals auch Zeit für einen Blick für solche Schönheit hatten, ist nicht überliefert.

Ein Wanderweg führt am Ufer der Wilden Rodach entlang. Auf dem begleitet uns Peter Hänel, der Bürgermeister von Wallenfels, auf seinem Mountainbike.

Sechs Stauwehre durchfahren wir. Jedes Mal taucht das Floß ein, wir werden nass, und am Ufer lacht und fotografiert Peter Hänel.

Nach 35 Minuten erreichen wir Wallenfels. Die Fahrt war im wahrsten Sinn des Wortes mitreißend. Aber jetzt ist es auch genug, denn der kalte Bergfluss hat die Körper ausgekühlt.

Jeder Teilnehmer erhält ein Flößerdiplom. Und vielleicht weil der Bürgermeister sich ob seiner Schadenfreude doch etwas schuldig fühlt, lädt er uns – nach einer heißen Dusche – in den Flößerkeller ein, wo es für die ehrenamtlichen Flößer und Helfer Freibier und selbst gebackenes Brot mit Wurst aus eigener Schlachtung gibt.

Uns allen ist nach dieser Fahrt klar: Auf der Rodach hat das Wasser Balken.

Bei Blankenberg-Blankenstein trifft der Kolonnenweg auf das Saaletal. Die von Bayern kommende Saale umfließt den Ort in einem Bogen, bevor sie ihre Reise durch Thüringen fortsetzt – bis ihr der Saale-Stausee den Schwung nimmt. Blankenstein ist nicht nur ein an den steilen Hängen des Thüringer Schiefergebirges gelegener Industrieort, sondern auch Ausgangs- oder Endpunkt des Rennsteigs.

Der Höhenweg des Thüringer Waldes beginnt am Bahnhof und führt von hier aus genau 168,3 Kilometer bis zum Werra-Ufer im Eisenacher Stadtteil Hörschel. Heute kann man die alte Wanderertradition fortsetzen und wieder einen Stein von der Saale zur Werra bringen.

Blankenberg und Blankenstein waren berühmt für ihre Fabriken, die Holz aus dem Thüringer Wald und dem Frankenwald zu Papier verarbeiteten. Dazu zählte auch die von Andreas Wiede gegründete Papierfabrik, die vor 1945 als einer der größten Holz verarbeitenden Betriebe Europas galt. Mittlerweile wieder privat betrieben, läuft sie heute auf Hochtouren.

An der Westfront der Fabrik prangte damals die Aufschrift: »UdSSR und DDR, für alle Zeiten eng und brüderlich verbunden«. Heute kann man propagandafrei und ohne sozialistische Verbrüderungsslogans auf der Saale wieder »frei atmen und frei paddeln«.

Wir folgten der Saale – und damit der thüringisch-bayerischen Landesgrenze –, bis wir die reizvoll gelegene Kleinstadt Hirschberg erreichten. Wo sich heute nur noch ein großer leerer Platz auftut, stand bis 1996 eine der größten Lederfabriken der Welt.

»Hirschberg« und »Leder« waren Begriffe, die für immer untrennbar miteinander verbunden schienen. Schließlich stellte man hier seit dem 14. Jahrhundert Hirschberger Lederwaren her. 1741 errichtete ein Johann Gottlieb Knoch jenen Bau am Saale-Ufer, der später den meisten hier Arbeit und Brot brachte. Bis 1945 war die Lederwarenfabrik in privater Hand. Die 1100 Arbeiter rekrutierten sich aus den umliegenden Ortschaften, teilweise kamen sie sogar aus Hof. Als am 12. April 1945 ein Oberstleutnant Peters die Saale-Brücke sprengen ließ, war zum ersten Mal der Zugang von den westlich gelegenen Orten an den Arbeitsplatz blockiert. Das war der Anfang vom Ende.

1946 wurde der Lederwarenfabrikant enteignet und das Werk als Volkseigener Betrieb wiedereröffnet. Noch zu DDR-Zeiten galt die Fabrik als größte ihrer Art in Europa. Pro Jahr wurden 2,6 Millionen Quadratmeter Leder per Güterzug angeliefert, der über eine Rampe in den vierten Stock des Gebäudes fuhr. Vom Westen aus sah man nur das Gründerhaus mit den Steinfiguren dreier Arbeiter, die 1937 an dessen Westfassade aufgestellt worden waren: den Scherer beim Säubern der Rohhaut, einen Arbeiter mit Äscherzange und einen Gerber, der das Firmenlogo aus den Initialen »H« und »K« trägt. Die Buchstaben standen für »Heinrich Knoch« oder »Den Chef«, wie ihn die Mitarbeiter nannten. Der Sockel der mittleren Figur trägt das Familienwappen, ein Stern mit sieben Strahlen.

Bis 1990 produzierte die noch immer drittgrößte Lederfabrik Europas nicht nur Leder, sondern auch reichlich Gerberei-Abwässer, die weitgehend ungeklärt in die Saale flossen.

1993 kam das Aus für die Hirschberger Lederfabrik. Die Gründe: Absatzschwierigkeiten und die schlechten Umweltstandards. 1000 Leute standen auf einmal in diesem strukturschwachen Gebiet auf der Straße. Der riesige Fabrikkomplex wurde bis 1996 abgetragen.

Nur das Gründerhaus blieb stehen und wurde zu einem kleinen, aber feinen Museum. Wer das alte Haus betritt, inhaliert den »Geist der Lederfabrik«. Man meint, den Rauch der dicken Havanna-Zigarre des Direktors in dessen Originalbüro zu riechen. »Der Chef« scheint nur mal eben seinen Platz verlassen zu haben, denn sein Tresor steht weit offen.

Ines Goller vom Museum führt uns durchs Allerheiligste und erzählt anschaulich die Geschichte der einst riesigen Lederfabrik und die der »drei Gerber«. »Die hätten den Abriss fast nicht überlebt. Nur dem Einsatz der Hirschberger Bürger ist es zu verdanken, dass die Figuren restauriert und neben dem Museum wieder aufgestellt wurden.«

Heute kann sie dort jeder betrachten – was bis vor 20 Jahren nicht möglich war. Denn Ines Goller erinnert sich mit einem Schmunzeln, dass sie zwar lange in der Lederfabrik gearbeitet habe, die Figuren allerdings damals nie zu Gesicht bekommen hätte. Die standen nämlich vorn, blickten in Richtung Demarkationslinie und waren nur für »Westler« sichtbar.

Unsere Trail-Notizen verraten, dass wir in Hirschberg bei Kilometer 1250 unserer Reise angelangt sind. Nur knapp 150 Kilometer sind es noch bis zum Dreiländereck an der tschechischen Grenze.

50 Der Kosmonaut, der aus Morgenröthe kam

Sigmund Jähn – vom Vogtland ins Weltall. Abstecher
vom Plattenweg zur »Wiege des Astronauten«.

In der Kammregion des Vogtlandes, unmittelbar an der Grenze zu Tschechien, liegt die schmucke 900-Seelen-Gemeinde mit dem klangvollen Namen Morgenröthe-Rautenkranz. In den von dichten Wäldern umgebenen Talauen der Zwickauer Mulde und der Großen Pyra entstanden bereits im 17. Jahrhundert Eisengießereien und Köhlereien. Heute wird der kleine Ort vorwiegend im Wetterbericht genannt. Irgendwie scheint er der Kältepol der neuen Bundesländer zu sein. Immer ist es hier ein bis zwei Grad kälter als im Umland, kurioserweise allerdings nur am Morgen.

In der DDR kannte Morgenröthe-Rautenkranz fast jedes Kind, in der alten Bundesrepublik ist es nur wenigen bekannt.

Es wäre sicherlich eine gute Frage für jedes Quiz: Wer war der erste Deutsche im All? Ulf Merbold, würden die meisten sagen. Falsch! Denn schon Jahre zuvor flog Sigmund Jähn aus Morgenröthe-Rautenkranz mit Walery Bykowski im Raumschiff Sojus 31 als erster deutscher Kosmonaut ins All. Vom 26. August bis zum 3. September 1978 umkreiste der Weltraumflieger aus dem Vogtland in der sowjetischen Raumstation Saljut 6 unseren Planeten.

Sigmund Jähn, später zum General der NVA befördert, ist heute im Ruhestand und kommt manchmal nach Morgenröthe-Rautenkranz, das eine sehr sehenswerte Raumfahrtausstellung besitzt. Wir hängen an seinen Lippen, als er uns von seinen Erlebnissen im All erzählt.

»Eine Woche lang verloren die Gesetze der Schwerkraft ihre Wirkung. Eine Woche lang ging die Sonne an jedem Tag 16 Mal auf und

Sigmund Jähn aus dem Vogtland war der erste Deutsche im All.

16 Mal unter, was die Schönheit des irdischen Naturschauspiels bei Weitem übertraf«, schwärmt der Kosmonaut.

Aus Hunderten von Bewerbern wurde er ausgewählt und für das Unternehmen ausgebildet. Häufig hat er später das gesunde Klima seiner vogtländischen Heimat Morgenröthe-Rautenkranz als einen Grund für seine besonders robuste körperliche Konstitution hervorgehoben. Oft bewunderten seine Ausbilder die totale Schwindelfreiheit des Kosmonauten, der selbst nach 100 schnellen Rotationen vom Drehstuhl aufstand, als wäre all das nichts gewesen. »Macht das Vogtland«, pflegte er dann zu sagen.

Aber die gute Luft in der stark bewaldeten, hügeligen Landschaft wird nicht das einzige Erfolgsrezept gewesen sein: »Der Sigmund war in der Schule immer der Beste, und sehr strebsam war er auch«, erzählte uns Erika Meinhold. Sie ging acht Jahre lang mit Sigmund Jähn zur Schule und schwärmt noch heute von »unserem Kosmonauten«.

Jähn stammte aus einer armen Familie und musste sich den Erfolg hart erkämpfen: Vom Buchdrucker zum Piloten einer MIG-21 und dann bis zum ersten Deutschen im All arbeitete sich der Sachse hoch.

»Niemand von uns hatte davon eine Ahnung«, sagte Erika Meinhold, »das war alles geheim.« Von seiner Exkursion in den Weltraum erfuhren die Rautenkranzer erst aus dem Fernsehen. Nach seiner Rückkehr überhäufte ihn die DDR mit Ehrungen, auch die Ehrentitel »Fliegerkosmonaut der DDR« und »Held der Sowjetunion« bekam er verliehen. Schulen trugen seinen Namen.

Sigmund Jähn ist es auch zu verdanken, dass in dem kleinen Grenzdorf zu Tschechien schon 1979 das erste deutsche Raumfahrtmuseum entstand: »Ständige Ausstellung zum ersten gemeinsamen Kosmosflug UdSSR-DDR« hieß das im alten Bahnhof von Rautenkranz untergebrachte Museum früher. Heute ist die »Deutsche Raumfahrtausstellung Morgenröthe-Rautenkranz« komplett neu gestaltet, wie uns die Leiterin Romy Mothes erzählt.

Während fast jedem Westeuropäer die Namen der ersten Menschen auf dem Mond geläufig sind, ist die Geschichte der russischen Raumfahrt wenig bekannt, zumindest in den alten Bundesländern. Und doch war am 4. Oktober 1957 Sputnik der erste künstliche Erdsatellit, der die Erde umkreiste. Eine Nachbildung davon sehen wir in der Raumfahrtausstellung. Sein Funksignal »Biip-Biip« ging damals um die Welt und erschreckte insbesondere die Amerikaner, die plötzlich erkannten, dass die Russen jetzt eine Nasenlänge voraus waren. Traurig ist allerdings die Geschichte der Hündin Laika, dem ersten Lebewesen im Weltraum, die nach einigen Tagen wegen Sauerstoffmangels in der Kapsel erstickte. Auch der erste Mensch im Weltraum war Russe: Juri Gagarin umkreiste am 12. April 1961 108 Minuten lang erfolgreich den »Blauen Planeten«.

Sigmund Jähns Pioniertat ist einer der Schwerpunkte in der bemerkenswert großen Ausstellung. Dem »Sigmund«, wie ihn die Leute aus dem Ort nennen, ist ein Teilbereich gewidmet. Schön ist auch seine Geschichte von der »faltenlosen Schwerelosigkeit«. Im All stellen sich nämlich Körperfunktionen um, und der Kopf wird wesentlich besser durchblutet als auf der Erde. Das hat nicht nur eine bessere Gehirndurchblutung zur Folge, sondern auch eine prallere Füllung der Blutgefäße im Gesicht. Falten verschwinden im Weltraum.

Sigmund Jähn war einer der beliebtesten DDR-Bürger. 1999 wurde er mit dem Medienpreis »Goldene Henne« für sein Lebenswerk geehrt. Im Film *Good Bye, Lenin!* (2003) sollte er sogar Staatsratsvorsitzender werden. Und seit einigen Jahren jagt auch ein Planetoid mit seinem Namen durchs All.

Übrigens stammt auch der westdeutsche Astronaut Ulf Merbold aus dem Vogtland: aus Greiz, nur 40 Kilometer von Jähns Geburtsort entfernt. Vielleicht ist es doch die gute Luft in dem bewaldeten Land zwischen Elbe und Erzgebirge, die Raumfahrer macht …

51 Little Berlin

Mödlareuth – ein geteiltes deutsch-deutsches Dorf.
»Achtung! Bachmitte Grenze«. Vom »Mauerblümchen«
zum Vorzeigeort.

Hinter Hirschberg folgt der Kolonnenweg dem einsamen Tannbach aufwärts bis nach Mödlareuth. Amerikanische Soldaten nannten das geteilte 50-Einwohner-Dorf am Ende der westlichen Welt *Little Berlin,* weil es wie Berlin zum Symbol der deutsch-deutschen Teilung mutierte. Wie in der Hauptstadt stand hier eine – 700 Meter lange – Mauer, aber kein Checkpoint Charlie regelte den Grenzverkehr zwischen den Dorfteilen.

Mödlareuth war damals mit bis zu 50 000 Besuchern pro Jahr einer der meistbesuchten Grenzorte. Den westlichen Ortsteil prägte der von der Bundesrepublik geförderte Besucherstrom. Der östliche Ortsteil, absolutes Sperrgebiet, lag quasi totenstill im Abseits. Die Stasi verbot den Ost-Mödlareuthern sogar, Verwandten oder Freunden in West-Mödlareuth zuzuwinken!

Eigentlich beginnt die Geschichte der Teilung vor mehr als 400 Jahren. Schon damals unterstanden die Teile Mödlareuths unterschiedlichen Landesherrn: Seit 1810 gehörte die westliche Dorfhälfte zum Königreich Bayern, die östliche Dorfhälfte zum Fürstentum Reuß. Grenzsteine aus dieser Zeit blieben bis heute erhalten. Man liest die eingemeißelten Initialen »KB« für Königreich Bayern und »FR« für das Fürstentum Reuß. Mit dem Ende des Ersten Weltkrieges verschwanden zwar Könige und Fürsten, die Grenze aber blieb. Schule und Wirtshaus von Mödlareuth standen auf Thüringens Boden, in die Kirche ging man ins benachbarte bayerische Töpen.

Als Deutschland nach 1945 in vier Besatzungszonen aufgeteilt wurde, folgten deren Grenzen auch hier den Landesgrenzen von 1937. Also war der Tannbach wieder die Schnittstelle, die Grenze. Aber noch gingen alle Mödlareuther in dieselbe Schule und saßen am selben Wirtshaustisch. Doch die Welt begann sich mit der Teilung zu verändern, und der kleine Schritt über den winzigen Bach in den anderen Ortsteil war plötzlich nur noch mit Passierschein möglich. Die perfekte Sicherung der »Friedensgrenze« gelang Pionieren der NVA-Grenztruppen 1966 mit dem Bau einer Betonmauer, die nicht nur jede Flucht unmöglich machen sollte, sondern auch jeden Blickkontakt unterband.

Selbst der spätere amerikanische Präsident George Bush sen., Bundeskanzler Helmut Kohl und mehrere Bundespräsidenten besuchten das geteilte Dorf, in dessen östlicher Hälfte das gespenstische Grenzregime alle Register zog: 24 Jahre lang war die Grenze nachts in kalt-weißes Licht getaucht, und Grenzsoldaten lagen im BT-11-Turm auf der Lauer, um jeglichen Versuch einer »Grenzverletzung an der Staatsgrenze West« im Keim zu ersticken.

Und doch gelingt einem die Flucht über die Betonmauer: Ein Kraftfahrer aus Göttengrün nahe Schleiz fährt am 25. Mai 1973 mit einem Kleinbus bis unmittelbar an die Mauer heran, klettert aufs Autodach, stellt eine mitgebrachte Eisenleiter an die Wand und kommt scheinbar mühelos in den Westen.

Die Grenzer kannten den Fahrer, der mit einer Erlaubniskarte ihrer Einheit täglich Schichtarbeiter in die Betriebe von Hirschberg und Göttengrün beförderte. Immer um dieselbe Zeit. Für die Soldaten war sein Auftauchen Routine. Der 37-Jährige nutzte das für den Sprung in die Freiheit.

»Vermutlich gab es zwischen 1966 und 1989 in diesem Abschnitt drei festgenommene ›Grenzverletzer‹. Die Dorfbewohner hörten auch schon mal Schüsse, und man fand am Ortsrand verscharrte Leichenteile, die später auf dem Friedhof von Töpen bestattet wurden ...«, sagt Robert Lebegern, der heutige Leiter des Deutsch-Deutschen Museums. »Doch nachgewiesen sind nur die 1945 von Sowjetsoldaten abgegebenen Todesschüsse auf zwei ehemalige Wehrmachtssoldaten, die den Tannbach nach Kriegsende von West nach Ost überqueren wollten. Vermutlich, um nach Hause zu kommen ...«

Auch als die Berliner Mauer längst gefallen ist, bleibt die von Mödlareuth noch zu.

Schon lange haben sich die Bewohner der bayerischen Seite mit brennenden Kerzen und Fackeln an der Grenze versammelt. Am Abend des 5. Dezember 1989 findet auch auf thüringischer Seite eine Dorfversammlung statt. »Die Mauer muss weg!«, skandieren die Bewohner. Zwei Tage später schlagen DDR-Grenztruppen eine fünf Meter breite Öffnung in die trennenden Betonplatten. Ehe man sich's versieht, schlüpft der Schäferhundmischling »Bubi« durch das Loch – der erste Grenzgänger seit Jahrzehnten ...! In einer Brotzeitpause machen es ihm einige Thüringer nach. Die Begrüßung durch die Nachbarn von jenseits der Mauer ist stürmisch. Bleiben dürfen sie jedoch nicht. Nach mehrmaliger Ermahnung durch DDR-Grenzer kriechen sie zurück.

Am 9. Dezember 1989 die offizielle Grenzöffnung: Feierlich durchschreiten die von Ost und West kommenden Bürgermeister als Erste das Tor, mehr als 1000 Bayern, Thüringer und Sachsen folgen. Bei Glühwein, Bier, Sekt und Thüringer Bratwürsten wird das Wiedersehen gefeiert.

Am 17. Juni 1990 reißt die Schaufel eines grünen Baggers das verhasste Symbol der Teilung, die weißgraue Mauer, mit geradezu lächerlich anmutender Leichtigkeit ein.

Ein eindrucksvolles Bild an der alten Grenzlinie erinnert daran mit den Zeilen: »Nur wer die Vergangenheit kennt, wird die Gegenwart verstehen!«

Heute noch bildet der Tannbach die Grenze zwischen Bayern und Thüringen. Unterschiedliche Fahrzeugkennzeichen, Postleitzahlen und Telefonvorwahlen sind noch immer ein Kuriosum dieses kleinen Dorfes. Nach wie vor kümmern sich zwei Bürgermeister um das Wohl der 50 Einwohner. Und der eine sagt: »Grüß Gott«, der andere antwortet: »Guten Tag.«

»Jedes Jahr zum 3. Oktober findet in Mödlareuth das ›Deutschlandfest der CDU/CSU‹ statt«, sagt Robert Lebegern. »Dann reist Politprominenz an, damals Helmut Kohl als Kanzler, auch Blüm und Biedenkopf kamen, Bayern-Urgestein Stoiber hält schon mal eine Rede im Festzelt. 30 000 Besucher an einem einzigen Tag des ›Deutschlandfestes‹ waren der bisherige Besucherrekord.«

Fast auf den Tag genau vier Jahre nach dem Abriss der Mauer eröffneten die Ministerpräsidenten von Bayern und Thüringen hier das Freigelände des Deutsch-Deutschen Museums. Es zählt zum Beeindruckendsten, was die Reise entlang dem Grünen Band bietet.

»1995 wurden wir in die Gedenkstättenkonzeption des Bundes aufgenommen und erhalten seit dieser Zeit auch von dort finanzielle Unterstützung. Eine dauerhafte Förderung durch die Freistaaten Thüringen und Bayern geschieht seit 2005/2006«, erinnert sich Lebegern, der seit 1992 dies Projekt wissenschaftlich begleitet.

»Unsere Schwerpunkte sind neben der Darstellung der Original-Sperranlagen auch Zwangsaussiedlung, Flucht und Grenzalltag.«

Rund 1300 Kilometer waren wir bis hierher gereist, hatten auf der Strecke zahlreiche Menschen getroffen, deren Leben mit der Grenze auf Engste verknüpft und manchmal aufs Tragischste durch sie verändert worden war. Schicksalsmuster, die sich ähnelten und die wir auf alten Fotos in Mödlareuth wie im Zeitraffer wahrnahmen:

1948: Ein Erwachsener steht am Westufer hinter dem Schild mit der Aufschrift »Border – US Zone«. Der nur einen Meter breite Tannbach trennt ihn von einer Gruppe Jugendlicher auf der Ostseite. Ein Soldat mit Gewehr beäugt die Situation. Aber noch ist Mödlareuth ein scheinbar ganz normales idyllisches Dorf irgendwo im Südosten Deutschlands.

1952: Das Bild zeigt einen durch den Ort führenden mannshohen Bretterzaun. Er führt zur Oberen Mühle, die im Zuge der Zwangsaussiedlungen abgerissen wird.

1958: Das Schwarzweißfoto dokumentiert die neue Realität: Der »Flandernzaun«, ein undurchdringlicher Stacheldrahtverhau mit Holzpfosten, die auf einem vier Jahre später aufgenommenen Foto durch Steinpfähle ersetzt worden sind.

1964: Eine Beton- und Holzplattenwand, auf der – wie bei Gefängnissen üblich – halbmeterlange spitze Eisenkrallen jedes Überklettern ausschließen.

1966: Auf diesem Foto ziehen DDR-Grenzer mithilfe eines Krans den Betonplattenwall mitten durch Mödlareuth. »Das war das moralische Ende der DDR«, sagt uns ein Mödlareuther verbittert.

So blieb es 24 Jahre, bis das schönste Foto in leuchtenden Farben entstand: Es war der 17. Juni 1990, der Tag, an dem auch hier die Mauer fiel.

An einem regnerischen Sonntag stehen wir vor der hölzernen Brücke über den Tannbach.

Die rot-weißen Balken der Absperrung gibt es – so wie auf alten Bildern – noch immer, daneben ein überdimensionales Foto mit jenem Blick, den man hier bis zum Abriss der Mauer hatte: die schwarz-rot-golden gestrichene DDR-Grenzsäule mit Emblem, dahinter die Mauer, östlich davon ein Bauernhof, dem dringender Sanierungsbedarf anzusehen ist.

Derselbe Blickwinkel 20 Jahre später: ein schmuckes landwirtschaftliches Anwesen, mit neuem, schiefergedecktem Dach, Solarkollektoren und Blumenkästen mit rot leuchtenden Geranien vor den Fenstern. Aus dem *Gasthaus zum Grenzgänger* nebenan klingt Lachen.

Heute kommen jährlich 60 000 Besucher nach Mödlareuth, um Live-Unterricht in Sachen deutsch-deutscher Vergangenheit zu nehmen, Busgruppen aus allen Teilen der Republik, aber auch aus Großbritannien, Frankreich, Holland. *US-Army*-Veteranen reisen an, ehemalige DDR-Grenzer, vor allem aber Schulklassen. Von den ungefähr 20 Ortschaften, denen die DDR-Führung das Leben mit einer Mauer aufoktruierte, bewahrte Mödlareuth das wohl bemerkenswerteste Andenken: ein Museum in dem auf bayerischer Seite liegenden Rittergut Mödlareuth, der Kolonnenweg unmittelbar entlang der Mauer, das Depot der Militärfahrzeuge. Es gibt Sonderveranstaltungen zu Spezialthemen, und in den beiden Vortragsräumen des Museums wird auf Deutsch, Französisch und Englisch der Film *Alltag an der Grenze* gezeigt.

»50 000 digitalisierte historische Fotos liegen auf unserem Server«, sagt Robert Lebegern. Von den rund 20 000 Grenzobjekten harren allerdings noch einige der Inventarisierung.

Die Geschichte des Museums wäre nicht vorstellbar ohne Arndt Schaffner.

Der Fotograf und Filmemacher, der 1983 einen Film über die innerdeutsche Grenze gedreht hat, begann gleich nach 1989 an Grenzübergangsstellen, in Depots und Archiven mit Schrott- und

Militaria-Sammlern um die besten Stücke zu konkurrieren und mit ihnen um die Wette zu feilschen. Er gründete den Museumsverein und arbeitete die Trennung von Mödlareuth dokumentarisch auf. Da kam dem damaligen Bürgermeister des bayerischen Ortsteils, Arnold Friedrich, am Biertisch die Idee, ein Stück Mauer als Mahnmal zu erhalten. Schaffner griff die Idee auf ... 1990 entstand das Deutsch-Deutsche Museum, dessen Geschäftsführer er wurde. Schaffner, für diesen Einsatz mit dem Bundesverdienstkreuz geehrt, starb 2007 im Alter von 60 Jahren. Der Historiker Robert Lebegern führt sein Werk fort: »Unser nächstes Ziel ist der Neubau einer großen, über zwei Etagen gehenden Dauerausstellung, die die Geschichte des deutsch-deutschen Dorfes exemplarisch darstellt.« Unterstützt wird er von vier ehrenamtlichen und zwei hauptamtlichen Gästeführern, einer davon ein früherer Hauptmann der DDR-Grenztruppen.

Die Stasi baute eine Mauer durch das 50-Einwohner-Dorf Mödlareuth.

Wir bummeln durch die Außenanlage des Grenzmuseums: 100 Meter lang und 3,30 Meter hoch ist die Originalmauer. Gelbe Schilder warnen: »Grenzgebiet Sperrzone!«

Auf der westlichen Mauerseite mäandert der kleine Tannbach durch grüne Wiesen. Eigentlich ein friedliches Bild. Wenn dieses Mauerstück nicht wäre ... Und an den Grenzalltag erinnert das Schild »Achtung! Bachmitte Grenze«.

Mitglieder einer Jugendgruppe, die am Eingang der Museumsanlage eben noch lauthals gelärmt hatten, werden auf dem »Todesstreifen« zwischen Streckmetallzaun und Mauer still.

Der Himmel hatte sich an diesem Sonntagnachmittag zugezogen. Grau in allen Nuancen bedeckte das Land. Nieselregen legte sich als feiner, durchdringender Nebel auf die weitläufige Anlage und den grauen Grenzturm, er benetzte den aus russischer Kriegsproduktion stammenden Panzer T-34 und das Wrack des russischen Helikopters MI-8.

Ein düsterer Regentag umhüllte den winzigen Ort in den vogtländischen Hügeln, der auf bedrückende Weise ein kleines Kapitel Weltgeschichte schrieb. Ich spürte in diesem Grau wieder jene dumpfe Tristesse, die das Grenzregime auf 1393 Kilometern über Orte und Menschen gebreitet hatte. Aber nur einen Moment lang, denn ich freute mich über den Mut und das Engagement der Mödlareuther, die ein Ulbricht- und Honecker-Schandmal zu einem Mahnmal machten.

52 Dreiländereck-Geschichten

Auf der Zielgeraden. »Papa Horch« rettet sein Auto.
Begegnung mit der Flussperlmuschel.

An einem warmen Spätsommertag schoben wir unsere Fahrräder vom Deutsch-Deutschen Museum Mödlareuth den Hügel hoch zu jenem Stein, an dem die Landesgrenzen Thüringens, Sachsens und Bayerns aufeinandertreffen.

Gleich nach der Wende hatten wir diesen Dreiländerstein gesucht und erst nach langem Stöbern im hohen Gras in einer feuchten Niederung, unter Brennnesseln versteckt, entdeckt. Mühsam entzifferten wir seine Aufschriften: »KB« für Königreich Bayern, »KS« für Königreich Sachsen und »FR« für Fürstentum Reuß, das später im Freistaat Thüringen aufging.

Heute steht jener historische Grenzstein für jedermann sofort sichtbar auf einer kleinen Brücke.

Hier beginnt unsere letzte Etappe auf dem Kolonnenweg: Nur noch knapp 100 Kilometer sind es jetzt bis zum südlichen Endpunkt des Grünen Bandes bei Prex, unweit von Hof in Bayern.

Mit Ausnahme der ersten vier Kilometer hinter Mödlareuth blieb der Kolonnenweg bis zum südlichen Ende der ehemals innerdeutschen Grenze komplett erhalten.

Wieder mal müssen wir mit den Mountainbikes auf die »bösen Rillen« des Plattenwegs achten. Der Grenzpfad schlängelt sich durch reizvoll hügeliges Land, bis er die neue Autobahn 72 zwischen Hof und Plauen kreuzt. Vor der Wende hatten hier allenfalls Braunkehlchen und Lerchen das Sagen. Die Autobahn war gesperrt, und in den Fugen zwischen den Betonplatten wucherte Gras.

Genau hier war es, wo mein Reisegefährte Rupert Heigl den Moment der Grenzöffnung hautnah miterlebt hatte. Und während monotones Fahrzeuggebrumm die Vogelstimmen übertönt, erzählt er mir die Geschichte von damals:

»Ich saß am 9. November 2009 gebannt am Fernseher. Tagelang hatte ich die Berichterstattung über die Montags-Demonstrationen verfolgt. Der Ausruf ›Wir sind das Volk!‹ war für mich zum Synonym für unmittelbare Demokratie geworden. Dann unvermittelt der slapstickhafte ›verbale Stolperer‹ in der Presseerklärung des SED-Funktionärs Günther Schabowski, ›Das tritt nach meiner Kenntnis … ist das sofort unverzüglich‹, die noch in derselben Nacht die sofortige Grenzöffnung bewirkte …

Gleich danach der Fall der Mauer!

Ich wollte beim Ansturm der Trabbimassen live dabei sein und fuhr nach der Jubelfeier am Brandenburger Tor zu einer der stillsten Stellen an der innerdeutschen Grenze, dem toten Autobahnübergang Hof-Plauen, wo – nur für ein paar Tage noch – himmelwärts ragende Eisenbahnschienen die Fahrbahn blockierten. Eine endlose Trabbischlange rollte auf der nahen Bundesstraße 173 mit blechernem Reng-deng-a-deng-deng an mir vorbei. Einzig ein Reinigungsfahrzeug fuhr in die Gegenrichtung.

Wir Westdeutsche durften noch nicht in die DDR. Kurz entschlossen drückte ich dem Fahrer der Kehrmaschine einen Zehn-Mark-Schein in die Hand und bat ihn, seinen Vorstoß nach Osten so weit wie möglich auszudehnen – was er gern tat. Wir drangen bis zu der seit 50 Jahren gesperrten Autobahnbrücke bei Pirk vor, ohne auch nur einen Meter gekehrt zu haben.

Nie zuvor und niemals später sah ich mehr fröhlich winkende Menschen. Auch ich war glücklich, und Peter, dem netten Kehrmaschinenfahrer, ging es genauso. Beide winkten wir zurück.«

20 Jahre später: Wir wollten sehen, was seit jenen bewegenden Tagen geschehen ist, und unternahmen einen Abstecher zur Elstertalbrücke Pirk, die heute in 60 Meter Höhe die Weiße Elster, einen Nebenfluss der Saale, überspannt. Die mächtige Rundbogenbrücke stand ein halbes Jahrhundert lang als Bauruine und Mahnmal über dem Tal. 1938 war das gerade erst begonnene Bauvorhaben kriegsbedingt zum Stillstand gekommen, danach lag das Projekt im Grenzsperrgebiet und damit auf Eis. Ein gespenstisches Fragment mit zwölf mächtigen, in den Himmel ragenden Pfeilern. Und da die A 72 keine Transitstrecke wurde, schlummerte auch dieses Autobahnstück samt Brückentorso einen langen Dornröschenschlaf.

Nach 1989 küsste der Prinz namens »Wende« sie wach. Da der solide Naturstein die Zwangspause schadlos überdauert hatte, wurden die Bauarbeiten nach gut 50-jähriger Unterbrechung fortgesetzt. 1993 wurde die Quadersteinbrücke über die Elster, die größte ihrer Art in Europa, feierlich eingeweiht.

Im Zickzack führt uns der Kolonnenweg nun südwärts in Richtung des Dörfchens Ullitz. Leichter Westwind trägt den Verkehrslärm der neuen Autobahn A 93 zu uns, die sich mehr oder weniger parallel zur ehemaligen Grenze auf bayerischer Seite nach Norden zieht, bis sie am Dreieck Hochfranken in der A 72 aufgeht. Die wenigen Häuser von Ullitz lagen gerade noch auf der Westseite, der Grenzzaun verlief unmittelbar östlich des letzten Hauses.

Heute entdecken wir an jener Bundesstraße 173, die am Tag der Grenzöffnung von Trabbis eingenommen worden war, das Naturschutzsymbol »Schwarze Eule auf gelbem Grund«. Das Grüne Band ist hier mit Birken und Schwarzerlen bewachsen, vereinzelt machen sich Silbertannen breit.

Es war auch hier wieder die klassische Kontroverse: Viele hofften, nach 1989 den öden Grenzstreifen endlich »sinnvoll« zu nutzen, und wollten die A 93 auf oder an ihm entlangführen. »Zwölfmal hätte die Autobahn nach diesen Plänen das Grüne Band zerschnippelt«, erläutert ein Radfahrer, der sich uns vorübergehend anschließt. Er ist engagierter Umweltaktivist und hat sich im Naturschutzbund Deutschland für den zusammenhängenden Flächenerhalt des Grünen Bandes stark gemacht hat. Mit Erfolg!

Der Autobahnabschnitt auf dem Grenzstreifen bei Ullitz war die einzige Kröte, die geschluckt werden musste. Fast auf der gesamten

Der südliche Endpunkt des 1393 km langen Grünen Bandes bei Hof in Bayern.

Länge von 40 Kilometern steht die ehemalige Grenze im heutigen Freistaat Sachsen unter Schutz. Nicht zuletzt weil Naturschutz-organisationen in die Tasche griffen und Ländereien entlang der einstigen Grenze kauften. Und damit dieser Biotopverbund weiter-hin so offen bleibt, erhielt auch hier ein Schäfer den Auftrag, mit seinen Schafen den Bewuchs kurz zu halten. Die Natur dankt's: Neuntöter und Dorngrasmücke sind wieder als Brutvögel zu Hause. Seltene Schmetterlinge wie der Goldene Scheckenfalter gaukeln an warmen Sommertagen durch die Luft, und wo sich im ehemaligen Sperrgraben Tümpel und Teiche bilden konnten, tanzen Libellen und lauern Ringelnattern auf Beute.

In Wiedersberg, das sich wie Schutz suchend ins Tal des Feilebachs schmiegt, bilden eine Burgruine das barocke Kirchlein, ein Ritter-gut und der *Historische Gasthof* den Ortsmittelpunkt.

»Bereits seit 1537 steht unser Gebäude«, erzählt Wirtin Angela Elst, während sie herzhafte vogtländische Hausmannskost serviert. Glaubt man der Überlieferung, spielte dieser Gasthof schon in Grimms Märchen *Von einem, der auszog, das Fürchten zu lernen* eine Rolle.

Wir erfahren auch, dass »Papa Horch«, der berühmte Autokon-strukteur und Fabrikant August Horch, bald nach 1945 hier in einer Nacht-und-Nebel-Aktion mit Unterstützung des Hofer Autohänd-lers Edgar Friedrich 600 Auto-Union-Mitarbeiter aus der Sowjetisch Besetzten Zone von Zwickau nach Bayern gebracht hat. Die Männer bildeten später in Ingolstadt den Grundstock der neuen Auto Union, aus der letztlich Audi hervorging. Edgar Friedrich, der sich noch immer als »der letzte Lehrling von Papa Horch« bezeichnet, gab diese Geschichte später immer wieder gern zum Besten.

Mehr als zehn Naturschutzgebiete streifen wir allein auf diesem letz-ten, dem sächsischen Abschnitt unserer Reise. Eins ist der Fuchspöhl, der Buckel eines nicht erodierten Vulkans, von dem wir auf das Dorf Sachsgrün blickten. Frischer Wind beutelte uns auf der von niedrigem Bewuchs bestandenen Kuppe. Nur einen Katzensprung entfernt lag Posseck, bis 1989 Standort zweier Grenzkompanien des Regiments Plauen. 20 Jahre später ist Posseck ein friedlicher, freundlicher und ganz normaler kleiner Ort irgendwo im Südwesten Sachsens: Da ist der Dorfweiher mit der Erlen bewachsenen Insel, die Kirche mit dem schieferverkleideten Turm und der weißen Turmuhr.

Vogelgezwitscher begleitete uns auf unserer weiteren Reise, nur dann und wann gab es ein lautes Geräusch, wenn die Fahrradreifen wieder mal hart auf die Betonkanten des Kolonnenwegs prallten. Im Naturschutzgebiet Eichigt schaute ein Fuchs neugierig aus dem noch immer vorhandenen »Kfz-Sperrgraben«. Auch der nahebei gelegene Grenzbeobachtungsturm fand als Amateurfunkturm Dreiländereck längst eine neue und sinnvollere Aufgabe.

Das letzte »Dreiländereck« unserer Reise erreichen wir in einer Senke nahe der Straße nach Hinterprex am friedlich plätschernden Zinnbach, einem Arm der Südlichen Regnitz, der unweit von hier in Böhmen entspringt. Auf den letzten fünf Kilometern zieht der unscheinbare Bach die Grenze zwischen Bayern und Tschechien. Wobei es sich hier genau genommen um ein »Zweiländereck« handelt, da nur die internationalen Grenzen Tschechiens und Deutschlands aneinanderstoßen. Das war vor gut 100 Jahren, zur Zeit der Kaiser und Könige, einmal anders. Doch die Bezeichnung überdauerte, jeder nennt es »Dreiländereck«. Auch wir bleiben dabei.

Und wieder mal entdeckten wir ein Naturphänomen, das sich nur durch die Abgeschiedenheit am Eisernen Vorhang erklärt: Die sonst vom Aussterben bedrohte Flussperlmuschel überlebte in diesen klaren Bächen am Dreiländereck.

»Eins der bedeutendsten Flussperlmuschel-Vorkommen in Mitteleuropa!«, verrät uns ein Naturschützer vom Wasserwirtschaftsamt Hof. »Etwa ein Fünftel aller in Deutschland vorkommenden Flussperlmuscheln lebt hier. Ein deutliches Indiz für die außergewöhnliche Qualität dieser Gewässer.« Damit es so bleibt, arbeiten die Behörden Tschechiens, Bayerns und Sachsens eng bei diesem von der EU geförderten »Life-Projekt« zusammen. Grenzen, die bis 1989 trennten, verbinden heute. In diesem Fall zum Wohl einer Muschel.

20 Meter vom Dreiländereck spüren wir im tschechischen Grenzabschnitt Fragmente alter Gebäude auf. »Vor langer Zeit gehörten die einmal zu einem kleinen Ort namens Oberhammer«, erklärt uns ein Mann aus der Gegend. »Oberhammer war Teil einer markgräflichen Siedlung. Im Bergbau lag die Haupterwerbsquelle der wenigen Einwohner. Im 18. Jahrhundert ging der Bergbau dann endgültig ein, und die Bergarbeiter wurden Müller.«

Als 1810 die einstige Markgrafschaft Brandenburg-Bayreuth zu Bayern kam, wurde die »Drei-Länder-Ecke« für 108 Jahre zur »Drei-Königs-Ecke«, denn der österreichische Kaiser war gleichzeitig böhmischer König. So wurde der Ortsname Oberhammer in der ersten Hälfte des 19. Jahrhunderts zu »Kaiserhammer«.

Genau hinter den Grenzsteinen lag das gut besuchte *Wirtshaus Hofmannsmühle,* eine urige böhmische Schenke mit Wein-, Bier- und Branntweinausschank. In der kleinen Gaststube trafen sich einst böhmische Finanzer, sächsische Zollbeamte, bayerische Grenzaufseher und Viehhändler. Beliebt war das böhmische Lokal vor allem wegen seiner niedrigen Bierpreise. So mancher trug danach seinen Rausch nach Bayern oder Sachsen hinüber.

Mit dem Ende des Ersten Weltkriegs kam auch das Ende der Kaiser- und Königsherrschaften. Böhmen war jetzt Teil der neu gegründeten Tschechoslowakei. Von 1930 bis 1932 wurden die deutsch-böhmischen Grenzsteine abgeschliffen. Aus »K. Bayern« wurde »DB« (Deutschland Bayern), aus »K. Sachsen« wurde »DS« (Deutschland Sachsen) und aus »K. Böhmen« wurde »CS«. Heute ist das »S« weiß übermalt, und »C« steht für Tschechien. Der Zufall wollte es, dass auf dem bayerischen Stein die alte Jahreszahl 1844 erhalten blieb.

Die Zeit nach 1945 war bitter. Durch die Vertreibung von Millionen Menschen aus ihrer alten böhmischen Heimat verloren auch die Familien Hofmann, Hartenstein, Hopperdietzel und Jacob aus Kaiserhammer sowohl Wohnung wie Heimat. Ihre Gebäude wurden abgerissen, das einstige Dorfgebiet lag jetzt hinter Stacheldraht.

1952 wurde das Dreiländereck von Prex – je nach Betrachtungsweise – zum Ausgangs- oder Endpunkt des innerdeutschen Eisernen Vorhangs. 37 Jahre war es nur noch von Bayern aus erreichbar.

Als 1978/79 alle »DS«-Grenzsteine durch neue DDR-Steine ersetzt wurden, blieb der erste und älteste Stein durch einen glücklichen Zufall stehen: Der große Block war in dem sumpfigen Gelände mit einem Bagger nicht zu erreichen und konnte auch von Hand nicht bewegt werden. Die einzige feste Zufahrt zur Grenze führte von Bayern aus an die Stelle. Und dieser Weg war ostdeutschen Pionieren nicht zugänglich. So wurde der Stein nur mit Farbe umgezeichnet.

Der Regen hat die Farbe längst abgewaschen, und aus der unzugänglichen Ecke wurde wieder ein Treffpunkt und Ausgangspunkt eines Wanderwegnetzes.

Seit dem Wegfall der Grenzkontrollen nach Tschechien kann man ganz offiziell und ohne Behinderung über die Grenze spazieren. Zum Beispiel auf der Straße von Hinterprex zur Wüstung Kaiserhammer. Dort, wo am Weg versteckt ein Steinkreuz steht, sollen sich zwei Ritter duelliert haben. Die Gebeine des Getöteten liegen der Sage nach genau unter dem Kreuz. Gastwirt Jacob vom einstmals benachbarten Wirtshaus in Kaiserhammer, das zu böhmischer Zeit *Restaurant zur deutsch-österreichischen Grenze* hieß, grub vergeblich nach den Gebeinen.

Vor der Wende war ich – abgesehen von wenigen Fahrten auf der Transitstrecke – niemals im Osten Deutschlands. Aber ich erinnere mich gut an jenen Sommertag 1986, als ich mit meinem Motorrad den Torso der zerstörten Straßenbrücke zwischen Dannenberg und Dömitz erreichte. Von der anderen Elbseite drang Hundegebell zu mir, Menschen aber waren nicht zu sehen.

Viele Jahre lang hatte ich Abenteuer in aller Welt erlebt. Hatte Alaska auf eigene Faust über 1800 Kilometer mit Schlittenhunden bei minus 40 Grad Celsius durchquert und Australien mit dem Fahrrad umradelt. Aber dieses lächerlich kleine Stück Elbe konnte ich nicht überwinden.

Umso größer meine freudige Überraschung nach dem Mauerfall über die Entdeckungen in der Mitte Deutschlands, umso eindrücklicher auch meine Begegnungen auf dieser Reise: mit den Unbeugsamen in Rüterberg und mit E. Grünheid, der mir schilderte, wie sein Leben sich schlagartig veränderte, als der Kofferraum, in dem er mit seiner Familie kauerte, von Stasi-Mitarbeitern aufgerissen wurde, oder mit Ulrich Pettke in Oebisfelde. Als ich mit ihm die dicken Fotoalben aus DDR-Zeiten durchblätterte, während seine Frau uns Schnittchen mit Spreewaldgurken servierte, schoss mir eine Sekunde lang durch den Kopf, wie absurd es noch 1985 gewesen wäre, sich solch eine Situation vorzustellen.

Leichter Wind war aufgekommen, die Morgenkühle kroch unter die Jacke. Ich sah in den Himmel und ließ die vielen Eindrücke unseres 1400-Kilometer-Abenteuers am Grünen Band Revue passieren.

Am Dreiländereck erwachte der Tag. Die Morgensonne blinzelte durch die Zweige der Grenzeiche, beschien die Schilder mit den Aufschriften »Staatsgrenze« und »Česká Republika«. Eine Goldammer sang ihr Ti-ti-ti-ti-ti-ti hüüüüt. In der Senke neben mir zerfloss der Nebel. Leise quakte ein Frosch. Bienen summten. Grillen zirpten. Der Mischwald dahinter war grün, dicht und kühl. Wo sich zwischen Zweigen und Baumwipfeln der Himmel zeigte, leuchtete strahlendes Blau. Es würde ein klarer sonniger Spätsommertag werden.

Das Murmeln des Zinnbachs drang an mein Ohr – neben dem Tirilieren des »Bauernkanari«, wie die Goldammer hier auch genannt wird, der einzige Laut. Der Rest der Welt schien ausgeblendet. Munter und befreit plätscherte das Wasser durch das grenzenlose Idyll am Endpunkt meiner Reise mitten durch Deutschland.

Museen/Gedenkstätten

Gedenkstätte Berliner Mauer
www.berliner-mauer-dokumentationszentrum.de

DDR Museum Berlin
www.ddr-museum.de

Museum Haus am Checkpoint Charlie
www.mauermuseum.de

Stasimuseum Berlin
www.stasi-museum.de

Bunkermuseum Frauenwald
www.waldhotel-rennsteighoehe.de

Gedenkstätte Bautzen
www.gedenkstaette-bautzen.de

Deutsch-Deutsches Museum Mödlareuth
www.moedlareuth.de

Projekt Grenzenlos
www.grenzdenkmaeler.de

Weitere nützliche Adressen

BUND-Projektbüro Grünes Band
www.dasgrueneband.info

WWF Deutschland-Zentrale
www.wwf.de

Bundesamt für Naturschutz
www.bfn.de

Haselnusshof am Grünen Band, Jürgen und Traudi Starck
Dorfstr. 14, 29416 Binde/Altmark, Tel. 039036/96432

Otterzentrum Hankensbüttel
www.otterzentrum.de

Harzwanderungen (Grenzweg, Goetheweg, Hexen-Stieg)
www.wandern-im-harz.de

Heinz Sielmann Stiftung
www.sielmann-stiftung.de

Die Bundesbeauftragte für die Unterlagen des Staatssicherheitsdienstes der ehemaligen DDR
www.bstu.bund.de

Literaturtipps

Die Grenze – Ein deutsches Bauwerk, Jürgen Ritter, Peter Joachim Lapp, Links Verlag, 2006.

Zwangsaussiedlungen an der innerdeutschen Grenze, Inge Bennewitz, Rainer Potratz, Links Verlag, 2002.

»Die Beseitigung des Ungeziefers. Zwangsaussiedlungen in den thüringischen Landkreisen Saalfeld, Schleiz und Lobenstein«, Manfred Wagner, Reihe TLStU, Erfurt, 2001.

Die Grenze durch Deutschland – Eine Chronik von 1945–1990, Roman Grafe, Pantheon, 2008.

Deutsch-Deutscher Radweg – Iron Courtain Trail (Radtouren-buch), Michael Cramer, Esterbauer Verlag, 2007.

Radwanderweg Am Grünen Band, Bd. 1: Ostsee bis Harz, Bd. 2: Harz bis Vogtland, Klaus Buchin, Projektnord, 1999 bzw. 2002.

Vom Todesstreifen zur Lebenslinie – Natur und Kultur am Grünen Band, Bd. 1: Hessen und Thüringen, Bd. 3: Der Harz, Reiner Cornelius, Auwel-Verlag, 2005/2007.

Die Erkundung der Welt

Dieter Kreutzkamp
YUKON RIVER
Im Kajak allein zum Beringmeer

Yukon River – der Name weckt Erinnerungen an den Goldrausch und die Romane von Jack London. Über 3000 Kilometer legt der Abenteurer mit dem Kajak auf diesem reißenden Strom zurück.

Carmen Rohrbach
IM REICH DER KÖNIGIN VON SABA
Auf Karawanenwegen im Jemen

Nach Erfahrungen auf allen Kontinenten beschließt Carmen Rohrbach, sich den großen Traum ihrer Kindheit zu erfüllen: Allein durch den geheimnisvollen Jemen, mit viel Intuition und wachem Blick.

Fergus Fleming /Annabel Merullo
LEGENDÄRE EXPEDITIONEN
50 Originalberichte

Die großen Entdecker der Geschichte in Originalberichten und -illustrationen: eine buntgemischte Gruppe aus Forschern, Seefahrern, Wanderern und Abenteurern, die Außerordentliches leisteten.

MALIK ▮ NATIONAL GEOGRAPHIC

10/1004/01/3s

In der Stille der Wildnis

Konrad Gallei/Gaby Hermsdorf
BLOCKHAUS-LEBEN
Fünf Jahre in der Wildnis von Kanada

Mitten in der Wildnis Kanadas baut Konrad Gallei mit Freunden ein Blockhaus. Doch trotz sorgfältiger Planung fordert bald Unvorhergesehenes alle Phantasie und Kreativität.

Chris Czajkowski
BLOCKHAUS AM SINGENDEN FLUSS
Eine Frau allein in der Wildnis Kanadas

Unerschrocken macht sich die Abenteurerin Chris Czajkowski auf und zimmert sich – ohne besondere Vorkenntnisse – ihr Traumhaus inmitten der Schönheit unberührter Natur.

Dieter Kreutzkamp
HUSKY-TRAIL
Mit Schlittenhunden durch Alaska

Zwei Winter lebt Dieter Kreutzkamp mit Familie in Blockhäusern am Tanana- und Yukon-River. Höhepunkt seines inspirierenden Ausstiegs auf Zeit: das berühmte Iditarod-Rennen.

MALIK  NATIONAL GEOGRAPHIC

Auf alten Pfaden

Karin Muller
ENTLANG DER INKA-STRASSE
Eine Frau bereist ein
ehemaliges Weltreich

Das Wegenetz der Inka, mit dessen
Hilfe sie ihr Riesenreich kontrollierten, ist legendär – und wenig bekannt.
Zu Fuß erkundet Karin Muller die
alten Routen von Ecuador bis Chile.

Eberhard Neubronner
DAS SCHWARZE TAL
Unterwegs in den Bergen des Piemont
Mit einem Vorwort von Reinhold Messner

Unsentimental und doch poetisch
schildert Eberhard Neubronner
die wildromantische Landschaft
der piemontesischen Alpen und die
Menschen, die in ihr leben.

Jean Lescuyer
PILGERN INS GELOBTE LAND
Zu Fuß und ohne Geld
von Frankreich nach Jerusalem

Zu Fuß von Lourdes nach Jerusalem,
ohne Geld und mit viel Gottvertrauen.
Acht Monate Zweifel und Gefahren, aber auch beglückende Erfahrungen und berührende Begegnungen.

MALIK NATIONAL GEOGRAPHIC

10/1007/01/3s

Asien entdecken

Carmen Rohrbach
MONGOLEI
Zu Pferd durch das Land der Winde

»Carmen Rohrbach lässt
einen lebendig daran teilhaben,
eine ganz stark am harten Alltag
orientierte Kultur zu entschlüsseln und zu begreifen ...«.
Süddeutsche Zeitung

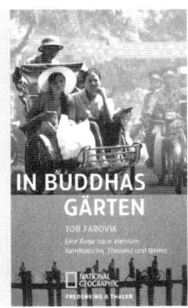

Tor Farovik
IN BUDDHAS GÄRTEN
Eine Reise nach Vietnam, Kambodscha,
Thailand und Birma

Tor Farovik erzählt die Geschichte
und Gegenwart der Länder Südost-
asiens so sinnlich und atmosphärisch,
als »habe er sie gerade frisch ge-
träumt«. Süddeutsche Zeitung

Claire Scobie
WIEDERSEHEN IN LHASA
Die Geschichte einer außergewöhnlichen
Freundschaft zweier Frauen

»Eine Reisebuch, das in äußere
und innere Welten entführt und
dennoch den ausgetretenen Pfaden
der Klischees nahezu traumwand-
lerisch ausweicht«. DIE WELT

MALIK NATIONAL GEOGRAPHIC

10/1011/01/3s

Magisches Indien

Tahir Shah
DER ZAUBERLEHRLING VON KALKUTTA
Reise durch das magische Indien

Je weiter der Zauberlehrling Tahir Shah auf seiner Reise durch Indien voranschreitet, umso deutlicher wird, dass der Subkontinent mit westlichem Wissen nicht zu verstehen ist.

Tor Farovik
INDIEN UND SEINE TAUSEND GESICHTER
Menschen, Mythen, Landschaften

Ein schillerndes Indienporträt, »das vom Lesegefühl an einen guten Roman herankommt« (FAZ), geprägt von Erzählfreude, echtem Respekt und Liebe zur indischen Gesellschaft.

Ilija Trojanow
DER SADHU AN DER TEUFELSWAND
Reportagen aus einem anderen Indien

In farbigen Reportagen führt uns Ilija Trojanow die Vielfalt Indiens vor Augen, lädt uns ein zu ungewöhnlichen Festen und Riten und erkundet die brodelnde Metropole Bombay.

MALIK NATIONAL GEOGRAPHIC

10/1010/01/3s